生活的真谛

·吴飞 主编

吉林出版集团有限责任公司

**图书在版编目（CIP）数据**

生活的真谛／吴飞主编 . —长春：吉林出版集

团有限责任公司，2011.9

（心之语系列）

ISBN 978-7-5463-5771-3

Ⅰ.①生…　Ⅱ.①吴…　Ⅲ.①品德教育-少年读物

Ⅳ.①D432.62-49

中国版本图书馆 CIP 数据核字（2011）第 128996 号

**生活的真谛**

| 作　　者 | 吴　飞　主编 |
| --- | --- |
| 责任编辑 | 孟迎红 |
| 责任校对 | 赵　霞 |
| 开　　本 | 710mm×1000mm　1/16 |
| 字　　数 | 250 千字 |
| 印　　张 | 15 |
| 印　　数 | 1-5000 册 |
| 版　　次 | 2011 年 9 月第 1 版 |
| 印　　次 | 2018 年 2 月第 1 版第 2 次印刷 |
| 出　　版 | 吉林出版集团股份有限公司 |
| 发　　行 | 吉林音像出版社有限责任公司 |
| | 吉林北方卡通漫画有限责任公司 |
| 地　　址 | 长春市泰来街 1825 号 |
| | 邮　编：130062 |
| 电　　话 | 总编办：0431-86012906 |
| | 发行科：0431-86012770 |
| 印　　刷 | 北京龙跃印务有限公司 |

ISBN 978-7-5463-5771-3　　　　　定价：39.80 元

# 代　序

## 学会转换你的生活态度

人生如梦，岁月无情，人活着其实是一种心情；穷也好，富也好，得也好，失也好，都是过眼烟云。记得在一本书里，我看到这样的一个故事，看后很受启发。

"一位教师给学生上课时拿出一只十分精美的咖啡杯，当学生们正在赞美这支咖啡杯的独特造型时，教师故意装出失手的样子，咖啡杯掉在水泥地上摔成碎片，这时学生中不断发出惋惜声。

教师指着咖啡杯的碎片说：'你们一定对这只杯子感到惋惜，可是无论你怎样惋惜也无法使咖啡杯再恢复原形。今后在你们生活中发生了无可挽回的事情时，请记住这支破碎的咖啡杯。'

这是一堂成功的素质教育课，学生们通过摔碎的咖啡杯懂得了，人在无法改变失败和不幸的厄运时，要学会接受它、适应它，学会转换自己低落的情绪。"

天有不测风云，人有旦夕祸福。人活在世上谁都难免要遇上几次不幸或者难以改变的事情。这个世界上，有些事情是可以抗拒的，也有很多事却无法抗拒的。如亲人的亡故和各种自然灾害，即已成事实，你该如何？只能接

受它、适应它。否则，忧郁、悲伤、焦虑、失眠会接踵而来，最后的结局是，你不能改变这些无法抗拒的事实，而是让无法抗拒的事实改变了你。

很多人问我：为什么总感觉到你是快乐的？

其实，谁没有烦恼？谁又可以抗拒各种情绪的困扰？

这个时候，我会把自己陷入短暂闭塞的空间，戴上耳机与天籁之音相吻；会打开音箱，与歌手一起痴醉；会冲一个热水澡，卸去心灵的疲惫；也会准备一顿丰盛的晚餐，约上几个朋友大吃一顿；也会来到空旷的田野发自肺腑的呐喊，把积压的委屈趁机发泄出来，或者是写点东西，把一些愤懑体现在字里行间。这样做了，心里会轻松很多，再睡个好觉，等天亮时一切都会变的崭新。

在当今这个压力越来越大的社会，人很难保持一个良好的心态，适当转换情绪，改变态度是必不可少的。懂得处理好自己的情绪，你才会拥有健康的心态，才有可能创造更美好的生活。

# 目 录

父母的养育之恩是作儿女的无以报答的恩情，感恩不仅仅是为了报恩，因为有些恩泽是我们无法回报的，父母养育之恩比天高，比海深，惟有用纯真的心灵去感动去铭刻去永记，才能真正对得起给你生命的人。

看看你所拥有的每一天吧，一个明亮而充满生机的清晨，推开窗子便可呼吸到的新鲜空气，穿在身上的温暖舒适的衣服，让你自由行走的畅通的马路，你所看到的一朵朵生机勃勃的小花，让你的心变得敏感的日落的光，在黑色的幕布下一闪一闪的星星，在那一片灯火中为你点亮的那一盏橘黄色的灯光……

自然不经意中告诉人们生命的真理。花朵簇簇的春日、绿意盈盈的夏天、微风习习的秋天、白雪皑皑的冬日，像一个人的生命四季，青春时当努力绽放，壮年时当不顾一切地付出，中年时及时地收获与体悟，老年时需用一颗慧心休憩与感恩。

生命中的感动牵系在朋友的情谊中，心灵间的思念牵挂在朋友的情谊中，淡淡的想念起是朋友的你，淡淡的牵挂起是朋友的你，淡淡的温暖将友情的灯光点亮，温馨地照耀这人生的旅途，拥有朋友的人生不再孤单，拥有友情的生命不在孤独，拥有情谊的生活不在寂寞。

拥有一颗感恩的心，我们才懂得去孝敬父母。拥有一颗感恩的心，我们才懂得去尊敬师长。拥有一颗感恩的心，我们才懂得去关心，帮助他人。拥有一颗感恩的心，我们就会勤奋学习，真爱自己。拥有一颗感恩的心，我们就能学会包容，赢得真爱，赢得友谊。拥有一颗感恩的心，我们就会拥有快乐，拥有幸福。我们就会明白事理更快的长大，我们就能够拥有一个美好未来。

# 第一辑　那份浓浓的爱温暖你一生

父母的养育之恩是作儿女的无以报答的恩情，感恩不仅仅是为了报恩，因为有些恩泽是我们无法回报的，父母养育之恩比天高，比海深，惟有用纯真的心灵去感动去铭刻去永记，才能真正对得起给你生命的人。

# 爱的盛宴

　　母亲摆出一场爱的盛宴，只等着她心爱的小鸟来啄。

　　福的小鸟啊，你无须付费，只管用欢畅的啄食来尽情享用这人间珍馐吧。

　　我曾给学生讲过一个发生在我朋友身上的真实故事。

　　朋友在外地工作，常年不回家，母亲盼呀盼，终于得到儿子要在除夕之夜回到家里的喜讯。那天，在爆竹声中，母亲包好了三鲜馅儿饺子，专等着儿子回来后下锅。馅儿是精心调配的，应该正对儿子的胃口；但是，母亲心里还是有一些忐忑，她想预先知道这饺子的咸淡，便煮了两个来品尝。一尝之下，母亲大惊失色，饺子馅儿里竟然忘了放盐！母亲看着两屉包好的饺子，绝望已极。她知道可以让儿子蘸着酱油吃，她也知道即便蘸着酱油吃，儿子也会欢呼"好吃死了"，可她不愿意让千里迢迢赶回家来的儿子吃到有缺陷的饺子，怎么办？这个聪慧的母亲，居然从邻居那里讨来了一支注射器，调好了盐水，开始逐个给饺子"打针"。儿子回到家时，饺子也注射完毕。母亲煮好了饺子，让儿子尝尝味道如何。儿子尝了，连说"好吃"。这时候，母亲得意地举起那支注射器给儿子看，向儿子夸耀说，她可以将一个缺陷修复得让他察觉不出来。可是，儿子听着听着就哭了，他在想，这些年他一个人在外面打拼，也曾吃过很多饺子，那些饺子，咸的咸，淡的淡，他都咽下去了，有谁，能像母亲这样在意儿子的口味？为了让儿子吃到咸淡适宜的饺子，母亲竟想出了这样高妙的法子。吃着这样交织着母亲的爱与智慧的饺子，哪个孩子能不动容？

　　我相信，铭记着这则故事的人一定会珍惜母亲做出的每一餐饭，会在寡淡的饭菜中品出一种难得的真味与厚味。母亲摆出一场爱的盛宴，只等着她心爱的小鸟来啄。幸福的小鸟啊，你无须付费，只管用欢畅的啄食来尽情享用这人间珍馐吧。

（张丽钧）

# 小男孩儿的心愿

　　看到儿子在母亲节——5月第二个星期天——送给自己如此贵重的礼物，除了结婚戒指外没有任何贵重的礼物的她热泪夺眶而出，一把将儿子紧紧搂在怀里……

12岁的鲁本是加拿大某地的一个小学生。这天他从一家商店经过时，橱窗里的一件商品使他怦然心动。

虽然眼下自己一文不名。可鲁本仍推开这家商店的门走了进去，说："我想买橱窗内的那件商品，不过，我现在没有钱，请您先别卖，给我留着好吗？"

"行。"店主微笑着对他说。

鲁本很有礼貌地告别店主，走出了商店。他走着走着，突然从旁边一条小巷子传来一阵敲打钉子的声音。鲁本循声朝施工场地走去，当地居民正在盖自己的住房，他们每用完一小麻袋钉子，就顺手把装钉子的麻袋给扔了。他早就听说有家工厂回收这种袋子，于是，他从这个工地捡了两条拿去卖了。在回家的路上，他的小手里一直紧紧拿着两枚5分硬币，生怕掉了。

鲁本把两枚硬币放在铁盒里，藏在他家粮仓旁的干草垛底下。每天下午放学，鲁本总是先做家庭作业，并干完母亲交给他的家务活儿，然后一日不辍地到大街小巷去捡装钉子的麻袋。尽管不时受到饥寒困乏的折磨，可小鲁本依旧日复一日地走街串巷捡麻袋。因为购买橱窗内那件商品的强烈愿望始终激励着他，赋予他勇气和力量。

　　第二年 5 月的第二个星期天，他把藏在粮仓草垛底下的小铁盒取出来，用发抖的手小心地将里面的硬币倒出来，仔细数了一遍。哇，只差 20 分就凑够 5 加元啦！于是，他祈祷上帝保佑自己傍晚前能捡到对他来说至关重要的 4 条麻袋。随后，他把装钱的铁盒藏好，急匆匆地去寻找麻袋。夕阳逐渐西沉时，他一溜烟赶到那家工厂。此时，该厂负责回收麻袋的人正准备关门。鲁本心急火燎地冲他喊道："先生，请您先别关门！"那人转过身来，对脏兮兮汗淋淋的小鲁本说："明天再来吧，孩子！""求求您啦，我今天说什么也得把这 4 条麻袋卖掉！"耳闻孩子颤抖的哀求声，这个人不禁动了恻隐之心。

　　拿到 4 枚 5 分硬币后，鲁本含糊不清地向回收麻袋的人道了一声谢，便飞也似地跑回粮仓，取出铁盒。继而又拼尽全力，飞跑到那家商店，二话没说，便把 100 枚 5 分硬币倒在柜台上。

　　鲁本汗流浃背地跑回家，撞开房门，冲了进去。"到这儿来一下，妈妈，请您赶快过来这儿一下！"他扯着嗓子朝正在收拾厨房的母亲喊道。母亲刚一走到他的眼前，他便迫不及待地将自己用一年多的心血换来的珍宝放在妈妈的手里。妈妈轻轻打开包装纸，里面包着一个蓝天鹅绒首饰盒，盒内放着一枚心形胸针，上面镶着灿烂炫目的镀金大字"mother"。看到儿子在母亲节——5 月第二个星期天——送给自己如此贵重的礼物，除了结婚戒指外没有任何贵重的礼物的她热泪夺眶而出，一把将儿子紧紧搂在怀里……

（佚名）

# 守望的天使

天使们虽然很苦很累，有时还得承受着不应该有的孩子的压力。
但尽管是这样，天使们总认为这是世界上最幸福的工作。

圣诞节前几日，邻居的孩子拿了一个硬纸做的天使来送我。

"这是假的，世界上没有天使，只好用纸做。"汤米把手臂扳住我的短木门，在花园外跟我谈话。

"其实，天使这种东西是有的，我就有两个。"我对孩子闪闪眼睛认真地说。

"在哪里？"汤米疑惑好奇地仰起头问我。

"现在是看不见了，如果你早认识我几年，我还跟他们住在一起呢！"我拉拉孩子的头发。

"在哪里？他们现在在哪里？"汤米热烈地追问着。

"在那边，那颗星的下面住着他们。"

"真的，你没骗我？""真的。"

"如果是天使，你怎么会离开他们呢？我看还是骗人的。""那时候不明白，不觉得这两个天使在守护着我，连夜间也不合眼地守护着呢！"

"哪有跟天使一起过日子还不知不觉的人？""太多了，大部分都像我一样的不晓得。"

"都是小孩子吗？天使为什么要守着小孩呢？""因为上帝分小孩子给天使们之前，先悄悄地把天使的心放到孩子身上去了，孩子还没分到，天使们听到他们孩子心跳的声音，都感动得哭了起来。"

"你胡说，哪里有那么笨的天使。"

"有一天，被守护的孩子总算长大了，孩子对天使说--要走了。又对天使说--请你们不要跟过来，这是很讨人嫌的。"

"天使怎么说?"汤米问着。

"天使吗? 彼此对望了一眼，什么都不说，他们把身边最好最珍贵的东西都给了要走的孩子，这孩子把包袱一背，头也不回地走了。"

"天使关上门哭了是吧?"

"天使哪里来得及哭，他们连忙飞到高一点的地方去看孩子，孩子越走越快，越走越远，天使们都老了，还是挣扎着拼命向上飞，想再看孩子最后一眼，孩子变成一个小黑点，渐渐地小黑点也看不到了，这时候，两个天使才慢慢地飞回家去，关上门，熄了灯，在黑暗中静静流下泪来。"

"小孩到哪里去了?"汤米问。

"去哪里都不要紧，可怜的是两个老天使，他们失去了孩子，也失去了心，翅膀下面没有了要他们庇护的东西，终于可以休息休息了，可是撑了那么久的翅膀，已经僵了，硬了，再也放不下来了。"

"走掉的孩子呢? 难道真不想念守护他们的天使吗?" "啊! 刮风下雨的时候，他自然会想到有翅膀的好处，也会想念得哭一阵呢!"

"你是说，那个孩子只想念翅膀的好处，并不真想念那两个天使本身啊!"

为着汤米的这句问话，我呆住了好久好久，捏着他做的纸天使，望着黄昏的海面说不出话来。

"想念也回不去了，因为他们在某一地发现自己也长了翅膀，自己也正在变成天使了。"

"有了翅膀还不好，可以飞回去了!"

"这种守望的天使是不会飞的，他们的翅膀是用来遮风蔽雨的，不会飞了。" "翅膀下面是什么? 新天使的工作是不是不一样啊?"

"一样的,翅膀下面是一个小房子,是家,是新来的小孩,是爱,也是眼泪。"

"做这种天使很苦!"汤米严肃地下了结论。

"是很苦，可他们认为这是最最幸福的工作。"

汤米动也不动地盯住我，又问: "你说，你真的有两个这样的天使?"

"真的。"我对他肯定地点点头。

"你为什么不去跟他们在一起?"

"我以前说过,这种天使,要回不去了,一个人的眼睛才亮了,发觉他们原来是天使,以前是不知道的啊!"

"不懂你在说什么。"汤米耸耸肩。

"你有一天长大了就会懂,现在不可能让你知道的,有一天,你爸爸妈妈——"

汤米突然打断了我的话,他大声地说:"我爸爸白天在银行上班,晚上在学校教书,从来不在家,不跟我们玩,我妈妈一天到晚在洗衣煮饭扫地,又总是骂我们这些小孩,我的爸爸妈妈一点意思也没有。"

说到这儿,汤米的母亲站在远远的家门,高呼着:"汤米,回来吃晚饭,你在哪里?"

"你看,啰不啰唆,一天到晚找我吃饭,吃饭,讨厌透了。"

汤米从木栅门上跳下来,对我点点头,往家的方向跑去,嘴里说着:"如果我也有你说的那两个天使就好了,我是不会有这种好运气的。"

汤米,你现在不知道,你将来知道的时候,已经太晚了。

（三毛）

# 背　影

母亲踏着的青石板,是一片又一片碎掉的心,她几乎步伐跟跄了,可是手上的重担却不肯放下来交给我,我知道,只要我活着一天,她便不肯委屈我一秒。

那天的风特别的大,拍散在车道旁边堤防上的浪花飞溅得好似天高。

我缓缓的开着车子,堤防对面的人行道上也沾满了风吹过去的海水,突然，在那一排排被海风蚀剥得几乎成了骨灰色的老木房子前面，我看见了在风里，水雾里，踽踽独行的母亲。那时人行道上除了母亲之外空无人迹，天气不好，熟路的人不会走这条堤防边的大道。

母亲腋下紧紧的夹着她的皮包，双手重沉沉的各提了两个很大的超级市场的口袋，那些东西是这么的重，使得母亲快蹲下去了般的弯着小腿在慢慢一步又一步的拖着。

她的头发在大风里翻飞着，有时候吹上来盖住了她的眼睛，可是她手上有那么多的东西，几乎没有一点法子拂去她脸上的乱发。

眼前孤伶伶在走着的妇人会是我的母亲吗？会是那个在不久以前还穿着大红衬衫跟着荷西与我像孩子似的采野果子的妈妈？是那个同样的妈妈？为什么她变了，为什么这明明是她又实在不是她了？

这个憔悴而沉默妇人的身体，不必说一句话，便河也似的奔流出来了她自己的灵魂，在她的里面，多么深的悲伤，委屈，顺命和眼泪像一本摊开的故事书，向人诉说了个明明白白。

可是她手里牢牢的提着她的那几个大口袋，怎么样的打击好似也提得动它们，不会放下来。

我赶快停了车向她跑过去："姆妈，你去哪里了，怎么不叫我。"

"去买菜啊！"母亲没事似的回答着。

"我拿着超级市场的空口袋，走到差不多觉得要到了的地方，就指着口袋上的字问人，自然有人会拉着我的手带我到菜场门口，回来自己就可以了，以前荷西跟你不是开车送过我好多次吗？"母亲仍然和蔼的说着。

想到母亲是在台北住了半生也还弄不清街道的人，现在居然一个人在异乡异地拿着口袋到处打手势问人菜场的路，回公寓又不晓得走小街，任凭堤防上的浪花飞溅着她，我看见她的样子，自责得恨不能自己死去。

荷西去了的这些日子，我完完全全将父母亲忘了，自私的哀伤将我弄得死去活来，竟不知父母还在身边，竟忘了他们也痛，竟没有想到，他们的世界因为没有我语言的媒介已经完全封闭了起来，当然，他们日用品的缺乏更不在我的心思里了。

是不是这一阵父母亲也没有吃过什么？为什么我没有想到过？

　　只记得荷西的家属赶来参加葬礼过后的那几小时，我被打了镇静剂躺在床上，药性没有用，仍然在喊荷西回来，荷西回来！父亲在当时也快崩溃了，只有母亲，她不进来理我，她将我交给我眼泪汪汪的好朋友格劳丽亚，因为她是医生。我记得那一天，厨房里有油锅的声音，我事后知道母亲发着抖撑着用一个小平底锅在一次一次的炒蛋炒饭，给我的婆婆和荷西的哥哥姐姐们开饭，而那些家属，哭号一阵，吃一阵，然后赶着上街去抢购了一些岛上免税的烟酒和手表、相机，匆匆忙忙的登机而去，包括做母亲的，都没有忘记买了新表才走。

　　以后呢？以后的日子，再没有听见厨房里有炒菜的声音了。为什么那么安静了呢，好像也没有看见父母吃什么。

　　“姆妈上车来，东西太重了，我送你回去。”我的声音哽住了。

　　“不要，你去办事情，我可以走。”

　　“不许走，东西太重。”我上去抢她的重口袋。

　　“你去镇上做什么？”妈妈问我。

　　我不敢说是去做坟，怕她要跟。

　　“有事要做，你先上来嘛！”

　　“有事就快去做，我们语言不通不能帮上一点点忙，看你这么东跑西跑连哭的时间也没有，你以为做大人的心里不难过？你看你，自己嘴唇都裂开了，还在争这几个又不重的袋子。”她这些话一讲，眼睛便湿透了。

　　母亲也不再说了，怕我追她似的加快了步子，大风里几乎开始跑起来。

　　我又跑上去抢母亲袋子里沉得不堪的一瓶瓶矿泉水，她叫了起来：“你脊椎骨不好，快放手。”

　　这时，我的心脏不争气的狂跳起来，又不能通畅的呼吸了，肋骨边针尖似的刺痛又来了，我放了母亲，自己慢慢的走回车上去，趴在驾驶盘上，这才将手赶快压住了痛的地方。

　　等我稍稍喘过气来，母亲已经走远了。

　　我坐在车里，车子斜斜的就停在街心，后望镜里，还是看得见母亲的背影，她的双手，被那些东西拖得好似要掉到了地上，可是她仍是一步又一步的在那里走下去。

母亲踏着的青石板，是一片又一片碎掉的心，她几乎步伐跟跄了，可是手上的重担却不肯放下来交给我，我知道，只要我活着一天，她便不肯委屈我一秒。

回忆到这儿，我突然热泪如倾，爱到底是什么东西，为什么那么辛酸那么苦痛，只要还能握住它，到死还是不肯放弃，到死也是甘心。

父亲，母亲，这一次，孩子又重重的伤害了你们，不是前不久才说过，再也不伤你们了，这么守诺言的我，却是又一次失信于你们，虽然当时我应该坚强些的，可是我没有做到。

守望的天使啊！你们万里迢迢的飞去了北非，原来冥冥中又去保护了我，你们那双老硬的翅膀什么时候才可以休息？

终于有泪了。那么我还不是行尸走肉，父亲，母亲，你们此时正在安睡，那么让我悄悄的尽情的流一次泪吧。

孩子真情流露的时候，好似总是背着你们，你们向我显明最深的爱的时候，也好似恰巧都是一次又一次的背影。

什么时候，我们能够面对面的看一眼，不再隐藏彼此，也不只在文章里偷偷的写出来，什么时候我才肯明明白白的将这份真诚在我们有限的生命里向你们交代得清清楚楚呢。

（三毛）

# 理解母亲

我忽然想去看看母亲，因为理解，也因为都是母亲。

小时候，我对母亲的印象几乎没有。因为母亲回上海生下我之后，不久就回到了她所选择的并为之付出青春乃至一生的边疆小城。一直生活在外公

外婆呵护中的我，曾经以为幸福的家庭就是外公外婆加上我，而母亲，则是一个过年过节才回来看看的客人，有没有都可以。

这种想法根深蒂固地在我脑海中占据了许多年，以至于后来我和母亲同在一座城市生活，但彼此之间却感觉距离很远。尽管母亲有许多次曾试图解释什么，或想象一个真正的母亲那样照顾我，都被我拒绝了。外公外婆的爱不仅充盈了我的童年和少年，而且丰富了我的一生，这已足够。

直到那天，一个暖暖的下午，我在街上漫不经心地走着。路过一个十字路口时，看见一位年轻的母亲骑着自行车带着她幼小的女儿正穿过马路。临过马路前，那个漂亮的小女孩微笑着用手指在妈妈的背上划着什么，母亲回了一下头像是问了句什么，回过头来时，脸上荡漾着甜甜的笑意。不知怎么，我的心里忽然有了一种感动，许多年前那种幸福的感觉又回到我的心中。

一声尖利的刹车声以及那位母亲骇人的惊叫声震动了我的心房，我连忙转过头，只见一辆红色夏利车的碎玻璃撒了一地。刚才那个微笑着的漂亮小女孩像是睡着了，乖乖地躺在离车十多米远的地方一动也不动，血从她的头部汩汩流淌而出，而她的母亲，则倒在离她七八米远的地方。那个母亲很快有了知觉，她很吃力地抬起头看了看，之后，竟然向前爬起来。一米、两米，时间随着她艰难的爬行变得漫长起来。她终于没能靠近女儿，再次垂下头不再动了。她的衣服上，身边的地上，满是斑斑血痕……周围的人和我一样呆呆地看到这时，才如梦方醒，有人去打电话报警并叫来了救护车。

救护车呼啸而去，遗落下那些玻璃碎片，在阳光的照射下像一把把锋利的刀子，刺痛了在场的所有人的目光。

那一瞬间发生的事，深深地震撼了我，我仿佛一下子理解了作为母亲更高深的内涵和潜辞。当那位母亲回过头去跟女儿对话时，世界上没有人比她更温柔；当她恢复知觉拼命向前爬行时，世界上没有人比她更坚强：因为她是母亲，她要去保护女儿！她甚至不曾想到过自己，她鲜红的血不惜为女儿奔流，惟一的理由--她是母亲。我终于明白，古往今来，为什么会有那么多人以不同的方式去歌颂、赞美母亲。但那些华丽的词藻，与这位母亲爬行的血迹相比，却又显得那么肤浅而苍白。已身为母亲的我，心中竟涌起一种悲壮的自豪与骄傲。因为每一个母亲，都有着相同的心愿，她们耗尽一生的心血，只想让孩子健康、平安地成长，快乐、幸福地生活。她们从未想到过回报，有的只是奉献，奉献！

我忽然想去看看母亲，因为理解，也因为都是母亲。

（戴薇薇）

# 我的母亲

人，即使活到八九十岁，有母亲便可以多少还有点孩子气。失了慈母便像花插在瓶子里，虽然还有色有香，却失去了根。有母亲的人，心里是安定的。

## 一

母亲的娘家是北平德胜门外，土城儿外边，通大钟寺的大路上的一个小村里。村里一共有四五家人家，都姓马。大家都种点不十分肥美的地，但是与我同辈的兄弟们，也有当兵的，作木匠的，作泥水匠的，和当巡察的。他们虽然是农家，却养不起牛马，人手不够的时候，妇女便也须下地作活。

对于姥姥家，我只知道上述的一点。外公外婆是什么样子，我就不知道了，因为他们早已去世。至于更远的族系与家史，就更不晓得了；穷人只能顾眼前的衣食，没有功夫谈论什么过去的光荣；"家谱"这字眼，我在幼年就根本没有听说过。

　　母亲生在农家，所以勤俭诚实，身体也好。这一点事实却极重要，因为假若我没有这样的一位母亲，我以为我恐怕也就要大大的打个折扣了。母亲出嫁大概是很早，因为我的大姐现在已是六十多岁的老太婆，而我的大外甥女还长我一岁啊。我有三个哥哥，四个姐姐，但能长大成人的，只有大姐，二姐，三姐，三哥与我。我是"老"儿子。生我的时候，母亲已有四十一岁，大姐二姐已都出了阁。

　　由大姐与二姐所嫁入的家庭来推断，在我生下之前，我的家里，大概还马马虎虎的过得去。那时候定婚讲究门当户对，而大姐丈是作小官的，二姐丈也开过一间酒馆，他们都是相当体面的人。

　　可是，我，我给家庭带来了不幸：我生下来，母亲晕过去半夜，才睁眼看见她的老儿子——感谢大姐，把我揣在怀中，致未冻死。

　　一岁半，我把父亲"克"死了。

　　兄不到十岁，三姐十二、三岁，我才一岁半，全仗母亲独力抚养了。父亲的寡姐跟我们一块儿住，她吸鸦片，她喜摸纸牌，她的脾气极坏。为我们的衣食，母亲要给人家洗衣服，缝补或裁缝衣裳。在我的记忆中，她的手终年是鲜红微肿的；白天，她洗衣服，洗一两大绿瓦盆。她作事永远丝毫也不敷衍，就是屠户们送来的黑如铁的布袜，她也给洗得雪白。晚间，她与三姐抱着一盏油灯，还要缝补衣服，一直到半夜。她终年没有休息，可是在忙碌中她还把院子屋中收拾得清清爽爽。桌椅都是旧的，柜门的铜活久已残缺不全，可是她的手老使破桌面上没有尘土，残破的铜活发着光。院中，父亲遗留下的几盆石榴与夹竹桃，永远会得到应有的浇灌与爱护，年年夏天开许多花。

　　哥哥似乎没有同我玩耍过。有时候，他去读书；有时候，他去学徒；有时候，他也去卖花生或樱桃之类的小东西。母亲含着泪把他送走，不到两天，又含着泪接他回来。我不明白这都是什么事，而只觉得与他很生疏。与母亲相依为命的是我与三姐。因此，她们作事，我老在后面跟着。她们浇花，我也张罗着取水；她们扫地，我就撮土……从这里，我学得了爱花，爱清洁，守秩序。这些习惯至今还被我保存着。有客人来，无论手中怎么窘，母亲也要设法弄一点东西去款待。舅父与表哥们往往是自己掏钱买酒肉食。这使她脸上羞得飞红，可是殷勤的给他们温酒作面，又给她一些喜悦。遇上亲友家中有喜丧事，母亲必把大褂洗得干干净净，亲自去贺吊——份礼也许只是两吊小钱。到如今如我的好客的习性，还未全改，尽管生活是这么清苦，因为自幼儿看惯了的事情是不易改掉的。

姑母常闹脾气。她单在鸡蛋里找骨头。她是我家中的阎王。直到我入了中学，她才死去，我可是没有看见母亲反抗过。"没受过婆婆的气，还不受大姑子的吗？命当如此！"母亲在非解释一下不足以平服别人的时候，才这样说。是的，命当如此。母亲活到老，穷到老，辛苦到老，全是命当如此。她最会吃亏。给亲友邻居帮忙，她总跑在前面：她会给婴儿洗三——穷朋友们可以因此少花一笔"请姥姥"钱——她会刮痧，她会给孩子们剃头，她会给少妇们绞脸……凡是她能作的，都有求必应。但是吵嘴打架，永远没有她。她宁吃亏，不逗气。当姑母死去的时候，母亲似乎把一世的委屈都哭了出来，一直哭到坟地。不知道哪里来的一位侄子，声称有承继权，母亲便一声不响，教他搬走那些破桌子烂板凳，而且把姑母养的一只肥母鸡也送给他。

# 二

可是，母亲并不软弱。父亲死在庚子闹"拳"的那一年。联军入城，挨家搜索财物鸡鸭，我们被搜两次。母亲拉着哥哥与三姐坐在墙根，等着"鬼子"进门，街门是开着的。"鬼子"进门，一刺刀先把老黄狗刺死，而后入室搜索。他们走后，母亲把破衣箱搬起，才发现了我。假若箱子不空，我早就被压死了。皇上跑了，丈夫死了，鬼子来了，满城是血光火焰，可是母亲不怕，她要在刺刀下，饥荒中，保护着儿女。北平有多少变乱啊，有时候兵变了，街市整条的烧起，火团落在我们院中。有时候内战了，城门紧闭，铺店关门，昼夜响着枪炮。这惊恐，这紧张，再加上一家饮食的筹划，儿女安全的顾虑，岂是一个软弱的老寡妇所能受得起的？可是，在这种时候，母亲的心横起来，她不慌不哭，要从无办法中想出办法来。她的泪会往心中落！这点软而硬的个性，也传给了我。我对一切人与事，都取和平的态度，把吃亏看作当然的。但是，在做人上，我有一定的宗旨与基本的法则，什么事都可将就，而不能超过自己划好的界限。我怕见生人，怕办杂事，怕出头露面；但是到了非我去不可的时候，我便不得不去，正像我的母亲。从私塾到小学，到中学，我经历过起码有廿位教师吧，其中有给我很大影响的，也有毫无影响的，但是我的真正的教师，把性格传给我的，是我的母亲。母亲并不识字，她给我的是生命的教育。

当我在小学毕了业的时候，亲友一致的愿意我去学手艺，好帮助母亲。我晓得我应当去找饭吃，以减轻母亲的勤劳困苦。可是，我也愿意升学。我偷偷的考入了师范学校——制服，饭食，书籍，宿处，都由学校供给。只有这样，我才敢对母亲提升学的话。入学，要交十元的保证金。这是一笔巨款！母亲作了半个月的难，把这巨款筹到，而后含泪把我送出门去。她不辞劳苦，只要儿子有出息。当我由师范毕业，而被派为小学校校长，母亲与我都一夜不曾合眼。我只说了句："以后，您可以歇一歇了！"她的回答只有一串串的眼泪。我入学之后，三姐结了婚。母亲对儿女是都一样疼爱的，但是假若她也有点偏爱的话，她应当偏爱三姐，因为自父亲死后，家中一切的事情都是母亲和三姐共同撑持的。三姐是母亲的右手。但是母亲知道这右手必须割去，她不能为自己的便利而耽误了女儿的青春。当花轿来到我们的破门外的时候，母亲的手就和冰一样的凉，脸上没有血色——那是阴历四月，天气很暖。大家都怕她晕过去。可是，她挣扎着，咬着嘴唇，手扶着门框，看花轿徐徐的走去。不久，姑母死了。三姐已出嫁，哥哥不在家，我又住学校，家中只剩母亲自己。她还须自晓至晚的操作，可是终日没人和她说一句话。新年到了，正赶上政府倡用阳历，不许过旧年。除夕，我请了两小时的假。由拥挤不堪的街市回到清炉冷灶的家中。母亲笑了。及至听说我还须回校，她愣住了。半天，她才叹出一口气来。到我该走的时候，她递给我一些花生，"去吧，小子！"街上是那么热闹，我却什么也没看见，泪遮迷了我的眼。今天，泪又遮住了我的眼，又想起当日孤独的过那凄惨的除夕的慈母。可是慈母不会再候盼着我了，她已入了土！

　　儿女的生命是不依顺着父母所设下的轨道一直前进的，所以老人总免不了伤心。我廿三岁，母亲要我结了婚，我不要。我请来三姐给我说情，老母含泪点了头。我爱母亲，但是我给了她最大的打击。时代使我成为逆子。廿七岁，我上了英国。为了自己，我给六十多岁的老母以第二次打击。在她七十大寿的那一天，我还远在异域。那天，据姐姐们后来告诉我，老太太只喝了两口酒，很早的便睡下。她想念她的幼子，而不便说出来。七七抗战后，我由济南逃出来。北平又像庚子那年似的被鬼子占据了，可是母亲日夜惦念的幼子却跑西南来。母亲怎样想念我，我可以想象得到，可是我不能回去。每逢接到家信，我总不敢马上拆看，我怕，怕，怕有那不祥的消息。人，即使活到八九十岁，有母亲便可以多少还有点孩子气。失了慈母便像花插在瓶子里，虽然还有色有香，却失去了根。有母亲的人，心里是安定的。我怕，怕，怕家信中带来不好的消息，告诉我已是失了根的花草。

　　去年一年，我在家信中找不到关于老母的起居情况。我疑虑，害怕。我想象得到，如有不幸，家中念我流亡孤苦，或不忍相告。母亲的生日是在九月，我在八月半写去祝寿的信，算计着会在寿日之前到达。信中嘱咐千万把寿日的详情写来，使我不再疑虑。十二月二十六日，由文化劳军的大会上回来，我接到家信。我不敢拆读。就寝前，我拆开信，母亲已去世一年了！

　　生命是母亲给我的。我之能长大成人，是母亲的血汗灌养的。我之能成为一个不十分坏的人，是母亲感化的。我的性格，习惯，是母亲传给的。她一世未曾享过一天福，临死还吃的是粗粮。唉！还说什么呢？心痛！心痛！

（老舍）

# 生命之灯

　　儿子的一切不幸，在母亲那儿都是加倍的！母亲又是怎样单肩挑起这加倍的不幸的呢？

　　总记得孩提时那个月朗星稀的夏夜，在屋外，浴着如水的月光，妈妈以深沉舒缓的语调，为我讲述了一个平淡无奇的故事。

　　"在一片茫茫的大海上，有一位水手不慎落水了，他游啊，游啊，可游来游去总找不到岸。眼看他筋疲力尽快要下沉了，这时，一盏灯出现在他的前方，他又振作起来，奋力拼搏着，终于，游到了一座有着一盏灯的小岛。他得救了。"

　　故事讲完了，妈妈看着我因患病而瘫痪的双腿，又意味深长地说："那是他的生命之灯啊！"

　　幼小的我依偎在妈妈的怀里，听着这个简单得不能再简单的故事，心中懵懵懂懂。那时我哪里知道，这其实是妈妈悉心培养残疾的我坚强性格的开始！

　　妈妈是一位教师，或许是由于职业的影响，她一直认为，身体残疾了，这是既成的事实，悲悯哀怨都不是正确的态度，更要紧的是必须注重心理素质的培养，不能因为身体的残疾再产生一个不健康的心！

　　妈妈是这么想的，也是这么做的。

　　我入学的时候，正好进入了她所执教的班级。由此，妈妈在把满腔的爱献给自己所钟爱的事业的同时，也为我的成长付出了极大的心血。她一边传授我知识，照料我生活，一边又更注重在我心灵上的耕耘。

　　入学后不久，赶上了一次全体学生参加的长跑活动。这是我从未有过的体验，因而是那样的新奇而极具诱惑力。我掰着手指问妈妈："什么时候开始啊？"妈妈没有回答我，脸上却掠过了一丝不易察觉的阴云。其实妈妈正为我的"长跑"而犯愁：双腿瘫痪，怎么"跑"呢？但把我一个人撂在教室里，恐怕又会令我过早地感受到双腿的残疾，品味出生活的不幸，从而在我幼小的心灵上造成深深的创伤。最终，妈妈背着我参加了长跑，她累得气喘吁吁，而我却非常兴奋，俨然和同学们一样"跑"完了全程。

瘫痪的阴影到底是来了。读二年级的时候，有一天，不知为什么，我忽然一下子真切地感受到了双腿的残疾，感受到由此而生的诸多不便，进而大哭起来。看着伤心至极的我，妈妈也忍不住泪流满面。随即，妈妈又擦去了泪水，给我讲起了保尔？柯察金的故事。听着妈妈的讲述，我的心渐渐地平静下来。随后，也偷偷地擦干脸上的泪，坚强地昂起头，攥紧小手，心中祈望自己成为"中国的保尔"。作为母亲，看着自己的孩子遭受如此的不幸，心中不可能不难受，但是，妈妈为了以自己的坚强感染孩子，把泪全咽进了肚子里。

回想起童年时代，高士其、吴运铎、海伦？凯勒……这一系列中国的、外国的人名字，通过妈妈的故事一个个嵌入了我的脑海，给了我多少力量啊。

这一切，是我童年生活道路上的盏盏灯火！

作为妈妈的学生，尽管我是班上年龄最小的一个，且又身有残疾，可在这里，尤其在学习上，我不可能有丝毫的特殊，为取得好的成绩，必须和普通的同学一样去努力。记得那是在一次期中考试前，试卷制好了，放在妈妈的办公桌上。我出于天真和好奇，忍不住拿过来，准备打开看。妈妈发现了，轻轻地推开我的手，又轻轻地对我说："好的成绩要靠自己的努力去争取，不然的话，成绩再好，也算不上真正的成绩。"我脸红了。多少年过去了，这一句平平常常的话却在我的心中铭记至今，令我受用不尽。

然而，对于我的每一次成功，即使是一点微小的成绩，妈妈总是热情鼓励，多加称赞，以作为我前进的动力。读四年级的时候，在一次校作文比赛中，我力克群优，得了第一名。妈妈毫不掩饰自己的兴奋，对我说："这不，只要努力了，你就会出类拔萃的。"

正是基于妈妈这样的教诲，在整个小学和初中阶段，我渴求上进，品学兼优，几乎囊括了学校所有的第一。

光阴荏苒，转眼之间，我读完了初中，又以优异的成绩取得了高中入学资格。但是，由于身体原因，却不得不辍学了，这是我从未预料到的结局，

令我陷入了一种超乎寻常的消沉和痛苦之中。

那一日午后，妈妈随手把一本泰戈尔的《飞鸟集》丢在我桌上。我忍不住拿过来翻着看。读着，忽然，发现了一首被妈妈做上记号的诗：

"如果你因为失去了太阳而流泪，那么也将失去群星了。"

妈妈微笑着问我："读得懂吗？"我点了点头。妈妈又问："记得我讲的那个《生命之灯》的故事吗？"

寥寥数语，胜似千言。妈妈这一问，使我猛然间醒悟过来：妈妈的一言一行看似随意，其实全是刻意的啊！

我终于不再懵懂了。

感悟出一切，我忍不住痛哭起来，不是为自己悲惨的命运，而是为妈妈的良苦用心，一种负疚的感觉也充满了我的心中。妈妈强忍住泪，哽咽着对我说："哭吧，哭出来心里会好受些。"

妈妈又一次为我拨亮了生命的灯。

在妈妈的鼓励下，我又振作起来，走上了一条自学之路。这条路虽然崎岖坎坷，但磨炼了我的意志，使我找到了生活的支点。如今，经过多年的奋斗，我早已完成了大学本科学业，并且有了一份自己的事业，赢得了地市级"十大杰出青年"的荣誉称号。面对这一切，我笑了，妈妈笑了，笑得舒心，笑得惬意。

那一天，我又翻起了泰戈尔的《飞鸟集》，无意间，这样一首诗引起了我的注意：

"我不能选择那最好的，是那最好的选择了我。"

哦，妈妈，这首短诗您一定读过。您对我的教诲，用这首诗来比拟，无疑是最恰当不过的了。

岁月在流逝，空间也不断地转换。随着时空的变化，许许多多的东西会尘封和锈蚀。但无论何时何地，对于我，妈妈的教诲都是至真至诚的教诲。

这，已成了我生命中另一盏永不熄灭的灯火！

（夏冰）

19

# 芭蕉花

　　母亲病了要吃芭蕉花，在别处园子里掏了一朵回来，为什么就犯了这样大的过错呢？

　　这是我五六岁时的事情了。我现在想起了我的母亲，突然记起了这段故事。

　　我的母亲六十六年前是生在贵州省黄平州的。我的外祖父杜琢章公是当时黄平州的州官。到任不久，便遇到苗民起事，致使城池失守，外祖父手刃了四岁的四姨，在公堂上自尽了。外祖母和七岁的三姨跳进州署的池子里殉了节，所用的男工女婢也大都殉难了。我的母亲那时才满一岁，刘奶妈把我的母亲背着已经跳进了池子，但又逃了出来。在途中遇着过两次匪难，第一次被劫去了金银首饰，第二次被劫去了身上的衣服。忠义的刘奶妈在农人家里讨了些稻草来遮身，仍然背着母亲逃难。逃到后来遇着赴援的官军才得了解救。最初流落到贵州省城，后来又流落到云南省城，倚人庐下，受了种种的虐待，但是忠义的刘奶妈始终是保护着我的母亲。直到母亲满了四岁，大舅赴黄平收尸，便道往云南，才把母亲和刘奶妈带回了四川。

　　母亲在幼年时分是遭受过这样不幸的人。

　　母亲在十五岁的时候到了我们家里来，我们现存的兄弟姊妹共有八人，听说还死了一兄三姐。那时候我们的家道寒微，一切炊洗洒扫要和妯娌分担，母亲又多子嗣，更受了不少的累赘。

　　白日里家务奔忙，到晚来背着弟弟在菜油灯下洗尿布的光景，我在小时还亲眼见过，至今也还记得。

　　母亲因为这样过于劳苦的缘故，身子是异常衰弱的，每年交秋的时候总要晕倒一回，在旧时称为"晕病"，但在现在想来，这怕是在产褥中，因为摄养不良的关系所生出的子宫病吧。

晕病发了的时候，母亲倒睡在床上，终日只是呻吟呕吐，饭不消说是不能吃的，有时候连茶也几乎不能进口。像这样要经过两个礼拜的光景，又才渐渐回复起来，完全是害了一场大病一样。

芭蕉花的故事是和这晕病关联着的。

在我们四川的乡下，相传这芭蕉花是治晕病的良药。母亲发了病时，我们便要四处托人去购买芭蕉花。但这芭蕉花是不容易购买的。因为芭蕉在我们四川很不容易开花，开了花时乡里人都视为祥瑞，不肯轻易摘卖。好容易买得了一朵芭蕉花了，在我们小的时候，要管两只肥鸡的价钱呢。

芭蕉花买来了，但是花瓣是没有用的，可用的只是瓣里的蕉子。蕉子在已经形成了果实的时候也是没有用的，中用的只是蕉子几乎还是雌蕊的阶段。一朵花上实在是采不出许多的这样的蕉子来。

这样的蕉子是一点也不好吃的，我们吃过香蕉的人，如以为吃那蕉子怕会和吃香蕉一样，那是大错而特错了。有一回母亲吃蕉子的时候，在床边上挟过一箸给我，简直是涩得不能入口。

芭蕉花的故事便是和我母亲的晕病关联着的。

我们四川人大约是外省人居多，在张献忠剿了四川以后——四川人有句话说："张献忠剿四川，杀得鸡犬不留"——在清初时期好像有过一个很大的移民运动。外省籍的四川人各有各的会馆，便是极小的乡镇也都是有的。

我们的祖宗原是福建的人，在汀州府的宁化县，听说还有我们的同族住在那里。我们的祖宗正是在清初时分入了四川的，卜居在峨眉山下一个小小的村里。我们福建人的会馆是天后宫，供的是一位女神叫做"天后圣母"。这天后宫在我们村里也有一座。

那是我五六岁时候的事了。我们的母亲又发了晕病。我同我的二哥，他比我要大四岁，同到天后宫去。那天后宫离我们家里不过半里路光景，里面有一座散馆，是福建人子弟读书的地方。我们去的时候散馆已经放了假，大概是中秋前后了。我们隔着窗看见散馆园内的一簇芭蕉，其中有一株刚好开着一朵大黄花，就像尖瓣的莲花一样。我们是欢喜极了。那时候我们家里正在找芭蕉花，但在四处都找不出。我们商量着便翻过窗去摘取那朵芭蕉花。窗子也不过三四尺高的光景，但我那时还不能翻过，是我二哥擎我过去的。我们两人好容易把花苞摘了下来，二哥怕人看见，把它藏在衣袂下同路回去。回到家里了，二哥叫我把花苞拿去献给母亲。我捧着跑到母亲的床前，母亲问我是从什么地方拿来的，我便直说是在天后宫掏来的。我母亲听了便大大地生气，她立地叫我们跪在床前，只是连连叹气地说："啊，娘生下了你们这样不争气的孩子，为娘的倒不如病死的好了！"我们都哭了，但我也不知为什么事情要哭。不一会父亲晓得了，他又把我们拉去跪在大堂上的祖宗面前打了我们一阵。我挨掌心是这一回才开始的，我至今也还记得。

我们一面挨打，一面伤心。但我不知道为什么该讨我父亲、母亲的气。母亲病了要吃芭蕉花，在别处园子里掏了一朵回来，为什么就犯了这样大的过错呢？

芭蕉花没有用，抱去奉还了天后圣母，大约是在圣母的神座前干掉了吧？

这样的一段故事，我现在一想到母亲，无端地便涌上了心来。我现在离家已十二三年，值此新秋，又是风雨飘摇的深夜，天涯羁客不胜落寞的情怀，思念着母亲，我一阵阵鼻酸眼胀。

啊，母亲，我慈爱的母亲哟！你儿子已经到了中年，在海外已自娶妻生子了。幼年时摘取芭蕉花的故事，为什么使我父亲、母亲那样的伤心，我现在是早已知道了。但是，我正因为知道了，竟失掉了我摘取芭蕉花的自信和勇气。这难道是进步吗？

（郭沫若）

# 滕回生堂今昔

我那寄父除了算命卖卜以外，原来还是个出名草头医生，又是个拳棒家。

一

我六岁左右时害了疳疾，一张脸黄僵僵的，一出门身背后就有人喊"猴子猴子"。回过头去搜寻时，人家就咧着白牙齿向我发笑。扑拢去打吧，人多得很。装作不曾听见吧，那与本地人的品德不相称。我很羞愧，很生气。家中外祖母听从佣妇、挑水人、卖炭人与隔邻轿行老妇人出主意，于是轮流要我吃热灰里焙过的"偷油婆"、"使君子"，吞雷打枣子木的炭粉，黄纸符烧纸的灰渣，诸如此类药物，另外还逼我诱我吃了许多古怪东西。我虽然把这些很稀奇的丹方试了又试，蛔虫成绞成团地排出，病还是不得好，人还是不能够发胖，照习惯说来，凡为一切药物治不好的病，便同"命运"有关。家中有人想起了我的命运，当然不乐观。

关心我命运的父亲，特别请了一个卖卦算命土医生来为我推算流年，想法襄解命根上的灾星。这算命人把我生辰干支排定后，就向我父亲建议：

"大人，把少爷拜给一个吃四方饭的人做干儿子，每天要他吃习皮草蒸鸡肝，有半年包你病好。病不好，把我回生堂牌子甩了丢到大河潭里去！"

父亲既是个军人，毫不迟疑地回答说：

"好，就照你说的办。不用找别人，今天日子好，你留在这里喝酒，我们打了干亲家吧。"

两个爽快单纯的人既同在一处，我的命运便被他们派定了。

一个人若不明白我那地方的风俗，对于我父亲的慷慨处会觉得稀奇。其实这算命的当时若说："大人，把少爷拜寄给城外碉堡旁大冬青树吧。"我父亲还是会照办的。一株树或一片古怪石头，收容三五十个寄儿，照本地风俗习惯，原是件极平常事情。且有人拜寄牛栏拜寄井水的，人神同处日子竟过得十分调和，毫无龃龉。

# 二

我那寄父除了算命卖卜以外，原来还是个出名草头医生，又是个拳棒家。尖嘴尖脸如猴子，一双黄眼睛炯炯放光，身材虽极矮小，实可谓心雄万夫。他把铺子开设在一城热闹中心的东门桥头上，字号为"滕回生堂"。那长桥两旁一共有二十四间铺子，其中四间正当桥垛墩，比较宽敞，许多年以前，他就占了有垛墩的一间。住处分前后两进，前面是药铺，后面住家。铺子中罗列有羚羊角、穿山甲、马蜂巢、猴头、虎骨、牛黄、马宝，无一不备。最多的还是那几百种草药，成束成把的草根木皮，堆积如山，一屋中也就长年为草药蒸发的香味所笼罩。

铺子里间房子窗口临河，可以俯瞰河里来回的柴炭船、米船、甘蔗船。河身下游约半里，有了转折，因此迎面对窗便是一座高山。那山头春夏之际作绿色，秋天作黄色，冬天则为烟雾包裹时作蓝色，为雪遮盖时只一片炫目白色。屋角隅陈列了各种武器，有青龙偃月刀、齐眉棍、连枷、钉耙。此外还有一个似桶非桶似盆非盆的东西，原来这是我那寄父年轻时节习站功所用的宝贝。他学习拉弓，想把腿脚姿势弄好，每个晚上蜷伏到那木桶里去熬夜。想增加气力，每早从桶中爬出时还得吃一条黄鳝的鲜血。站了木桶两整年，吃了黄鳝数百条，临到应试时，却被一个习武的仇人摘发他身份不明，取消了考试资格。他因此赌气离开了家乡，来到武士荟萃的凤凰县卖卜行医。为人既爽直慷慨，且能喝酒划拳，极得人缘，生涯也就不恶。做了医生尚舍不得把那个木桶丢开，可想见他还不能对那宝贝忘情。

　　他家中有个太太，两个儿子。太太大约一年中有半年都把手从大袖筒缩到衣里去，藏了一个小火笼在衣里烘烤，眯着眼坐在药材中，简直是一只大猫。两个儿子大的学习料理铺子，小的上学读书。两老夫妇住在屋顶，两个儿子住在屋下层桥墩上。地方虽不宽绰，那里也用木板夹好，有小窗小门，不透风，光线且异常良好。桥墩尖劈形处，石罅里有一架老葡萄树，得天独厚，每年皆可结许多球葡萄。另外还有一些小瓦盆，种了牛膝、三七、铁钉台、隔山消等等草药。尤其古怪的是一种名为"罂粟"的草花，还是从云南带来的，开着艳丽煜目的红花，花谢后枝头缀绿色果子，果子里据说就有鸦片烟。

　　当时一城人谁也不见过这种东西，因此常常有人老远跑来参观。当地一个拔贡还做了两首七律诗，赞咏那个稀奇少见的植物，把诗贴到回生堂武器陈列室板壁上。

　　桥墩离水面高约四丈，下游即为一潭，潭里多鲤鱼鳜鱼，两兄弟把长绳系个钓钩，挂上一片肉，夜里垂放到水中去，第二天拉起就常常可以得一尾大鱼。但我那寄父却不许他们如此钓鱼，以为那么取巧，不是一个男子汉所当为。虽然那么骂儿子，有时把钓来的鱼不问死活依然扔到河里去，有时也会把鱼煎好来款待客人。他常奖励两个儿子过教场去同兵将子弟寻衅打架，大儿子常常被人打得头破血流回来时，作父亲的一面为他敷那秘制药粉，一面就说："不要紧，不要紧，三天就好了。你怎么不照我教你那个方法把那苗子放倒？"说时有点生气了，就在儿子额角上一弹，加上一点惩罚，看他那神气，就可明白站木桶考武秀才被屈，报仇雪耻的意识还存在。

　　我得了这样一个寄父，我的命运自然也就添了一个注脚，便是"吃药"了。我从他那儿大致尝了一百样以上的草药。假若我此后当真能够长生不老，一定便是那时吃药的结果。我倒应当感谢我那个命运，从一分吃药经验里，因此分别得出许多草药的味道、性质以及它们的形状。且引起了我此后对于辨别草木的兴味。其次是我吃了两年多鸡肝。这一堆药材同鸡肝，显然对于此后我的体质同性情都大有影响。

　　那桥上有洋广杂货店，有猪牛羊屠户案桌，有炮仗铺与成衣铺，有理发馆，有布号与盐号。我既有机会常常到回生堂去看病，也就可以同一切小铺子发生关系。我很满意那个桥头，那是一个社会的雏型，从那方面我明白了各种行业，认识了各样人物。凸着个大肚子、胡须满腮的屠户，站在案桌边，扬起大斧"嚓"地一砍，把肉剁下后随便一秤，就猛向人菜篮中掼去，"镇关西"式人物，那神气真够神气。平时以为这人一定极其凶横蛮霸，谁知他每天拿了猪脊髓到回生堂来喝酒时，竟是个异常和气的家伙！其余如剃头的、缝衣的，我同他们认识以后，看他们工作，听他们说些故事新闻，也无一不是很有意思。我在那儿真学了不少东西，知道了不少事情。所学所知比从私塾里得来的书本知识当然有趣得多，也有用得多。

那些铺子一到端午时节，就如我写《边城》故事那个情形，河下竞渡龙船，从桥洞下来回过身时，桥上有人用叉子挂了小百子鞭炮悬出吊脚楼，必必拍拍地响着。夏天河中涨了水，一看上游流下了一只空船，一匹牲畜，一段树木，这些小商人为了好义或好利的原因，必争着很勇敢地从窗口跃下，凫水去追赶那些东西。不管漂流多远，总得把那东西救出。关于救人的事，我那寄父总不落人后。

他只想亲手打一只老虎，但得不到机会。他说他会点穴，但从不见他点过谁的穴。一口典型的麻阳话，开口总给人一种明朗愉快印象。

三

民国二十二年旧历十二月十九日，距我同那座大桥分别时将近十二年，我又回到了那个桥头了。这是我的故乡，我的学校，试想想，我当时心中怎样激动！离城二十里外我就见着了那条小河。傍着小河溯流而上，沿河绵亘数里的竹林，发蓝叠翠的山峰，白白阳光下造纸坊与制糖坊，水磨与水车，这些东西皆使我感动得厉害！后来在一个石头碉堡下，我还看到一个穿号褂的团丁，送了个头裹孝布的青年妇人过身。那黑脸小嘴高鼻梁青年妇人，使我想起我写的《凤子》故事中角色。她没有开口唱歌，然而一看却知道这妇人的灵魂是用歌声喂养长大的。我已来到我故事中的空气里，我有点儿痴。环境空气，我似乎十分熟悉，事实上一切都已十分陌生！

见大桥时约在下午两点左右，正是市面最热闹时节。我从一群苗人一群乡下人中拥挤上了大桥，各处搜寻没有发现"滕回生堂"的牌号。回转家中我并不提起这件事。第二天一早，我得了出门的机会，就又跑到桥上去，排家注意，终于在桥头南端，被我发现了一家小铺子。铺子中堆满了各样杂货，货物中坐定了一个瘦小如猴干瘪瘪的中年人。从那双眯得极细的小眼睛，我记起了我那个干妈。这不是我那干哥哥是谁？

我冲近他身边时，那人就说，

"唉，你要什么？"

"我要问你一个人，你是不是松林？"

里间屋孩子哭起来了，顺眼望去，杂货堆里那个圆形大木桶里，正睡了一对大小相等仿佛孪生的孩子。我万万想不到圆木桶还有这种用处，我话也说不来了。

但到后我告诉他我是谁，他把小眼睛愣着瞅了我许久，一切弄明白后，便慌张得只是搓手，赶忙让我坐到一捆麻上去。

"是你！是茂林！……""茂林"是我干爹为我起的名字。

我说："大哥，正是我！我回来了！老人家呢？"

"五年前早过世了！"

"嫂嫂呢？"

"六月里过去了！剩下两只小狗。"

"保林二哥呢？"

"他在辰州，你不见到他？他做了王村禁烟局长，有出息，讨了个乖巧屋里人，乡下买得三十亩田，做员外！"

我各处一看，卦桌不见了，横招不见了，触目全是草药。"你不算命了吗？"

"命在这个人手上，"他说时翘起一个大拇指，"这里人已没有命可算！"

"你不卖药了吗？"

"城里有四个官药铺，三个洋药铺。苗人都进了城，卖草药人多得很，生意不好做!"

他虽说不卖药了,小屋子里其实还有许多那成束成捆的草药。而且恰好这时就有个兵士来买专治腹痛的"一点白",把药找出给人后,他只捏着那两枚当一百的铜元,向我呆呆地笑。大约来买药的也不多了,我来此给他开了一个利市。

他一面茫然地这样那样数着老话,一面还尽瞅着我。忽然发问:

"你从北平来南京来?"

"我在北平做事!"

"做什么事?在中央,在宣统皇帝手下?"

我就告诉他,既不在中央,也不是宣统手下。他只作成相信不过的神气,点着头,且极力退避到屋角隅去,俨然为了安全非如此不成。他心中一定有一个新名词作祟:"你可是个共产党?"他想问却不敢开口,他怕事。他只轻轻地自言自语说:"城内前年杀了两个,一刀一个。那个韩安世是韩老丙的儿子。"

有人来购买烟扦,他便指点人到对面铺子去买。我问他这桥上铺子为什么都改成了住家户。他就告诉我,这桥上一共有十家烟馆,十家烟馆里还有三家可以买黄吗啡。此外又还有五家卖烟具的杂货铺。

一出铺子到城边时,我就碰一个烟帮过身。两连护送兵各背了本地制最新半自动步枪,人马成一个长长队伍,共约三百二十余担黑货,全是从贵州来的。

我原本预备第二天过河边为这长桥摄一个影留个纪念,一看到桥墩,想起二十七年前那钵罂粟花,且同时想起目前那十家烟馆三家烟具店,这桥头的今昔情形,把我照相的勇气同兴味全失去了。

(沈从文)

# 孩子，你那边有雨

　　家是心灵永远的企盼，那里有一个自古不变的主题——人间亲情，

　　更何况是生于斯，长于斯的家乡。

　　一天夜里，就要熄灯睡觉时，我突然有些想家，想念千里之外年迈的父母。我拨通了那串解密思念的数码，接电话的是父亲，他着实为我的深夜来电吃了一惊：出了什么事儿？我赶紧说没事，刚才突然想家，想说说话。说什么话，深更半夜的，你妈睡着了。威呢？是不是也睡了？父亲肯定还是怪我的来电不合宜，但言语中掩饰不住意外的惊喜。

　　其实我的妻威也已甜甜地睡了。我和父亲怕惊动各自的妻子，像两个淘气的孩子，小声地你一句我一句地说着。父亲说家里很好，他和母亲身体都挺好。要我别惦记这边，好好照顾威，好好工作。我说我俩也很好，都比刚结婚时胖了，过几天我们打算照张相寄回去。最后我说，时间不早了，爸，你撂了电话，睡觉吧。父亲停顿了一会，我猜一定是抬头望了一眼那座老钟。是不早了，你也歇吧。对了，你们明天上班带上伞，你那边有雨。你怎么知道呢？偶然从电视上看的，说你那边有雨。

　　放下电话，我怎么也无法睡着。千里之外，父亲却时刻关注着我这边的阴晴冷暖。记得我上大学临行前，母亲放心不下，又是棉衣又是药物地往包里给我塞，父亲说，不用挂念他，他不是孩子了。说归说，我走以后，父亲却每天都要到车站转上一圈。结婚后，我和妻住在一间平房里，有一天卧室钻进了很多煤烟，妻子反应强烈，住进了医院。父亲得知后没几天，居然一个人拄着手杖背着包，坐了一天一宿的火车来了。我接过包感觉很重，打开一看，竟装满了斧子、瓦刀、泥板子之类的工具。父亲说，我来给你们拾掇

拾掇暖气和炉子，总冒烟哪儿能行。

年届七旬、胃被切除四分之三的父亲可能一路也没舍得吃一片面包，坐下来一口气吃了两大碗面条。妻在厨房看着那堆粗糙的维修工具禁不住落泪。我安慰妻说，老爷子一辈子了，就这样。去打个电话告诉家里，爸平安到了。

与父亲深夜通话的第二天，原本晴朗的天空，转眼乌云密布，果真下起了雨。全单位只有我一个人带伞，大家感到非常惊奇。我站在窗前，窗外大雨如注，我不知道父亲那边下雨还是天晴，但我知道，他一定站在老屋窗前翘首望着我这边。父亲老了，不能再为儿子撑起一片天空，但千山之远，万水之隔，父亲仍能为我和妻送来一把温暖的伞，在这个宽厚如昔日父亲臂膀的伞下，我们的每一个日子都晴空万里，灿烂如花。

（韩文友）

# 怀念父亲

父亲本是个不宜做官的人，他热衷的是读书、做诗、写字、绘画、刻印，并都有所成就。

他（父亲）在辽阳中学任教一年之后，和这个学校的校长发生了一场争论，一怒辞职。当时他的很多学生，包括杨晦在内都曾经极力挽留他，向学校当局提意见，表示要和这个年轻老师同进退。但是父亲坚决离校，一人来到北京。

那时是什么年代我不清楚，倒溯我的年龄，至少是我出生前的三四年，应是1914年以后。父亲到北京是来投奔他的舅父庄蕴宽先生。我的这位舅公

是一位大人物，科举出身，历任军政要职，以为官严正，不畏权贵著称于时，并以诗文、书法名家。由于庄的援引，父亲进入了当时的北洋政府，开始了他一生的宦海生涯。

父亲的官运并不亨通，据我回忆中的印象，他工作认真，为人耿直，因此不免会触犯一些他不喜欢的人，乃至他的上级主管，因此升迁很慢，他在 20 年代做的最高官是京都市政督办公所的坐办，大概是当时的北京市政府的第三、四号人物，相当于秘书长，后参与创建北京故宫博物院，任接收代表和常委、《故宫周刊》主编，是抗日战争时期文物南迁的总押运官之一。可以说是中国文博界的开创者。这是我儿时的记忆，也可能是不准确的。30 年代后期到 40 年代，曾做过湖北民政方面的官吏，最后担任抗战时期以至日本投降以后的国防最高委员会的参事等职，在旧官场中，始终只是一个幕僚人物。

但父亲本是个不宜做官的人，他热衷的是读书、做诗、写字、绘画、刻印，并都有所成就。此外他最有兴趣的是收购古玩字画碑帖，他一生工资收入大部分都送给了古玩铺。我至今记得每年"三节"，即端阳节、中秋节、春节，古玩店伙计来家要账，在门房里坐了一屋子人，尽管还是客客气气，但由于要不到钱赖着不走的情景。甚至于有一年我和姐姐、妹妹、弟弟在学年开学时，竟由于父亲买古董把钱花光负债累累，连我们的学费都交不出来，只得写信给学校要求缓交，弄得我这小学生都觉得脸上无光。生性温柔善良的母亲对父亲从来百依百顺，但为此亦不止一次由于婉劝不成而生气、而哭闹流泪，弄得全家愁云密布，郁郁寡欢；但一家之主的父亲却依旧是家里的权威，依然大把花钱，从古玩店抱着破烂的古董、字画回家欣赏，毫无悔改之意。

因此，在他一生当中，他感到最有兴趣的莫过于从 1924 年至 1934 年整整十年当中的故宫博物院的职务。这是中国人民在两千多年的封建压迫之下，一举推翻满清帝制，并将封建王朝的宫殿宝库向广大人民群众彻底开放，公诸于世的壮举。在故宫博物院里收藏着中国有史以来的奇珍异宝、典章文物，历代书画篆刻、能工巧匠的稀世杰作。这对父亲说来具有无与伦比的迷人的魅力，从接收清宫文物的开始他就兴致勃勃地投入工作。开始他只是由于内务部的主管来兼顾故宫博物院的创办工作;后来甚至离开了自己的本职,以故宫为主要的职务了。但是他不可能预见到,这个故宫博物院,以它本身具有的特性注定了是一个不祥之地;一贯热情戆直乃至带有几分傻气的父亲由于客观存在的种种难以预计的情况,如他自己所说,"由于帮助地位以至身被罗织,名列法网",跌进了一个不深不浅,十分恼火,而又无可奈何,哭笑不得的陷阱。

父亲的受冤受害,完全是由于为了他的一个"同患难而观点各异,亲而不信的总角之交"引起的。从天理人情而言,他的自幼相交的同窗好友易寅村先生——故宫博物院院长——乃是一个薄情负义的朋友。但是父亲却是一往情深,至死不渝,由于易的受冤含恨,抑郁弃世,父亲在有生之年一刻也没有忘记为我们这位易伯伯申雪冤枉。1949年上海解放之后,父亲为这件事还给新的人民政府的领导同志写信呼吁。我们尊敬的董老必武同志还亲自登门来拜会过我的父亲。

为了申雪易寅村的冤案,父亲做了大量的工作,可谓念兹在兹,时刻不忘。这本《故宫二十五年魅影录》是他在全国解放前一年辞去国防最高委员会参事的职务、和腐朽没落濒临溃灭的国民党政权彻底决裂以后,完成写作的对这所谓"故宫盗宝"冤案的详尽记录。

全国解放之后,父亲被陈毅元帅请去任命为上海文物管理委员会委员。他怀着十分振奋感激的心情为这个本来可以安居休养的名誉职务热情工作和奔走着,却终于在一次因公外出时以脑溢血而病倒。他右肢瘫痪,语言困难,但依然不曾忘记对易案的昭雪;见到无论是生人熟客时,三言两语也要吃力地谈到故宫往事,家人对此拦也拦不住他。父亲卧病达八年之久,1955年,在他病倒五年之后,我接他从上海来北京同住,那时他虽然行动步履十分艰难,却仍用左手写字作画,吟咏诗词,表现了十分顽强的精神毅力。他一生富有同情心,忠于友情。1958年10月,在病榻上见报载他的老友郑振铎先生因飞机失事遇难,痛哭不能遏止,脑血管再度溢血,病情急剧恶化,卧床不起,于次年5月14日去世。

父亲去世的前一年,我被"反右"之难,远戍北疆;闻听噩耗,申请返

京奔丧而不获批准。因此在那年早春一个大雪满天的夜晚，离家北行拜别父亲就是我和他的最后一面。那时他口齿不清，没有说话，但却是满脸笑容，留给我的最后印象是欢喜的，没有悲伤。

父亲的个人爱好——收藏以书画为主的古文物，直迄中风病倒以前一直没有改变。1937年"七七事变"父亲率领全家仓皇避难入川，万里征途之中他宁肯将衣物箱笼大量弃置，却精选一部分心爱的书画不辞艰险带在身边，尤其是他所谓"镇库之宝"的三幅大画：吴道子西旅贡獒图、吕纪福禄图、黄石斋山水，都是用黄绫包裹的精工装裱，几乎是形影不离地带在身边，当然，经过这一转徙，文物损失惨重。

然而到了四川之后，经过轰炸和多次搬迁，稍得安居时，他又开始逛古玩店，把旧字旧画、古玩玉器抱回家来。真是本性难移，顽固至极。待我把他接来北京时，他已经卧床四年，我和父亲商量，提到鉴于这一批古旧文物今后保管的困难，建议全部捐献给国家。他不暇思索，立即同意，并约请当时主管文物的郑振铎和唐兰同志来参观鉴定，将所藏二百余件古文物无偿捐献给故宫博物院。他高兴地说："交给国家，比我自己保管要安全得多了。"父亲一生历经三代政府，有如长夜行路，历尽坎坷，到他的晚年才找到他最信任的共产党的人民政府。

父亲的一生，在我的记忆里，他每日伏案挥毫，或写或画十分勤奋，尽管这都是他的业余活动。他的著作出版计有：《故宫博物院前后五年经过记》《中国国文法》，话剧《长生殿》《蜀西北纪行》等。

他的最后遗作《故宫二十五年魅影录》，实现了他耿耿于怀、对含冤而死的亡友半生未了的心愿。这本书对当年故宫博物院成立的经过有详尽、具体的描述，对国民党上层人物承袭过去封建官场的黑暗腐败、勾心斗角也有细致的刻画，包含有丰富的历史资料。

父亲一生中还写了相当数量的诗词和题画诗，但是由于"文化大革命"的一场浩劫，至今在我身边只剩下从1946年以后的一本诗作了。

写这篇文章，勾起对逝世二十三年的父亲的无限哀思。

1937年我初入世途，任职于当时的国立戏剧学校。因抗日战争起，迁校于长沙，父亲从武昌寄了一份东北抗日义勇军烈士苗可秀的文字材料，并写信给我，希望我用这个题材写一个话剧剧本。我以初生之犊的勇气，按照父亲的嘱咐写了我平生的第一个多幕剧《凤凰城》，并从此开始了以写作为自己的终身事业。现在以这篇短文为父亲的遗作注解，也作为对父亲永远的纪念。

（吴祖光）

# 父亲的记忆

父亲对我很慈爱，从来没有打骂过我。到保定上学，是父亲送去的。

父亲十六岁到安国县（原先叫祁州）学徒，是招赘在本村的一位姓吴的山西人介绍去的。这家店铺的字号叫永吉昌，东家是安国县北段村张姓。

店铺在城里石牌坊南。门前有一棵空心的老槐树。前院是柜房，后院是作坊——榨油和轧棉花。

我从十二岁到安国上学，就常常吃住在这里。每天掌灯以后，父亲坐在柜房的太师椅上，看着学徒们打算盘。管账的先生念着账本，人们跟着打，十来个算盘同时响，那声音是很整齐很清脆的。打了一通，学徒们报了结数，先生把数字记下来，说：去了。人们扫清算盘，又聚精会神地听着。

在这个时候，父亲总是坐在远离灯光的角落里，默默地抽着旱烟。

我后来听说，父亲也是先熬到先生这一席位，念了十几年账本，然后才当上了掌柜的。

夜晚，父亲睡在库房。那是放钱的地方，我很少进去，偶尔从撩起的门帘缝望进去，里面是很暗的。父亲就在这个地方，睡了二十几年，我是跟学徒们睡在一起的。

父亲是一九三七年，"七七"事变以后离开这家店铺的，那时兵荒马乱，东家也换了年轻一代人，不愿再经营这种传统的老式的买卖，要改营百货。父亲守旧，意见不合，等于是被辞退了。

父亲在那里，整整工作了四十年。每年回一次家，过一个正月十五。先是步行，后来骑驴，再后来是由叔父用牛车接送。我小的时候，常同父亲坐这个牛车。父亲很礼貌，总是在出城以后才上车，路过每个村庄，总是先下来，和街上的人打招呼，人们都称他为孙掌柜。

父亲好写字。那时学生意，一是练字，一是练算盘。学徒三年，一般的字就写得很可以了。人家都说父亲的字写得好，连母亲也这样说。他到天津做买卖时，买了一些旧字帖和破对联，拿回家来叫我临摹，父亲也很爱字画，也有一些收藏，都是很平常的作品。

抗战胜利后，我回到家里，看到父亲的身体很衰弱。这些年闹日本，父亲带着一家人，东逃西奔，饭食也跟不上。父亲在店铺中吃惯了，在家过日子，舍不得吃些好的，进入老年，身体就不行了。见我回来了，父亲很高兴。有一天晚上，一家人坐在炕上闲话，我絮絮叨叨地说我在外面受了多少苦，担了多少惊。父亲忽然不高兴起来，说："在家里，也不容易！"

回到自己屋里，妻抱怨说："你应该先说爹这些年不容易！"

那时农村实行合理负担，富裕人家要买公债，又遇上荒年，父亲不愿卖地，地是他的性命所在，不能从他手里卖去分毫。他先是动员家里人卖去首饰、衣服、家具，然后又步行到安国县老东家那里，求讨来一批钱，支持过去。他以为这样做很合理，对我详细地描述了他那时的心情和境遇，我只能默默地听着。

父亲是一九四七年五月去世的。春播时，他去耧楼，出了汗，回来就发烧，一病不起。立增叔到河间，把我叫回来。

我到地委机关，请来一位医生，医术和药物都不好，没有什么效果。

父亲去世以后，我才感到有了家庭负担。我旧的观念很重，想给父亲立个碑，至少安个墓志。我和一位搞美术的同志，到店子头去看了一次石料，还求陈肇同志给撰写了一篇很简短的碑文。不久就土地改革了，一切无从谈起。

父亲对我很慈爱，从来没有打骂过我。到保定上学，是父亲送去的。他很希望我能成材，后来虽然有些失望，也只是存在心里，没有当面斥责过我。在我教书时，父亲对我说："你能每年交我一个长工钱，我就满足了。"我连这一点也没有做到。

父亲对给他介绍工作的姓吴的老头，一直很尊敬。那老头后来过得很不如人，每逢我们家做些像样的饭食，父亲总是把他请来，让在正座。老头总是一边吃，一边用山西口音说："我吃太多呀，我吃太多呀！"

（孙犁）

# 父 亲

父亲是个沉默的，轻易不大肯说话的人，我又是在趣味上，思想上和他有着敌意的人，就是想跟他谈谈也不容易找到适宜的话题，便那么地静了下来。

黯淡的太阳光斜铺到斑驳的旧木栅门上面，在门前我站注了，扔了手里的烟蒂儿，去按那古铜色的，冷落的门铃。门铃上面有一道灰色的蛛网，正在想拿什么东西去撩了它的时候，我家的老仆人已经开了那扇木栅门，摆着发霉的脸色，等我进去。

院子里那间多年没放车子的车间陈旧得快倾记下来的样子，车间门上也罩满灰尘。屋子里静悄悄的，只听得屋后那条长胡同里有人在喊卖晒衣竹，

那嘹亮凄清的声音懒懒地爬过我家的屋脊，在院子里那些青苔上面，在驳落的粉墙上面尽荡漾着，忧郁地。

一个细小的，古旧的声音在我耳朵旁边说：

"家啊！"

"家啊！"

连自己也听不到似的在喉咙里边说着，想起了我家年来冷落的门庭，心里边不由也罩满了灰尘似的茫然起来。

走到楼上，妈愁苦着脸，瞧了我一眼，也没说什么话，三弟扑到桌子上面看报纸，妹子坐在那儿织绒线，脸色就像这屋子里的光线那么阴沉得厉害。

到自己房里放下了带回来的零碎衣服，再出来喝茶时，妈才说：

"你爸病着，进去跟他谈谈吧。"

父亲房里比外面还幽暗，窗口那儿挂着的丝绒窗帏，下半截有些地方儿已经蛀蚀得剩了些毛织品的经纬线。滤过了那窗帏，惨淡的，青灰色的光线照进来，照到光滑的桌面上，整洁的地上，而在一些黑暗的角隅里消逝了它愁闷的姿态。屋子里静溢得像冬天早上六点钟天还没亮透的时候似的。窗口那儿点了枝安息香，灰色的烟百无聊赖地缠绕着，氤氲着一阵古雅的，可是过时了的香味。有着朴实的颜色的红木方桌默默地站在那儿，太师椅默默地站在那儿，镶嵌着云石的烟榻默默地站在那儿，就在那烟榻上面，安息香那么静谧地，默默地躺着消瘦的父亲，嘴唇上的胡髭比上星期又斑白了些，望着烟灯里那朵豆似的火焰，眼珠子里边是颓唐的，暮年的寂寞味。见我进去，缓缓地：

"朝宗没回来？"那么问了一句儿。

"这礼拜怕不会来吧。"

我在他对面坐下了，随便拿着张报看。

"后天有没有例假？"

"也许有吧。"

话到这儿断了。父亲是个沉默的，轻易不大肯说话的人，我又是在趣味上，思想上和他有着敌意的人，就是想跟他谈谈也不容易找到适宜的话题，便那么地静了下来。

我坐在那儿，一面随便地看着报，一面偷偷地从报纸的边上去看父亲的手，那是一只在中年时曾经握过几百万经济权的手，而现在是一只干枯的，皱缩的，时常微微颤抖着的手。便——

"为什么人全得有一个暮年呢？而且父亲的还是多么颓唐的暮年啊！"那么地思索着。

忽然，一个肺病患者的声音似的，在楼下，那门铃嘶地响了起来。

父亲像兴奋了一点似的，翻了个身道：

"瞧瞧是谁。"

我明白他这句话的意思就是"瞧瞧是谁来看我。"他是那么地希望着有人来看他的病啊！就拉开了窗帏，伏在窗口瞧，却见进来的是手里拿着封电灯公司的通知信的我家的老仆人。

"是谁？"父亲又问了一句。

只得坐了下来道："电灯公司的通知信。"

父亲的嘴唇动了几动，喝了口茶，没作声，躺在那儿像在想着什么似的。他有一大串的话想说出来的时候就是那么的，先自己想一下。父亲是一个十足的理智的人；他从不让他的情感显露到脸上来，或是到言语里边来，他从不冲动地做一件事，就是喝一杯茶也先考虑一下似的。我便看着他，等他说话。

过了一回儿，他咳嗽了一声儿——

"人情真的比纸还薄啊！"那么地开了头，每一个字，每一个句子全是那么沉重地，迟缓地，从他的嘴唇里边蜗牛似的爬了出来："从前我只受了些小风寒，张三请中医，李四请西医，这个给煎药，那个给装烟，成天你来我去的忙得什么似的。现在我病也病了半年了，只有你妈闲下来给我装筒烟。敬芳师父，我总算没荐错了这个人，店里没事，还跑来给我请下安，煎帖药。此外还有哪个上过我家的门？连我一手提拔起来的那些人也没一个来过啊！他们不是不知道。"父亲的话越来越沉重，越来越迟缓，却是越来越响亮，像是他的灵魂在喊叫着似的，"在我家门口走过的时候总有的，顺便拐进来，瞧瞧我的病，又不费力气，又不费钱财。外面人别说，单瞧我家的亲戚本家吧，嫡亲的堂兄弟，志清——"忽然咽住了

话，喝了口茶，才望着天花板："我还是我，人还是那么个人，只是现在倒霉了，是个过时人罢咧！真是人情比纸薄啊！"便闭上了眼珠子，嘴唇颤抖着不再说话。

默默地我想着做银行行长时的，年轻的父亲，做钱庄经理时的，精明的父亲，做信托公司总理时的，有着愉快的笑容的父亲，做金业交易所经纪人时的，豪爽的父亲，默默地想着每天有两桌客人的好日子，打牌抽头抽到三百多元钱的好日子，每天有人来替我做媒的好日子，仆人卧室里挤满了车夫的好日子；默默地我又想着门铃那儿的蛛网，陈旧得快要倾圮下来的车间，父亲的迟缓的，沉重的感慨，他的干枯的，皱缩的手。

父亲喉咙那儿咽的响了一声儿，刚想抬起脑袋来，却见他的颤抖着的手在床沿那儿摸索那块手帕，便又低下脑袋去。

我不敢再抬起脑袋来，因为我不知道他咽下去的是茶，是黏涎子，是痰，还是泪水；我不敢抬起脑袋来，因为知道闭着眼躺在烟榻上的是一个消沉的，斑白了头发的，病着的老父。

"暮年的寂寞啊！"

坐在那儿，静静地听着父亲的年华，和他的八角金表一同地，扶着手杖，拖着艰难的步趾嗒嗒地走了过去，感情却铅似的沉重起来，灰黯起来。

差不多每个星期尾全是在父亲的病榻旁边消磨了的。

看着牢骚的老父病得连愤慨的力气也没有，而自己又没一点方法可以安慰他，真是件痛苦的事。后来，便时常接连着几个礼拜不回去，情愿独自个儿留在宿舍里边。人到底不是怎么勇敢的动物啊！可是一想起寂寞的，父亲的暮年，和秋天的黄昏那么地寥落的我家，总暗暗地在心里流过一丝无可奈何的怅惘。

"父亲啊！"

"家啊！"

低低地叹息着。

有时便牺牲了一些绮丽的下午，孩子气的游伴，去痛苦地坐到父亲的病榻边，一同尝受着那寂寞味，因为究竟我也是个寂寞的人，而且父亲是在悠远的人生的路上走了五十八年，全身都饱和了寂寞与人生苦的。

每隔一礼拜，或是两礼拜回到家里，进门时总那么地想着："又是两礼拜了，父亲的病该好了些吧？"

可是看到了父亲，心里又黯淡起来，有的时候觉得父亲的脸色像红润了些，有的时候却又觉得他像又消瘦了些，只是精神却一次比一次颓唐，来探望他的亲戚也一次比一次多了。父亲却因为陪他谈话的人多，也像忘了他的感慨似的，一次比一次高兴。

每次我回来，妈总恳求似的问我：

"你瞧爸的脸色比前一次可好看些吗？"

"我瞧是比前次好些了。"

"你爸这病许多人全说讨厌，你瞧怎么才好呢！"

妈的眼皮慢慢儿红起来：

"你瞧，怎么好呢？"

低低抽咽着，不敢让父亲听到。

虽然我的心是那么地痛楚着，可是总觉得妈是多虑。那时我是坚决地相信父亲的病会好起来的。

"老年人精力不足，害些小病总有的吧。"那么安慰着妈，妈却依旧费力地啜泣着，爸在里边喊了她一声，才连忙擦干了眼泪，跑了进去。

"妈真是神经过敏！"我只那么地想着。

那时我真的不十分担忧，我从来不觉得父亲已经是五十八岁的老年人，在我记忆上的父亲老是脸色很红润，一脑袋的黑头发，胡髭刮得很干净的，病着的父亲的衰老的姿态在我印象里没多坚固的根据，因为父亲从来没有老年人昏庸的形状，从来不多说半个字，他的理智比谁都清澈。那时我只忧虑着他脸上的没有笑劲儿——

父亲脸上的笑劲儿已经不见了七八年了，可是我直到最近才看出来。

（穆时英）

# 第二辑　享受生活中的阳光

看看你所拥有的每一天吧，一个明亮而充满生机的清晨，推开窗子便可呼吸到的新鲜空气，穿在身上的温暖舒适的衣服，让你自由行走的畅通的马路，你所看到的一朵朵生机勃勃的小花，让你的心变得敏感的日落的光，在黑色的幕布下一闪一闪的星星，在那一片灯火中为你点亮的那一盏橘黄色的灯光……

# 感激一杯温开水

世界的美好，因此而摇曳在一杯温开水之中了。

这是朋友讲的故事。

十来年前，他还在深圳打工，整天帮人家掏下水道，走哪儿，身上都一股下水道的异味，很让人侧目。所以，他一般不到热闹中去。那个城市的繁华和优雅是那个城市的，装不进他兜里一点点，他住工棚，倚墙角吃冷馒头。

一日，天下雨，是深秋的雨。虽说是在深圳，可也带了寒意。他当时已掏好一家酒楼的下水道，雨大，回不了，就倚在酒楼的檐下躲雨，一边就掏了怀里的冷馒头吃。

冷。他抱臂，转过脸，隔了酒楼玻璃的窗，望里面蒸腾的热气和温暖。一些人悠闲地在吃饭，他想，若是有一杯热热的茶喝，多好。呵呵。他在心里面笑着对自己摇头，怎么可以那样奢望呢？他看天，只等雨息，好回他的工棚去。

这时，酒楼的门忽然开了，一位服务员径直走到他跟前，彬彬有礼地对他说："先生，您请进。"他愣住了，结巴着说："我，我，不是来吃饭的，我，只是躲会雨。"服务员微笑，说："进来吧，外面雨大。"朋友拒绝不了那样的微笑，鬼使神差地跟进去了。进去时，他暗地里想：想宰我？没门！我除了身上的破衣裳，什么也没有的。

他被引到一张椅子上坐定，脑子还没来得及想什么呢，另一个服务员就端来一杯温开水。先生，请喝水，同样的彬彬有礼。朋友不知道她们葫芦里卖的什么药，想，既来之，则安之。遂毫不客气地端起茶杯，把一杯水喝得干干净净，且把怀里的另一个冷馒头掏出来吃了。服务员又帮他续上温开水，他则接着喝，喝得身上暖暖的，额上渗了细密的汗，舒坦极了。

后来，雨停了，他以为那些服务员会来收钱的，但是没有。他坐等一会，

还是没有一个人来问他。刚才喊他进来的服务员正站在大门口送客，他忍不住走过去问："白开水不收钱吗?"服务员微笑："先生，我们这儿的白开水是免费的。"

那一杯白开水的温暖从此烙在了朋友的记忆里，每每谈到深圳人，朋友的眼里都会升起一片感激的雾来。

朋友后来从深圳回来发展，也开一家酒楼。他定下一条规矩：凡是雨天在他檐前躲雨的人，都要请到店里来坐，并且要给人家倒上一杯温开水。

他酒楼的名声因此而打响，那是朋友没想到的，许多人提到他时都会说：那个老板好啊，下雨天，不管大人小孩，不管城里人乡下人，在他屋前躲雨，他都会请到屋里坐的，并且提供免费的茶水。

仅仅一杯温开水，就温暖了一个人一生的记忆，甚至产生连锁反应。

世界的美好，因此而摇曳在一杯温开水之中了。

（丁立梅）

# 分享一双新鞋的温暖

男孩伸手接过靴子，放到鼻子边，深深地吸了一口气。他的眼里溢满了泪水。

看到儿时的那些建筑物都已被一栋栋的高楼大厦所代替，我不禁有些失望。我从这里搬到佛罗里达州的杰克逊维尔市已经很多年了。我开车回到这个小镇目的是寻找儿时的那个老理发店。那时，孤儿院带我们来这里享受免费的理发，给我们理发的是一位还未出师的学徒。

天还早，相当冷。我穿上大衣，开始寻找电话。在走过一条街后，我看到了一个鞋店的门敞开着。我走进去，向店员借用他们的电话本及电话。因为没有找到那个老理发店的电话号码，我挑了一个当地美发沙龙的电话。如果那个理发店还在，希望他们可以把它的新地址告诉我。电话占线，我决定几分钟后再试一次。

"我想几分钟后再打一次。因为外面有点冷，介意我在里面等吗?"我问店员。

"你怎么不到街上去?"店员以一个响亮而严厉的声音说。

我转过身，看他是否在跟我说话。

"讨厌的流浪汉总是想占用我们的洗手间。"他回答道。

我看到一个衣衫破旧的男人站在商店的外面，正透过巨大的玻璃窗往里面看。店员打着手势，叫流浪汉到街上去。

我又拨了几次号码，但总是占线。

"想来一杯咖啡吗?"店员问我。

"听起来不错。谢谢!"

当我和他边喝着咖啡边聊天时，一个大约20岁的男孩自己推着轮椅进了商店。

店员放下咖啡，上前迎接男孩。

"我想买一双新鞋。"男孩说。

当他转弯时，我看见他盖着毯子的膝盖下面空荡荡的。我大吃一惊，男孩竟没有双腿。

店员站在那里不知该说什么好。显然他也看到男孩失去了双腿。

"买礼物送给朋友吗?"我问男孩。

"不，买给我自己。"他笑着答道。

我笑笑，心中不禁生出一丝好奇。

"你想要哪一种鞋?"店员问。

"牛仔靴。你这里有牛仔靴吗?"

店员告诉他后墙的货架上有三四双牛仔靴。

"让我瞧瞧那双10码的黑靴。"

店员利索地转过身去拿鞋。

"很有趣，是吗?"男孩问我。

"你的意思是你没有双腿，到鞋店来买鞋，看到别人的反应很有趣？"我答道。

"当然不是。"

我耸耸肩，不明白他的意思。

"我还是孩子时，我父母每年都给我买一双新鞋。那是一种很美妙的感觉。我永远不会忘记一些事情，比如皮革的味道、在鞋店里展示新鞋时的骄傲。"

店员拿着一个盒子回到了男孩的身边。他坐在地板上，拿出一只鞋子递给男孩。男孩闭起眼睛，把鞋子放到鼻子边，仰起头，深深吸了一口气。

我不知道该说什么。这时，泪水顺着男孩的脸颊流了下来。

"你遇到了什么意外？"我问他。

"农场事故。"他说，然后他清了清他的嗓音。

"到街上去！"店员大吼道，因为那个他刚赶走的流浪汉又从玻璃窗往里看。

男孩看着那个老流浪汉，然后转身面对着我。

"你介意到外面去看看那个老人穿多少码的鞋吗？"他说。

我慢慢走过去打开前门，叫流浪汉进来。

"你穿多少码的鞋？"男孩问流浪汉。

"我不知道。"他答道，然后低头看着他的旧网球鞋。

"我看大概是9码半。"我说。

"你这里有最好的9码半的远足靴吗？"男孩问店员。

店员转身，再次走到货架去取鞋。

老流浪汉站在那里，一直低头看着地板。

一分钟后，店员拿着一双远足靴回来，我看到靴的衬里是羊毛。男孩伸手接过靴子，放到鼻子边，深深地吸了一口气。再次，他的眼里溢满了泪水。

"先生，你介意替我试穿一下这双靴子吗？"男孩问流浪汉，然后把靴子递到流浪汉面前。

流浪汉坐下来，脱下他的网球鞋，然后把脚穿进靴子。男孩示意店员帮助他。店员在流浪汉面前蹲下来，开始帮他系紧鞋带。

老流浪汉的眼睛由始至终都没离开地板。鞋带系好后，男孩叫流浪汉在店内走一圈，以便他能从不同距离审视靴子。

"感觉如何？"他问流浪汉。

"感觉很舒服。"流浪汉答道。

"我打算买下这双靴子。"男孩对店员说。

"这双靴子售价 189 美元。"店员告诉男孩。

男孩拿出钱包，把两张 100 美元的钞票递给店员。

"还要这双牛仔靴吗？"店员问他。

"不了。"

"你不是想用洗手间吗？"我问老流浪汉。

老流浪汉站起来，向商店后面走去。店员没有阻拦。

"我知道买一双新鞋仍然可以给你带来美妙的感觉。"我笑着对年轻人说。

"是这样"，他说，"并且现在已经有人与我一起分享它们的温暖了。"

（罗杰·迪恩·基瑟庞启帆编译）

# 绿色的枫叶

> 尽管绿枫叶在艰难的磨砺中，有可能被打残了，但他仍然顽强地活着。

红色的枫叶是人们所喜欢的。这不仅是因为它有珍藏的意义，更为主要的是那小小的叶面上凝聚了博大的思想，所以人们都愿意怀着不同心境在红叶上寻找象征，寻找寄托。于是有红叶提诗，有青春的风采，有火热的爱情，有如茶的生命，有缤纷的事业，这一切一切都通过红叶这无声的旗语摇曳出来。

我爱红枫叶，但更爱绿色的枫叶，这是今年我到香山后形成的深刻印象。

我到北京去的时候是春天，本来可以不去香山了，但我是一个总想在生活中寻找诗性的人，还是毅然地去了。在车驶往香山途中，我尽情想象，自我陶醉在香山被红枫染的灿烂的喜人景象之中，车到了香山，我这才刚才美好的忆念中清醒过来，惋惜地叹了口气。

登上香山顶峰要一个多小时，我耐不住寂寞便和身边的两位武警战士攀谈起来，在攀谈中得知他们来自北方的消防战士。出于好奇，我询问了一些有关消防战士的情况，无意中被他们的感人事迹所感动。以前对消防战士的印象并不太深，可两位战士讲的故事却使我感动得落下了眼泪。

两位战士给我讲了一个故事：在北方某城市消防支队有为战士叫小王，一米八的个头，浓眉大眼，一个标准的英俊男子，在一次救火战斗中，他被烈火严重烧伤，面目全非，双手只能象拳头一样攥在一起，在医院里躺了七天七夜神志才清醒过来。当他从镜子里看到自己的面孔时，痛苦地把镜子摔碎了。他在巨大灾难面前失去了生活下去的勇气和信心。

一日清晨，他起床时发现头上放着一枚绿色的枫叶，叶面上挂满露珠，叶脉清晰微隆，充满了生命力。枫叶静静地伏在桌案上，象是一种感召，他不由自主地伏下身去闻了，"啊"好新鲜的的气息，他周身随之爽快起来。

第二天，第三天，以后接连几天的清晨，他的床头上总有一枚绿色的枫叶，他很高兴，感到绿枫叶给他带来了无限的生机。

终于，有一天绿枫叶不见了，床头上留下一张写着娟秀的字体的纸条。

"小王：你好！我是护士下李，看到你入院以来受到精神和病体的折磨，非常痛心，无意中我把一枚绿枫叶放在你的案头上，没想到给你的精神带来了巨大的变化，真使我高兴。红色的枫叶是生命成熟的象征，同时，也是人生意愿和辉煌业绩的体现，人人都向往那殷红的枫叶，可是，我感到没有枫叶迎烈日，经过血与火的洗礼，会有那红色的枫叶吗？尽管绿枫叶在艰难的磨砺中，有可能被打残了，但他仍然顽强地活着。"

他开始练习写作，起初，手拿不住笔，他就把笔和手绑在一起，手和笔接触时间常了，手溃烂流血，可他仍然坚持写作，十篇，百篇，护理他的一位战士怕他受不住，就偷偷跑到报社把他的情况跟编辑说了，他得知后，气愤地把稿都撕了。

在长达一年的治疗中，他经过了三次植皮，每次都对大夫说："不要打麻药，只要对大脑有利，什么苦我都能忍受。"就这样，他以坚韧的毅力经受住了精神和肉体的考验，仅用两年时间，他创作的诗歌和小说先后在省市获奖。

故事还没讲完，我早已被他那种精神深深打动了。眼泪也不知不觉流了下来，多么令人敬佩的战士啊！就象春天里茁壮成长的树，即使折断，只要在把他插入泥土，便会重新生出新的枝丫来。

下山的路很陡，我们不得不扶着路旁的枫树，这样似乎有了安全感。这使我对绿枫树无形中产生了敬意，同时，一反上山时没有看到红枫叶的不如意心理，随着游兴，似乎春天欣赏绿枫叶比秋天看红枫叶更有意义。这也许是因为绿枫叶中含有了特定的含义的缘故吧。

绿枫叶轻轻亲吻着我的额头，依依不舍的样子，我扶起一页被暴雨淋的满身斑痕的枫叶，扶掉了叶面上的灰尘，拍了拍他那厚实的臂膀，轻声说："你好，我的朋友。"似乎他就是同四神进行抗争的小王似的。不，绿枫叶是经历过无数次摧残，又无数次站立起来的勇士，用伤痕累累的身躯高擎起血染的风采，把青春孕育成红色。

啊！绿色的枫叶。

在离开香山的时候，我不住得回头看那翠绿的枫叶，似乎他们在一叶叶地变红，十叶百叶乃至与满山遍野都是红红的枫叶，染红了天际，染红了大地，染红了生命。

（佚名）

# 分外甜美的葡萄

这串葡萄在整个修道院传来传去，重新回到了看门人手中。

一天，修道院的大门被叫开，看门人巴拉甘惊喜地看到，旁边果园的一个果农给他送来一大串晶莹剔透的葡萄。果农对他说："兄弟，我送给你这

串葡萄以感谢你在我每次来修道院时对我的关照。"看门人对如此情意浓厚的礼物表示感谢，并对果农说修道院的人会很高兴享用这串葡萄。

果农满意地离开修道院之后，看门人把葡萄洗净，得意地望着它。忽然，他想起修道院里的一个病人最近病得什么也不想吃，便决定把这好吃的葡萄送给他，让他开开胃，"他多么需要营养啊！"

于是，看门人把葡萄送到虚弱的病人床前，病人睁开双眼惊喜地看着葡萄。

看门人对他说："马蒂亚斯，有人送给我这串葡萄，但是我知道你什么都不想吃，也许它能带给你食欲。"马蒂亚斯从心里感激他，对他说他将永远记住他，就是有一天死了，也会在天堂里感谢他。

看门人拿来一个大盘子，把葡萄放在上面，让病人享用。然后，他又回去继续工作了。

病人拿起葡萄，又想起应把它送给对自己倾注了大量心血、整日整夜地为他操劳的护士，以慰藉自己的灵魂。

病人呼喊护士，护士以为病人出了什么问题，就迅速赶到了他的床前。病人对护士说："埃斯特万，看门人惦记着我的病，送给我这串葡萄，让我品尝。由于我什么都没有吃，现在我吃了它可能伤胃，我想还是让你吃，你对我一直很不错。"护士坚持让病人吃，但是越坚持，病人越是拒绝。护士感谢病人送给他如此诱人的礼物，不得已便决定把葡萄带走。

护士边走边想，这串葡萄应该送给兢兢业业为大家服务的厨师。于是，护士来到厨房，找到了厨师布埃纳文图拉，对他说："你的心像这串美丽的葡萄一样高尚，这串葡萄送给你吧。"厨师谢绝了护士的好意，他认为最好把葡萄送给为大家操劳的修道院院长。

就这样，这串葡萄在整个修道院传来传去，重新回到了看门人手中。看门人惊奇得不知所措，他决定不再让葡萄兜圈子。于是他不再迟疑，开始吃起葡萄来。这时，他觉得从来没有吃过如此甜美的葡萄。

（佚名）

# 能疼是种幸福

要记得感恩，毕竟我们还没有麻木，毕竟我们还有疼痛的理由。

忘记在哪里看过这句话，只是，用力的记在心里。

疼痛的时候，请不要出声。

对疼痛最初的记忆，似乎是在儿时的夏天，开心的在院子里奔跑，却一不小心踩进了一堆摔碎的玻璃渣子里。忘记当时是怎样的疼，只是后来听妈妈说，整个院子都是我号啕大哭的声音，抱去医院在小脚上缝了好几针。现在，右脚侧还有那折着的疤。我想，那时候，也许是疼了吧。那是玻璃扎着的疼，疼在脚上。

只是，疼，就会留下伤疤吗？只是，疼，就会哭出声吗？

稍大些，只能记得那时体质不太好的自己，总是三天两头去医院报道，而那时的青霉素是我最怕最怕的东西。那种针头拔出后，会连着腿都酸痛酸痛的感觉，我一直记着。我想，那时候，也许也是疼着的吧。那是针头拔出以后的记忆。

只是，疼，也许留下的就像针眼，小小的，慢慢就好了。也不用大哭着宣告了。

长大了，放纵自己爱玩的脾性，记得第一次在夜里 12 点以后回家，妈妈的担心气愤全写在脸上，不说我什么，只是让我早点去睡。那是一双眼睛给我的疼痛，深深的印在心里，爱的眼睛，爱的疼痛。

只是，疼，也许留不了什么痕迹，只是一种神情，却一直记着。不哭，不笑，记着。

疲惫的时候，悄悄无奈，偶尔叹息，更多的时候，微笑着告诉自己要幸福，我看到自己缝缝补补的心。心，缝补之后，还会疼吗？

只是，疼，也许留下的是看不到的疤痕，刻在心里，刻在曾经的记忆里。不哭，只是流泪，然后，忘记……

疼痛的时候，请不要出声。也许，能疼，能痛，是种幸福吧。记得曾有人告诉我，要记得感恩，毕竟我们还没有麻木，毕竟我们还有疼痛的理由。

下一次，痛的时候，请不要出声。

（佚名）

# 一千零六枚硬币

一千零六枚面值一块的硬币！它的意义，任何巨额财富都无法比拟！

我在一家社会福利机构做事。一天，我照例去一户人家做调查。我照着地址找了老半天，好不容易在一条破破烂烂的胡同里找到了这间小屋。

我敲了敲门，等了一会，忽然一个女人给我开了门。天哪！这个女人的半张脸都变形了，很明显是火伤造成的。

我稍微愣了一下，但是很快镇定下来，随着女人走进了屋里。这是什么样的一间房子啊！大概只有两平方米左右吧，拥挤不堪，黑漆漆的连一丝光亮也没有。

"小时候，家里发生了火灾，只有我和爸爸两人艰难逃生，其他亲人都烧死了……"

女人还说，火灾发生后，父亲一蹶不振，终日酗酒，还动不动就打人，她一个女孩儿，孤苦伶仃，每次看到颓废的父亲，心痛如刀绞一样。但是又有什么办法呢？

直到后来，她嫁给了一位盲人，生活中才出现了丝丝光亮，他们还有了一个双目失明但特别可爱的女儿……然而，生活总是让人不断经受磨炼，这样的幸福转瞬即逝，丈夫不久就去世了。

命运如此不济，她又能奈何！万般无奈之下，她只能靠乞讨过活，与女儿相依为命。

真是一个苦命人啊！在女人整个叙述过程中，她都泣不成声。我看着心痛，实在坐不下去了，于是安慰她，一定要再等等救济援助，说完这些，我起身准备离开。这时，女人急忙叫住我，从抽屉深处掏出一包东西递给我。很让我感到意外的是，它居然是一包硬币！

"我对自己说，如果我讨到了十块面值的钱，我就用它生活；五块面值的钱，就攒着给女儿治眼睛，如果讨到一块面值的钱，就把它们分给那些比我更需要帮助的人……我就攒了这些，现在给你您，麻烦您帮着处理一下……"

我哪里忍心收下这些来之不易的钱！可是，女人百般恳求，还说，只有我收了这些硬币，她的灵魂才得以安息。无奈之下，我接过了这沉甸甸的一包钱！

一千零六枚面值一块的硬币！它的意义，任何巨额财富都无法比拟！虽然每个硬币都脏兮兮的，失掉了它的原色。然而，我却分明看到了一丝丝光芒。那不正是人性伟大的光辉吗？在极度困难的时候，也不要放弃感恩之心！

（李美爱）

# 享受生命的春光

"你好，虽然我不知道你叫什么名字，但是，我祝福你，希望你重见光明，尽情享受春光。"

这是个摧人泪下的真实故事，她：袁梦，一个十一岁的小女孩，甘愿用自己的眼角膜去让别人重见光明，她用她的特别举动诠释了"生命"的意义。

她是一弯彩虹，架起生命的桥梁；她是一泓清泉，给世界清凉；她是一缕阳光，给人灿烂的明亮。

袁梦是我们的班长，品学兼优，她是父母的自豪，老师的骄傲，然而，让人料想不到的是她身患绝症，生命即将走到尽头，她很想留点什么给这个曾经让她温暖，让她懂得爱的世界。

有一次，天阴沉沉的，我们几个要好的同学去医院看望她，只见她躺在床上，脸色苍白，看到我们来了，她很激动，我们尽可能谈一些令人开心的事，我们鼓励她，安慰她，快嘴的王洪夸她说："袁梦，你的眼睛好明亮哟！"这句话提醒了她，她兴奋地告诉我们：我要捐献眼角膜。她的遗愿立刻遭到父母的反对，沉浸在即将丧失女儿的巨大悲痛中的他们，无法理解女儿的做法，他们在病床前，苦苦哀劝，面对他们，小袁梦含泪地说：这样做，可以让两个人重见光明，难道你们不能满足我这小小的要求吗？

病情愈来愈严重，加之用药，造成全身水肿，如果水肿也造成眼角膜损伤，会影响角膜移植手术的质量，她忍着痛，向医生提出，保护好我的眼睛，请不要用止痛药，疼痛不断加剧，死神临近，小小的她知道生命已无法挽留，她最担心的是眼球的完好无损，为此，她十分坚决地请求：拔掉氧气管。拔掉氧气管，意味着放弃呼吸，放弃生命，放弃这个美好的世界。她如愿了，氧气管终于被拔掉，接着，她又提出新的要求，拔掉输液管，这一次，周围的人沉默了，彻底地尊重了她的意愿。

生命之花终于凋零，只有她的眼角膜被保留了下来。很快，她的眼角膜让两位与她年龄相仿的病人重见光明，这位十一岁的小女孩，将光明播撒到南疆北土，播撒到遥远的地方……

她有一段临终录音，那是对承接她光明的人说的："你好，虽然我不知道你叫什么名字，但是，我祝福你，希望你重见光明，尽情享受春光。"

多么令人感动的话语。生命是伟大的，生命是崇高的，没有人轻易放弃生命，每个人心中都饱含着对生命的渴望。当我们欣赏满天繁星，体验宇宙的神奇时，霍金正用他仅能活动的双指探索着宇宙中的未知物质；当我们泛舟湖上，在碧波清风中流涟的时侯，哈森迈尔正在幽深的湖底探寻地底的奥秘；当我们驻足树林，望着那瑟瑟秋风中的枯叶飘落时，史铁生也许正沉浸在对生的遐想中，这些残缺的生命为了生命无悔而努力，然面，一个十一岁的孩子却谱写了另一则生命的壮歌，她让别人享受了生命的春光，她也虽死犹生，春光永驻，散发着春天的芬芳。

（徐峻）

# 以感恩的心态面对

以感恩的心态面对一切，包括失败，你会发现，人生其实很精彩。

史蒂文斯失业了，一切来得那么突然，他甚至从未谋划过退路。

他是个程序员，最惬意的事就是瞅着一行行程序从自己的指尖流淌，然后让冰冷的电脑欢快地运转。在软件公司干了8年，他一直以为将在这里做到退休，然后拿着优厚的退休金，颐养天年。然而，那是一个软件业的战国时代，每天都有新的公司诞生，也有旧的公司消失。那一年，公司倒闭。

史蒂文斯的第三个儿子刚刚降生，他感谢上帝的恩赐，同时意识到，必须重新找到工作，而且迫在眉睫。作为丈夫和父亲，他觉得自己存在的最大意义，就是让妻子和孩子们过得更好。

他的生活开始凌乱不堪，每天的工作就是找工作。一个月过去了，他没找到工作。除了编程，他一无所长。

终于，他在报上看到，有一家软件公司要招聘程序员，待遇不错。史蒂文斯揣着资料，满怀希望地赶到公司。应聘的人数之多超乎想象，很明显，竞争将会异常激烈。他受到了热情接待，经过简单交谈，公司通知他一个星期之后参加笔试。

凭着过硬的专业知识，笔试中，史蒂文斯轻松过关，两天后参加面试。他对自己8年的工作经验无比自信，坚信面试不会有太大的麻烦。然而，考官的问题让他措手不及，是关于软件业未来的发展方向。这些问题，他竟从未认真思考过，落聘是意料之中的。

回家后，史蒂文斯认真总结教训。公司对软件业的全新理解，令他耳目一新，印象深刻。虽然应聘失败，可他感觉收获不小，有必要给公司写封信，以表感谢之情。于是立即提笔写信：贵公司花费人力、物力，为我提供了笔试、面试的机会。虽然落聘，但通过应聘使我大长见识，获益匪浅。感谢你们为之付出的劳动，谢谢！

这是一封奇特的信，落聘的人没有不满，毫无怨言，竟然还给公司写来感谢信，真是闻所未闻。这封信被层层上递，最后送到总裁的办公桌上。总裁看了信后，一言不发，把它锁进抽屉。

已经三个月了，新年即将来临，史蒂文斯仍然失业在家。这天，他收到一张精美的新年贺卡，上面写着：尊敬的史蒂文斯先生，如果您愿意，请和我们共度新年。祝您新年快乐！贺卡是他上次应聘的公司寄来的。原来，公司上次招聘的一个员工跳槽，出现空缺，他们不约而同想到了史蒂文斯。

那家公司现在闻名世界——美国微软公司。十几年后，凭着出色的业绩，史蒂文斯一直做到了副总裁。

以感恩的心态面对一切，包括失败，你会发现，人生其实很精彩。

（姜钦峰）

# 痛，源于上帝的爱

他告诉自己和病友，痛苦是上帝对我们的爱。他希望我们成长、感悟，能够体会和珍惜幸福，能够以同情之心对待他人，能够手洁心清、爱人如己。

在一个特殊群体里，他是一位名人，甚至是一面旗帜。

在新浪博客里，他拥有居高不下的点击率。他写日记，日复一日。许多人追随他的文字，但只在夜深人静时才敢点击，因为那三个令人心悸的字眼："艾滋病"。

他是一名艾滋病患者，HIV 病毒已经在他身上停驻了 13 年之久。但是，你却无法从他的日记里找到悲观绝望、阴森恐怖。反倒是笑话、调侃、音乐、电影……一片勃勃生机。

他说，我不是写"死亡日记"的。死亡，远远不是终点。

## 生命的色彩

其实"李想"是他的化名，没有太多人知道他的真名。

在中国，艾滋病患者都会给自己起一个化名，用于医院的治疗和记录。当然，更是用来隐匿真实的自己。他给自己取名"李想"，即"理想"之义。"我是理想主义者，但不想变得悲观，要像现实主义者那样行动。"

对于刚过而立之年的李想来说，生命的色彩有两种：白色和红色。白色是医院的颜色，而红色，却是血……

李想一出生便患有血友病。这是一种与 X 染色体基因有关的出血性隐性遗传病，大约每 5000~10000 名男性中就有一个血友病患者。据介绍，患者从

出生几个月起，便会反复出现自发性出血，遭遇痛不欲生的疼痛。

很不幸，李想被上帝选择为这个"万分之一"。从孩提时，他便常常因为各种各样的出血被送入医院接受输血。尽管身体如玻璃般脆弱，但优秀的他还是在父母的呵护和自己的坚韧中磕磕绊绊长大了，并以优异的成绩考入北京一所重点大学中文系。

念大学时，李想常常和朋友一起畅想未来："不想当记者，因为良心太脆弱。也不能当政客，看不惯官场的污浊。所以，我打算当企业家。"

然而，他的"企业家"之梦早早夭折了。由于输血，他被感染上 HIV 病毒。大二那年，在学校组织的义务献血中，他的 HIV 检测呈阳性。"当接过那张薄薄的化验单时，我愣住了，仿佛猛一下子跌入无底的冰窟窿里，浑身哆嗦，眼前一片模糊……"

那天，他如同游魂般漫无目的地走着，最后竟然走到郊外的一个小湖边，跌坐在湖边的沙滩上，放声大哭。"枯树如骨，遍野荒芜"。他的世界满目萧瑟。

"有没有想到过自杀？"我很残酷地问。

他停顿半天。许久许久，缓缓地说："有。只是我很快发觉艾滋病并不是那么快、那么痛苦、那么令全家人蒙羞地死去。所以，我挺了过来。"

他没有逃避，没有自杀，没有报复……而是选择了面对。为了治病，他告别学校、告别自己暗恋的女孩，只身来到北京，成为一名携带着 HIV 病毒的"北漂"。

## 现实主义的"填坑人"

"如果你正在轻快地走路，突然被一个隐蔽的大坑绊倒了。这会儿你将怎么办？"李想问我。

我想了想，说："我可能会哭，会诅咒。"

李想笑道："我不会骂，而会召集其他被绊倒的人把坑填平，免得更多的人再被绊倒。而且，这个填坑的过程，对我来说，也是一种自救。"

事实上，他的确是这样做的。

在北京，李想就职于一家知名的网络公司。他痴迷并精通于网络，凭着自己的聪慧机敏，短短两三年工夫，便从初级客服人员荣升至网络主管。在上世纪 90 年代网络泡沫的岁月里，如果没有那些 HIV 病毒，谁也不敢断言李想不能成为下一个张朝阳，中国又多了一位数字英雄。

但体面生活的背后却是小心翼翼、如履薄冰。和任何一位艾滋病感染者一样，李想也不得不处心积虑地掩饰、撒谎，戴着面具呼吸。工作之余，他秘密参加联合国艾滋病中国课题组，多次代表中国艾滋病患者进行国际交流与培训，在国内外开展演讲。

如今，31 岁的李想拥有太多头衔：《携手》副主编、中国性病艾滋病防治基金会理事、中国性病艾滋病防治协会理事、全球基金中国国家协调委员会（CCM）成员、全华艾滋网络（GCAN）理事会委员……作为艾滋病领域的一位风云人物，他多次参加世界艾滋病大会、国际 NGO（非政府组织）活动，甚至成为联合国主席安南家的座上宾。

# 如果还有来生

事实上，如果没有艾滋病，李想或许会去报名参加贾宝玉的海选。无论从形象到内涵，他都有胜算的把握。但是，很不幸，这个世界对他关闭了太多扇门。

"不要这样想，我觉得自己很幸运。"他反过来安慰我，"要相信上帝是公平的。他会在你的双手中放满礼物。只不过有的左手多一些，有的右手多一些。比如我，健康少了一些，但其他方面我会很富有。"

这里的"其他方面"，是聪明、智慧、思想和爱。他说，生病的日子如同坐禅。艾滋病就像睡梦中的那个电话铃声，猛地把你从浑浑噩噩的梦中惊醒，从而深入地思考人生、珍惜生命。比如痛苦时，他告诉自己和病友，痛苦是上帝对我们的爱。他希望我们成长、感悟，能够体会和珍惜幸福，能够以同情之心对待他人，能够手洁心清、爱人如己。提到死亡时，他平静地微笑："终点，一定是一个新的起点。所以，不必恐惧。"

（一盈）

# 不必为勇敢道歉

我们总是把一次成败看得很重，但我们应该知道，我们还有很多机会。

为了迎接全国大学生英语演讲比赛，学校举行了一次预选。预选赛上高手云集，他们慷慨激昂的发言使整个比赛精彩纷呈，高潮迭起。然而并不是所有的参赛者都表现得光彩夺目，其中有一个男孩就出现了严重的错误。

可能是由于紧张，男孩上台时手有些发抖，他不时用眼睛观察评委老师们的面部表情，似乎想从中寻求一些鼓励和帮助。可以看出他在努力克制自己的情绪，但紧张就像挥之不去的烟雾，笼罩着这个第一次参加英语演讲的小伙子。其实他漂亮的音色和耐人寻味的话题已经吸引了评委和全场的观众，但是就在这个时候，他因为紧张而忘词了。

那一瞬间整个世界仿佛都成了真空，原来滚瓜烂熟的稿子他居然一个字也想不起来。由于沉默时间太久，观众席中响起了嘘声。没有办法，他只有向评委老师请求再次开始。然而上帝和他开了个不大不小的玩笑，在同一个地方，他又忘词了。他无助地看着所有观众，脸憋得通红，可是最终他还是没有想起来该说的话，只有轻轻地道了一声"sorry"，默默地走下讲台。谁都可以想像出当时他心里有多么难过。

比赛没有因此受到什么影响，其他选手依旧慷慨陈辞。只有那个男孩坐在选手席的角落里默默地翻看自己的稿子，就是这篇他修改了十几遍、倾注了他心声的讲稿，从此再不会被别人听到。也许是表现和参赛前对自己的期望反差太大，也许是男孩的自尊心太强，他的脸上写满了沮丧。

不久所有参赛选手都结束了发言，除了没有完成比赛的男孩。每位选手的得分都已公布。在一片热烈的气氛中，产生了代表学校参赛的 3 名选手，所有人都把掌声和羡慕的目光献给他们。此时，男孩的心情却沮丧到了极点，比起台上的成功者，他觉得自己像是出现在比赛中的跳梁小丑。那一刻，他告诉自己再不要参加这样的活动了，你根本不是这块材料。

这时，英语教研室的阎教授，一位备受同学爱戴的中年学者走上讲台对此次比赛进行总结。他称赞了胜出的同学，指出了其他选手需要改进的地方，并对大家的英语学习提出了更高的希望。这一切，男孩听起来是那么刺耳，他害怕阎教授会提到自己，他真想逃掉。

可是就在这时，他听到了这样的话语："在人的一生中，一些偶然因素经常让我们对自己失望，但是我们不能放弃希望。偶尔的缺憾和能力无关，它代表的只是经验的欠缺。我们总是把一次成败看得很重，但我们应该知道，我们还有很多机会。给予一个机会可以给失望的人一束阳光，抓住每一次机会，也许就能改变你的信念和生命。我的话讲完了，哪位同学有话要说么？"

男孩当然知道，此时该说话的正是自己。他抬起头，正碰到阎老师期待的目光。在所有人的注视下，那男孩终于鼓足勇气站了起来，他用他最坚定的声音说："我对我的失误感到抱歉，但是我是否有机会再来一遍？"

"当然可以，而且你不用为自己的勇敢而道歉。"

所有人都表现得那么友善，静静地为这个男孩当着额外的观众。放下了一切包袱，这二次男孩的表现真是太好了，那篇倾注了他几个星期心血的讲稿感动了每一个人。带着一份昂扬，他近乎完美地完成了演讲，整个过程中，观众不断为他报以掌声。很多人对他以前的失误甚感惋惜。在结束的时候，男孩的眼睛有些湿润，他说："十几分钟前我还认为我的这篇讲稿不会再有任何一个听众，我也陷入自卑的低谷，但是现在我又重新找到了自信。而这一切都要感谢阎老师给予我的机会，感谢所有倾听我的朋友。"

其实那个男孩就是我。虽然那次我最终也没有参加全国比赛，但是我所获得的感悟让我终身受益。

（徐明杰）

# 正视坎坷的人生

"今天，我将爬出满是失败创伤的老茧，用爱来面对世界，重新开始新的生活"。

两千年前，在今天阿拉伯地区的沙漠地带，有一个赶骆驼的男孩，名叫海菲。他最急切的愿望就是要改变他地位低下的生活，因为，他爱上了一位美丽的姑娘，而姑娘的父亲却富有而势利……

他的恳求获得了他的老板——大名鼎鼎的皮货商人柏萨罗的恩准。为了验证他的潜力，柏萨罗派他到一个名叫伯利恒的小镇去卖一件袍子。然而，他却失败了，因为出于一时的怜悯他把袍子送给了客栈附近山洞里一个需要取暖的新出生的婴儿。

海菲满是羞愧地回到皮货商那里，但有一颗明星却一直跟随着在他头顶上方闪烁。柏萨罗将这种现象解释为上帝的启示，于是，他给了男孩十道羊皮卷，那里面记载着震铄古今的商业大秘密，有实现男孩所有抱负所必需的智慧。

海菲怀揣着这十道羊皮卷，带着老板给他的一笔本金，离开了驼群，走向远方，正式开始了他独立谋生的推销生涯。

若干年后，这个男孩成为了一名富有的商人，并娶回了自己心爱的姑娘。他的成就在继续扩大，不久，一座浩大的商业王国在古阿拉伯半岛崛起……

熟悉以上这段文字的人都明白，这是一部奇书的故事梗概，它的名字叫《世界上最伟大的推销员》。作者奥格·曼狄诺，美国人，一位杰出的企业家、作家和演说家。

奥格·曼狄诺，1924年出生于美国东部的一个平民家庭，在28岁以前，他是幸运的，读完了学校课程，有了工作，并娶了妻子。但是后来面对世间的种种诱惑，由于自己愚昧无知和盲目冲动，他犯了一系列不可饶恕的错误，最终失去了自己一细宝贵的东西——家庭、房子和工作，几乎赤贫如洗。于是，他如盲人瞎马般，开始到处流浪，寻找自己、寻找赖以度日的种种答案。

两年后，在一次到教堂做弥撒的时候，他认识了一位受人尊敬的牧师。也许是由于他苍白的脸庞和忧郁的眼神，牧师同他展开了交谈，并解答了他提出的许多困扰人生的问题。临走的时候，牧师送给了他一部圣经；此外，还有一份书单，上面列着十一本书的书名。

从这一天开始，奥格·曼狄诺便天天到图书馆去，依照牧师开列的书单，他把十一本书一一找来细细地阅读，渐渐笼罩在心头那一片浓重的阴云褪去了，似一抹阳光照射进来，他激动万分，心潮澎湃，终于看到了希望。"我现在就付诸行动"！曼狄诺合上书本，从桌旁站起，眼睛中又重新闪烁出自信的光彩。"今天，我将爬出满是失败创伤的老茧，用爱来面对世界，重新开始新的生活"。

人是自然界最伟大的奇迹，一旦曼狄诺意识到自己的潜力，便焕发出前所未有的生活热情和勇气。遵循书中智者的教诲，他就像一位整装待发的水手手中持有了航海图，瞄准了目标，随时扬帆起程，越过汹涌的大海，抵达梦中的彼岸。

在以后的日子里，曼狄诺当过卖报人、公司推销员、业务经理……在这条他所选择的道路上，充满了机遇，也满含着辛酸，但他已不可战胜，因为，他掌握了人生的准则，上帝就在他的身旁。当遇到困难，甚至失败时，他都用书中的语言激励自己：坚持不懈，直至成功！就这样，一分一秒，一砖一瓦，他紧紧扼住生命的咽喉，控制着自己的情绪，用微笑来迎接每一天升起的朝阳，最大限度地实现自己的价值。终于，在35岁生日那一天，他创办了自己的企业——《成功无止境》杂志社，从此步入了富足、健康、快乐的乐园。

奥格·曼狄诺的成功为他带来了巨大的荣誉，共有六百多个广播和电视节目向他发出了邀请，他成为了美国家喻户晓的商界英雄。

就如所有伟大谦虚的人一样，曼狄诺没有就此止步，他是一名虔诚的基督徒，生命尚有一息，就要发出一分光与热，他开始著书立说。他也要像写出那十一本书的作者一样给世人们带去福音。

1968 年，也就是曼狄诺在 44 岁时，他写出了《世界上最伟大的推销员》，这是一部伟大的作品，它凝结了作者一生的心血，该书一经问世，即以二十二种语言在世界各个国家出版，不仅仅是推销员，还包括社会各个阶层人士，都被这部作品充满魅力的风格深深吸引，人们争相阅读，截至 1998 年，该书在全球总销量达到一千八百万册。

凡读过此书，并对作者有所了解的人，都不难看出，海菲其实就是曼狄诺本人的化身，而牧师赠给他的十二本书，则是那十道充满神秘色彩的羊皮卷。曼迪诺的人生经历世仁感慨，如果他没有早年的坎坷，就不会有后来的成就。

不平凡的经历是人生的一笔财富。我们如果不能正视坎坷的人生，对生活充满热情，并勇敢面对，也就不能克服重重困难，从而成就辉煌的人生。

（严奉宪）

# 角落里的阳光

这真的是一个与众不同的员工：贫穷却自信乐观，即使在最阴暗的角落走路，也能时时发现阳光的温暖和灿烂。

那是 1980 年的 7 月 1 日，是的，我永远记得。我一个人驱车前往莫里菲斯镇，那里有我的一家超市，每个季度的第一个月的一号，我都要去那里召开一次员工会议。到的时候约摸是上午九点，我把车停在超市广场上后就匆忙赶往会议室。出来的时候已是下午两点。远远地看见有个人趴在我的车上，好像在使劲地涂画着什么。等我走近一看，却惊讶地发现是个黑黑的男孩正用一块灰色抹布帮我擦车。超市有全套的自动洗车装备，况且我的车早上刚刚冲洗过。这个小孩从哪儿冒出来的？出于好奇，我没有出声。汗水浸透了他灰白的牛仔裤，他使劲地翘起臀部，尽量不让身体接触车身，他穿一双破旧的布鞋，看得出是贫民窟的孩子。我轻轻地拍了一下他的肩膀，他"啊"的一声转过来，手上的抹布应声落下。一张黝黑成熟的脸，惊恐不已地看着我。

我笑着向他伸出手说："嗨，你好！我叫汤姆·特尔斯。"他迟疑了一会儿慢慢地伸出手："您好，汤姆先生，我叫比尔·莱特。"看得出这是一个羞涩老实的男孩。我从口袋里抽出一百美元给他，可他慌忙摇头，低着头轻轻地说："我在广场上等您四个小时，不是为了这个。"我越发诧异了，因为小家伙告诉我他喜欢我的车。小家伙挺有眼光的，竟然能在几百辆车中看中我的"保时捷"。"那么我带你去兜风怎么样？"我突然心血来潮。比尔边兴奋地往车里钻边问我："真的吗，汤姆先生？"我想，有钱给予别人一点幸福真的很容易啊。发动引擎时比尔又说话了："您能把我送到家吗？就三英里不到的路程。"这个狡猾的比尔，他是想在同伴和家人面前炫耀吧？

十五分钟后，我顺着比尔的指引把车停在了一栋破旧的楼房前。车刚刚停稳，他就跳下车，一边跑一边对我说："请您务必等五分钟！"我见他飞奔着跑向破旧的楼房。不一会儿比尔就出来了，背上背了一个小女孩，他的神态和步伐就像这辆豪华的轿车是他的一样骄傲神气。他背上的女孩的手臂和腿都可怕地萎缩了。我似乎明白了点什么，慌忙为他们打开车门。比尔把小女孩放在车座上后告诉我："其实她是我的姐姐，今年十七岁，患了小儿麻痹症。"然后我听见比尔对他姐姐说："记得上次我跟你提起的那种车吗？瞧，就是这种。弟弟有钱了一定买给你。"比尔的姐姐发出孩童般天真的笑声，我看见比尔双手叉腰，眼睛闪闪发光。原来他为我擦车，在太阳下等我四个小时又要我送他回家的理由，就是让他姐姐亲眼见识一下他将来要送给她的礼物的样子。比尔不问我车的价钱，也许他真不知道"保时捷"是富贵的象征，也许他自信将来会有这么大的能耐呢。是的，他那种因为可能给予别人而且因为能付出而满足的样子深深地感染了我！

后来我又鬼使神差地去了比尔的家，他的家比我想象的更为糟糕。姐弟俩和母亲相依为命，母亲在一家工厂做清洁工。比尔除了照顾姐姐外，每天还要去镇上的老人院做五小时的护理工作，他刚刚十六岁。

离开的时候我再次把一百美元放在比尔残疾的姐姐手上，可比尔还是硬

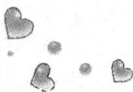

塞给了我："我们自己行。"我停下脚步仔细打量他：这是一个会有出息的小伙子，我保证。我跟超市的人事经理打电话，告诉他明天将有个很棒的小伙子到理货部报到。这次比尔没有拒绝，我比他自己更清楚他能胜任这项工作，况且会给他带来比原来工作高三倍的报酬。有本书上这样说："富有爱心和奉献精神的人，永远值得你和他交朋友。"

等我三个月后再去莫里菲斯镇的超市时，差不多每个员工都向我提起比尔。理货部的威廉说他能吃苦耐劳活儿也干得漂亮；广告部的林达说比尔不时会有很奇妙的语言；服装部则称赞比尔理的货比任何人都整齐而有条理；甚至化妆部的人都说比尔永远有一张自信乐观的脸庞。

我给比尔提了职加了薪，谁都知道这是他应该得的。比尔没有感激我，只是兴奋地告诉我他姐姐的手已经灵活了些，他说他一看见我的车就觉得离梦想近了一步。这真的是一个与众不同的员工：贫穷却自信乐观，即使在最阴暗的角落走路，也能时时发现阳光的温暖和灿烂。

他会成功的，是的，我深信。

（威廉）

# 快乐地走过苦日子

让每一天都不虚度，让每一天都有价值，生活就会对你发出由衷的微笑。

这段日子很苦，一是功课忙，二是没钱花。

早上我起得很早，跑步，然后跟着班上一起做操，下操后吃饭。其实吃饭对我来说只是两个馒头外加一碗稀饭，这一共花5毛5分钱。有时吃大包——食堂里一种馅不好但个儿很大的包子。因为只比馒头贵8分钱，所以有时为了增加一点营养，就去破费一点儿。学校的小包很好吃，刚来学校的时候我吃过两次，但个儿太小而又太贵，这是我无力接受的，至少这段时间我只能饱饱眼福了，看着攒动的人头前热腾腾的炒豆腐、烧茄子，荤菜或各种油酥饼，唾液就会汹涌上来，好想狠心痛吃一顿。但我不能，年前仅剩 200 块钱，我也不能再向家中要——我总得替家中的日子着想啊。有时我也自嘲：上辈子饿死鬼，这辈子有白馍吃就不错了。这样想想，抬头发现校园里的树也微笑着点头举手，朝着太阳透过秋天稀疏的叶隙眨眼，还总不忘洒一把温暖的阳光在我身上。哦，这么好的天儿，我应该满足了。

简单的早饭之后我便快步来到图书馆前面的一片草地上。草已枯萎了一半，毕竟早就入秋了。余下的那些顽强的小生命这是都头顶晶亮的水珠，黄绿相间的衣袂再也不能象夏季那样随风飘摆了，但这已足够让人羡慕的了。我怕弄落了小生命的水晶帽，从露地皮的地方小心走过去。在那儿背单词、读课文或一些诗歌、散文及情感细腻的小说，尽管我们系没有语文或有关文学的课，但我已成习惯，已成爱好了。读着那些东西，我的心胸好象在随着漫漫的校园小径拓展……时间总是匆匆，尤其是这段美好的时光。美好的时光难道总是行色匆匆？

踏着预备铃走进教室，掏出书本，再迅速浏览一下昨晚预习过的内容，然后认真而充实的度过这时而枯燥时而新鲜的几个 45 分钟。

下午清闲的时间多，阳光充足的草地上却不再是我的所在，那里有成双成对的男女同学如翩翩追戏的蝴蝶或依偎着细语的小鸟；也有好几个围成一圈的，中间摆着饼干和水果，有人摆着硕大的吉他，歌声和掌声一次次响起，而我没有心思去凑这些热闹，也许不会有人嘲笑我的穷酸，但我要守住自尊。

所以教室是我快乐投入的所在，在那里。我心中的蝴蝶在梦的翅膀上舞蹈。我不记得食堂里诱人的饭菜，不记得草地上快乐的歌声，不记得阳光下他们漂亮的头发，一如不记得我的苦日子。

晚上教室里迷茫的灯光下，我是多愁善感的女孩，有份朦胧的美丽，也有份思量压在心头。学习间的空当儿，沿着一条小径走过一个个昏黄路灯，夜色里渗出来一丝丝凉气，小草们却睡的香香的，轻轻的，我的脚步，怕惊醒了它们的好梦。

真想融入其中，做一棵小草，任四季轮回。

但我还是做回我自己吧，我相信默默的努力，终会有回报。让每一天都不虚度，让每一天都有价值，生活就会对你发出由衷的微笑。

苦日子一样走过，因为阳光伴我每一天。

苦日子一样走过，因为我有自己的快乐。

苦日子快乐走过。

（佚名）

# 让自已满意的生活

只因太阳每天都会升起、落下，所以我们就纵容自己几个月都不去抬头关注它一次。

一个樵夫上山去砍柴，看见一个人正躺在树下乘凉，见状忍不住问那人："你怎么躺在这儿，为什么不去砍柴呢？"

那人不解地问："为什么非要砍柴呢？"

樵夫说："砍来的柴可以卖钱呀！"

樵夫满怀憧憬地说："有了钱就可以享受生活了。"

那人听后笑了，说："那你认为我此刻在做什么？"

人类的欲望没完没了，尽管在某些方面可能得到片刻满意，但当另一个新的欲望生成，你又会义无反顾地跳进另一个大隐阱中。

有时我们就寓言是那头愚蠢的驴子，总是死死盯着眼前那根永远也吃不到的萝卜。

假如太阳在我们的生命中只出现一次，那么每个人都不会放弃这唯一的观望。我们会提早准备，决不会错过。

只因太阳每天都会升起、落下，所以我们就纵容自己几个月都不去抬头关注它一次。

罗丹曾说过："生活中不是缺少美，而是缺少发现美的眼睛。"

想一想，早上还没起床，你就开始担心起床后的寒冷而错失享受被窝里最后几分钟的温暖；起出家门你又开始担心路上可能会塞车；坐在办公室里，你又开始设想下班后是该去看场电影，还是与朋友约会；刚刚开完薪水，你又开始盼望下一个月发薪的日子赶快来临。

我们就是这样，总是生活在下一个时刻。

我们总是急着等周未来临、节日来临。我们总是盼望孩子快快长大，自己赶快退休在家待着。等我们真的老了时，又随时担心生命会下一分钟结束。

我们总是忙不迭地过日子，一刻也不停地瞎转。

我们总把拥有物质的多少，外表形象的好坏看得过于重要，用金钱、精力和时间换取别人可能会有的好评，根本没有时间享受生活的轻松。

它就在你的心里，就在你看见的每一个地方，根本不用费心就能找到。

其实美本来就是随处可见的。

适当的幻想对人的心里是有益的，但过多沉溺于幻想里，就会忘记眼前真实的生活。

"生活在此刻"，就是享受你正在做的，而不是即将要做的。必须摆脱对"下一刻的迷恋和幻想"，它们大多数不切实际，有的虽然最终会得到，却剥夺了我们此刻的生活。

不要一边吃饭一边想办公室的工作，不要一边工作一边又担心下班会不会塞车。

摆脱不必要的幻想，学会欣赏和体验已经拥有的此刻，这本身就是一种成长。

我们要为每一天的日出欣喜不已。

我们要为自已所从事的工作带来的生活体验而高兴。

我们要分享与家人、朋友相处时的甜蜜。

（佚名）

# 把生活当成一种艺术

把生活和工作当成一种艺术，你才能发现其中的乐趣。

有一次，英国游客杰克到美国观光，导游说西雅图有个很特殊的鱼市场，在那里买鱼是一种享受。杰克和同行的朋友听了，都觉得好奇。

那天，天气不是很好，但杰克发现市场并非鱼腥味刺鼻，迎面而来的是鱼贩的欢快笑声。他们面带笑容，向合作无间的棒球员，让冰冻的鱼向棒球一样，在空中飞来飞去，大家互相唱和："啊，5条鲫鱼飞到民尼苏达去了。""8只蜂蟹飞到凯撒斯了。"这是多么和谐的生活，充满乐趣和欢笑。

杰克问当地的的商贩，你们在这种环境下工作,为什么会保持愉快的心情呢？

鱼贩说，事实上，几年前的这个鱼市场也是没有生气的地方，大家整天抱怨，后来，大家认为每天抱怨沉重的工作，不如改变工作的品质。于是，他们不再抱怨生活的本身，而是把卖鱼当成一种艺术。在后来，一个创意接一个创意，一串笑声接一串笑声，他们成为鱼市场中的一个奇迹。

鱼贩说大家个个身手不凡，可以和马戏团的演员向媲美。这种工作的气氛还影响了周围的上班族，他们常到这里来和鱼贩用餐，感染他们乐于工作的好心情。有不少没有办法提升工作士气的主管还专程跑到这里来询问：为什么一整天在这个充满鱼腥味的地方做苦工，你们竟然还这么快乐？他们已经习惯了给这些不顺心的人们排异解难，实际上，并不是生活亏待了我们，而是我们期求太高以致忽略了生活的本身。

有时候，鱼贩还会邀请顾客参加接鱼游戏。即使怕鱼腥味的人，也很乐意在热情的掌声中一试再试，意犹未尽。每个愁眉不展的人进了这个鱼市场，都会笑逐颜开的离开，手中还会提满了情不自禁买下的货，心里似乎也会悟出一点道理来。

你不能改变生活方式，那你就试着去改变自己的生活态度。同样的一件事，你的眼光不同，它在你心目中的价值也就有所不同，把生活和工作当成一种艺术，你才能发现其中的乐趣。生活对每一个人都是公平的，关键是你的心态。

（佚名）

# 浮生若茶

茶叶因沸水才能释放出深蕴的清香，生命也只有遭遇一次次挫折，才能留下人生的幽香……

一个屡屡失意的年轻人迢迢来到普济寺，慕名寻到老僧释圆，沮丧地对老僧释圆说："像我这样屡屡失意的人，活着也是苟且，有什么用呢？"

老僧释圆如入定般坐着，静静听着这位年轻人的叹息和絮叨，什么也不说，只是吩咐小和尚说："施主远途而来，烧一壶温水送过来。"小和尚诺诺着去了。稍顷，小和尚送来了一壶温水，释圆老僧抓了一把茶叶放进杯子里，然后用温水沏了，放在年轻人面前的茶几上，微微一笑说："施主，请用些茶。"

年轻人俯首看看杯子，只见杯子里微微地袅出几缕水汽，那些茶叶静静地浮着。

年轻人不解地询问释圆说："贵寺怎么用温水冲茶？"

释圆微笑不语，只是示意年轻人说："施主请用茶吧。"

年轻人只好端起杯子，轻轻呷了两口。

释圆说："请问施主，这茶可香？"

年轻人又呷了两口，细细品了又品，摇摇头说："这是什么茶？一点茶香也没有呀。"

释圆笑笑说："这是闽浙名茶铁观音啊，怎么会没有茶香？"

年轻人听说是上乘的铁观音，又忙端起杯子吹开浮着的茶叶呷两口又再三细细品味，还是放下杯子肯定地说："真的没有一丝茶香。"

老僧释圆微微一笑，吩咐小和尚说："再去膳房烧一壶沸水送过来。"小和尚又诺诺着去了。稍顷，便提来一壶壶嘴吱吱吐着浓浓白气的沸水进来，释圆起身，又取一个杯子，撮了把茶叶放进去，稍稍朝杯子里注了些沸水。放在年轻人面前的茶几上，年轻人俯首去看杯子里的茶，只见那些茶叶在杯子里上上下下地沉浮，随着茶叶的沉浮，一丝细微的清香便从杯子里溢出来。闻着那清清的茶香，年轻人禁不住欲去端那杯子，释圆微微一笑说："施主稍候。"说着便提起水壶朝杯子里又注了一缕沸水。

年轻人再俯首看杯子，见那些茶叶上上下下沉沉浮浮得更嘈杂了。同时，一缕更醇更醉人的茶香袅袅地升腾出杯子，在禅房里轻轻地弥漫着。

释圆如是地注了五次水，杯子终于满了，那绿绿的一杯茶水，沁得满屋津津生香。释圆笑着问道："施主可知道同是铁观音，却为什么茶味迥异吗？"

年轻人思忖说："一杯用温水冲沏，一杯用沸水冲沏，用水不同吧。"

释圆笑笑说，用水不同，则茶叶的沉浮就不同。用温水沏的茶，茶叶就轻轻地浮在水上，没有沉浮，茶叶怎么会散逸它的清香呢？而用沸水冲沏的茶，冲沏了一次又一次，茶叶沉了又浮，浮了又沉，沉沉浮浮，茶叶就释出了它春雨的清幽，夏阳的炽烈，秋风的醇厚，冬霜的清冽。世间芸芸众生，又何尝不是茶呢？那些不经风雨的人，平平静静生活，就像温水沏的淡茶平地悬浮着，弥漫不出他们生命和智慧的清香，而那些栉风沐雨饱经沧桑的人，坎坷和不幸一次又一次袭击他们，就像被沸水沏了一次又一次的酽茶，他们在风风雨雨的岁月中沉沉浮浮，于是像沸水一次次冲沏的茶一样溢出了他们生命的脉脉清香。

是的，浮生若茶。我们何尝不是一撮生命的清茶？而命运又何尝不是一壶温水或炽烈的沸水呢？茶叶因为沸水才释放了它们本身深蕴的清香。而生命，也只有遭遇一次次的挫折和坎坷，才能留下我们一脉脉人生的幽香。

（李雪峰）

# 生命的感动

清晨起来的懵懂和懒散，在看见这些娇俏的小东西们之后，瞬间消失。心的空阔，好像我每次独自在林间小路漫步。

一个睡意朦胧的清晨，被几声婉转的鸟啼唤醒。不想睁开眼睛，把自己裹在被子里，享受那些清脆纤细的小曲。啼叫声不是流利的一串音符，而是猝然地、间歇地、无规则地突如其来，第一个音有些低，忽然地拔高，一声两声，那么自如畅快，低音也酥甜，高音也华丽。

它们鸣叫得更欢快，听得很真切，似乎就是在我的南阳台上。清冷的晨气在拉开窗帘的一刹那，风快地涌了进来，于是一夜沉积的不良空气，瞬间被新鲜的寒雾驱散。忍不住披上外套，去南阳台寻那些俏皮的歌星。

它们似乎已经感知到了我的意图，所以在我的脚步踏进阳台的一刹那，声音便转移了方向。我趴在窗台边，竭力想搜寻到这些可爱灵敏的小雀儿，然而只可以听到它们依然的歌唱，任凭我怎么努力，也无法看到它们的模样。

真是一种很狡猾很机敏的小东西呢，我暗赞道。

所以一直的也不可得知这些鸟儿的名字。它们像精灵一样，每天清晨用这样美妙的歌喉自在自得地唱着，让我无奈地起身寻找它们，看看这些勤快的鸟儿们究竟藏在哪里。

后来发生了一件很奇怪的事情，才使我得见它们的真容。

一向于厨艺方面不甚勤勉，也是粗心大意惯了。所以当一个半梦半醒的夜晚，听见厨房里有异样的喧闹声，竟以为是老鼠在聚会。懒得起床，但动静是越来越大，仿佛有一窝的意思。于是爬起来跌跌撞撞地摸到厨房，打开灯检查，却是什么也没有。

心想，这是决不可能的了。新房子才住三年，装修得严丝合缝，连北阳台的地漏为了防止蛇虫的入侵都封闭起来。虽然的确在小区楼下看见过老鼠，但是它们会从哪里进来呢。况且根据活动的特征和程度，似乎是在一个封闭的狭小空间里，而这样的空间只能是天花板。我无法揭开封好的天花板仔细检查，况且它们听到了我的脚步声后，就一起狡猾地息灭了声音。

我无可奈何，又回到卧室，重新把自己裹在暖暖的被子里。刚刚闭上眼睛，正准备重入梦乡，厨房里突然又传来前次发生过的喧闹。这次听得比较清晰，似乎是小动物们在某个通道里来回奔跑并打闹。

再次的，我拾起床头柜上的眼镜架在鼻子上，穿过客厅，摸索到了厨房灯的开关，打开。这下它们可能是撤退得不及时，也可能是故意地和我开玩笑，反正是终于让我明白了，这些调皮的小东西们，原来是将我的抽排油烟机管道，当作了游乐园。

仍然不知道它们的姓名，但是从逃窜的速度和敏捷程度来分析，也就是老鼠那样体型的动物。

即使真是老鼠，我也不会伤害它们。从小到大，老鼠们从未伤害过我。何况，我的厨房里，实在也没有什么能激起它们食欲的物品；这么多天来，它们也只是在管道里睡觉和玩耍，并没有踩躏我的私有财产。

直到某天的清晨，我又听见了那些美妙婉转的啼鸣，这次却是在完全相反的方向——北阳台。我隐隐有一丝惊喜的预感。果然，当我走到北阳台时，发现封闭窗台的外面，斜拉的电缆上，有三只美丽的小鸟，用细细如钩的小爪子挂住，一边轻轻晃动着身子，一边高一声低一声地唱着。

这次显然是故意让我发现它们，也许就是想让我观赏它们的三人组合演唱。

清晨起来的槽懂和懒散，在看见这些娇俏的小东西们之后，瞬间消失。心的空阔，好像我每次独自在林间小路漫步。

我的鸟类常识几乎近于空白。短信问远方山区的朋友，描述了鸟儿们的羽毛色彩、外貌和啼叫特点，回复说，可能是一种名叫黎明鸟的鸟类；而后来亲眼看见它们的姐夫却判定，它们竟然是画眉。

多么吉祥和幸福的事情。这些可爱的小生命，给我的清净生活带来了天雨花一样的快乐。虽然从此以后，我便再也不能开抽排油烟机了——姐姐来时不知情，贸然打开，从管道口竟然飞出了零星的草。显然，它们是定居在此了。

后来的日子，它们不再害怕我，仿佛有心灵的感应，它们知道我是绝对不会伤害它们的人。所以先尝试着也是非常聪明地在我的油烟管道里做了窝，试探我的反应，然后更放心大胆地在每天的清晨和傍晚，堂而皇之地出没于那个现代化材料小巢。

每天晚上，它们回到窝里，都不会早早入睡。我习惯10点以后睡觉，它们比我睡得还迟。经常地，头一挨枕头就呼的我，被它们通通的脚步声所吵醒。好奇的我就去厨房参观它们是怎么玩的。结果发现，它们喜欢在管道里飞快地前后练习短跑。有次明明听到小脚丫已经踏到过滤网边了，心里正笑骂着再跑就掉出来了——假如没有辐条拦着，结果这狡黠的小东西及时收步，又通通地跑了回去。

讲究效率和实用的现代社会，连鸟儿搭窝也不依照传统方式，找棵大树或人家的屋檐下，辛苦地衔草而垒，就直接地钻进我的油烟管道里休憩了。真是新新鸟类，我怜爱地感慨着。

西窗外，有高压线的铁架一尊，每次向外眺望风景，都觉得有碍观瞻。但也是不经意的某次，居然发现有一对喜鹊在架子上搭了窝。每天都能看见这对漂亮的情侣，在我的视觉空间里划过来划过去，上下翻飞，动作干净利落、敏捷迅达。于是群发短信告诉朋友们，我每天都能欣赏到喜鹊们的高空滑翔表演。

它们真敢玩。什么时候能下蛋呢，什么时候会孵出小喜鹊呢，可以欣赏这一大家子的精彩滑翔表演呢——我再次忍不住浮想联翩。

每天，被这些充满生命活力的生灵们柔化着情绪，于纷扰的都市混音里聆听天籁。

（佚名）

# 青春并不消逝，只是迁徙

与青春恍然相逢的刹那，我看见了岁月的慈悲。

那一年我 25 岁，刚考入博士班，一边修习学位，一边创作，已经出版了第一本小说集《海水正蓝》，并且因为难以预料的畅销状况，引人侧目。我很安逸于古典世界与学院生活，那里我是小小的桃花源，我可以安静地圈点和阅读，把自己潜藏起来，遇见一个巧妙的词句，便可赞叹玩味许久，得到很大的喜悦。不知从哪里看见形容男子"身形伟岸"的词，狠狠琢磨一回，那是怎样的形象呢？我们中文系的教授们，有温文儒雅的，有玉树临风的，孤傲遗世的，但，都称不上伟岸，我心中仿佛有着对于伟岸的认识，只是难以描摹。

寒假以后，我遇见了这样一位大学教授，行动从容，微微含笑，为我们讲授诗词，因为曾经是体育系的，他看起来不同一般的中文系气质。每个周末，我们都要到老师家里上课，大家围着餐桌，并不用餐，而是解说一首诗或者一阕词。看见他朗然笑语，喷吐烟雾，我悄悄想着，这就是一个伟岸男子了吧？四十岁的老师，当时在学术界是很活跃的，意气风发，锋芒耀眼，上他的课，却从未停止兴味盎然地观看着他和他和家庭。

他有一个同样在大学里教书的妻子，两个儿子。当我们的课程即将结束时，师母和他的小儿子，有时会一起进门。师母提着一些日用品或食物，小男孩约摸 10 岁左右，背着小学生双肩带书包，脱下鞋子，睁着好奇的眼睛盯着我们瞧，并不畏生。老师会停下正在讲解的课程，望向他们，有时交谈两句，那样话语和眼神之中有不经意的眷恋。

我们告辞的时候，老师家的厨房里有着锅炉的声响，晚餐渐渐开上桌了，我们散溃地漫步在高架桥下，走向公车站牌。一点点倦意，还有很多憧憬，我忽然想到自己的未来，会不会也有这样的一个温暖家庭呢？一种围桌共餐的亲密情感？一个背双肩背包的小男孩？天黑下去，星星爬向天空了。

修完博士学位的暑假，邀集一群好友，将近一个月的神州壮游。回到台北，整个人变得懒懒的，开学前下了一场雨，秋天忽然来了。同学来电话，告诉我罹患癌症的师母去世了，大家要一起去公祭，他们想确定我已经归来。

那一天，我去得很早，从头到尾，想着或许我可以帮什么忙。但，我能帮什么忙？告别仪式中，扩音器里播放的是费玉清缭绕若丝的美声："妹妹啊妹妹，你松开我的手，我不能跟你走……"我在诧异中抬起头，越过许多许多人，看见伏跪在地上的那个小男孩，那时候他其实已经是初中生了，因为失去了母亲的缘故，看起来特别瘦小。

我有一种冲动想过去，走到他身边去，看住他的黑眼睛，说几句安慰的话。但终于没有，因为我不知道该说什么，而且我怕看到他的眼泪便忍不住自己的眼泪。

人生真的有很多意外啊，只是，那时候的我仍然天真地以为，我已经获得学位了，有了专任的教职，只要我有足够的耐心，只要我够努力，就可以获得幸福。我也以为，这个家庭的坎坷应该到此为止了，应该否极泰来了。

一年之后，我面临着工作上的艰难抉择，突然听闻老师脑干中风，病情危急的消息。到医院去探望时，老师已经从加护病房进入普通病房了，听说意识是清楚的，只是全然不能自主。那个家庭怎么办？那两个男孩怎么办？同去的朋友试着对老师说话，我紧闭嘴唇没有出声，我只想问问天，这是什么天意？不是说天无绝人之路吗？这算是一条什么路？

老师从三总转到荣总，开始做复健的时候，我去探望，那一天他正在学发声。50岁的老师，应当是在学术界大展鸿图最好的年龄；应当是吟哦着锦绣诗句的声音，此刻正费力地捕捉着：噎，唉，啊，呀……满头大汗，气喘吁吁，看护乐观地说老师表现得很棒，我们要给老师拍拍手哦。走出医院，我的眼泪倏然而落，顺着绿荫道一路哭一路走，这是怎样荒谬而残酷的人生啊。

同时间发生在我身上的伤挫并没有停止，总要花好大的力气去应付，应付自己的消沉。从那以后，我再也没有去探望过老师，只从一些与老师亲近

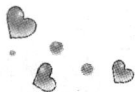

的人那儿探望老师的状况，老师出院了，回家调养了，原来的房子卖掉了，搬到比较清幽的地方去了。偶尔车行经过高架桥，我仍会在岁月里转头张望那个方向，带着惆怅的淡淡感伤。那里有一则秘密的，属于我的青春故事。

后来，我与青春恍然相逢。

这一年，我已经在大学里专任了第十一个年头了，即将跨入40岁。生活忽然繁忙起来，广播、电视和应接不暇的演讲，但我尽量不让其他杂务影响了教学，总是抱着欣然的情绪走进教室，面对着那些等待着的眼睛。特别是为法商学院的学生开设的通识课程，在许多与生命相关的议题里，我每每期待着能将自己或者是他们带来一个意想不到的地方去。

每一年因为学生组合分子的不同，上课的气氛也不相同，若有几个特别活泼又充分互动的学生，就会迸出精彩的火花。有时遇见安静却愿意深刻思考的学生，他们的意见挑战我的价值观和认知，也是很过瘾的事。一个学期的课，不敢期望能为学生们带来什么影响，只要是能提供机会让他们认识到自己，就已经够了。

这个学期，有几个学生聆听我叙述的故事时，眼中有专注的神采。有一个经济系的男生，特别捧场，哪怕我说的笑话自己都觉得不甚好笑，他一定笑得非常热切，也因此他没出席的日子，课堂上便显得有些寂寥了。通常这样有参与感的学生在讨论时都会踊跃发言的，这个男生却几乎从不发言。该笑的时候大笑，该点头的时候用力点头，只是不发言，我猜想或许是因为他不擅言辞吧。轮到他上台报告时，他从余秋雨的《文化苦旅》说到祖国大陆的壮丽山河，全不用讲稿，也不用大纲，侃侃而谈，不像是商学院的学生，倒更像是中文系的。我坐在台下，仰着头看他，原来是这样高的男孩子。明明是青春的脸孔，流利地报告着的时候，却仿佛有着一个老灵魂，隐隐流露出浅浅的沧桑。他在台上说话，焕发着光亮、自信的神态，在与台下忽然大笑起来的模样，是极其不同的。当他结束报告，掌声四起，连我也忍不住为他拍手了。

冬天来临时，通识课结束，我在教室里前后行走，看着学生们在期末考卷上振笔疾书。一张张考卷交到讲台上，我从那些或微笑或蹙眉的面容上，已经可读到他们的成绩了。

　　捧着一叠考卷走出教室，那个经济系的男生等在门口："老师，"他唤住我，"可以耽误你一点时间吗？"

　　我站住，并且告诉他，只能有一点时间，因为我赶着去电台。每个星期五的现场节目与预录，令我有点焦虑。

　　好的。他微笑着，看起来也很紧张，随时准备要逃离的样子，"我只是想问你还记不记得一位老师……"他说出一个名字。忽然一个名字被说出来，我感到一阵晕眩，那一段被烟尘封锁的记忆啊，云雾散尽，身形伟岸，微笑的老师，忽然无比清晰地走到我的面前来。我当然记得，即便多年来已不再想起，却不能忘记。

　　你是……我仰着头看他，看着他镜片后的黑眼镜，眼泪是这样的岌岌可危。

　　暮色仰进教学大楼，天就要黑了，然后星星会亮起来，曾经，那是晚餐开桌的时间，如今，我们在充满人生的拥挤的走廊上相逢。十几年之后，他念完五专，服完兵役，插班考进大学，特意选修了这门课，与我相识，那令我悬念过的小男孩，24岁，正当青春，我却是他母亲那样的年龄了。青春从不曾消逝，只是从我这里，迁徙到他那里。

　　后来，我听着他说起当年在家里看见我，清纯地垂着长发的往昔，那时候我们从未说过一句话，他却想着如何可以同这个姐姐说说话。我听他说着连年遭遇变故，有着寄人篱下的凄凉，父亲住院一整年，天黑之后他有多么不愿意回家，回到空荡荡的家。我专心聆听，并没料到不久之后，我的父亲急症住院，母亲在医院里日夜相陪，我每天忙完了必须回到空荡荡的家里去。那段祸福难测的日子里，我常常想起男孩对我叙述的一个故事，在一片恐惧的黑暗中，仿佛是他走到我的身边来，对我诉说着安慰的话，那是多年前我想说终究没有说出来的。我因此获得了平安。与青春恍然相逢的刹那，我看见了岁月的慈悲。

　　　　　　　　　　　　　　　　　　　　　　　　　　（张曼娟）

# 给生命配乐

乐于给自己的生命配乐，起码说明我们还是很看重我们的生命，说明我们的生命还有值得我们为此而干下去的东西。我们也就会活得有滋有味。

有时候走在街上，总想哼一种调子。不管是什么调子，也不管跑调不跑调，就是很随便地哼，很投入地哼，哼着哼着，就发现原来那调子一直是和自己的脚步合拍的；哼着哼着，也就发现那调子原来和自己的心跳声是合着拍的。

其实慢慢地发现，我们有时在干活的时候，有时在沉思的时候，有时在痛苦的时候，有时在快活的时候，总会有意无意地哼一哼。哼一种老调或者哼一种新调或者就顺着我们的心跳哼一种不是调的调，那调要是让别人听了实在是难听极了，而我们那时却觉得是那么动听。

那是真的动听，是全身感到舒畅的动听。那一刻就觉得天底下没有什么比那种调子更让人觉得动听的了。而且我还发现，一个人不管是烦恼的时候还是痛苦的时候，只要一哼起一种属于自己的调子，就会慢慢地变得开朗，眼前的路也就开阔起来。

我曾经好多次见过父亲一个人一边干着活，一边随意地哼着。父亲是木工，他一般都会戴着一顶很破的帽子，帽檐朝一边歪着，在帽子下面插着一支铅笔，他一边挥动凿子凿着木头，一边哼着调子。他在阳光下的影子显得十分生动。父亲的调子是那种很粗放的调子。我也曾经多次见过母亲一边收拾着家一边哼着。母亲哼得很细很细，被人听到了她就会不自然地笑笑。等人走了，她就又开始哼了。其实，那时我们的家是困难的，父亲和母亲身上的担子也很重，可他们却会不时地哼出他们心底的旋律来。父亲和母亲都是这个世界上很一般的人，但在他们一边干活一边哼歌的时候，我觉得他们很美很美。他们是在从心底灿烂他们的人生，他们是在用心歌唱他们所正在过着的生活。很多年后，我一想到小时候见到的父亲和母亲一边哼歌一边干活的情景，就忍不住在心中感动不已。很难想象，一个能够很随意地从心底哼出歌的人会不热爱生活，会厌倦人生。

记得很小的时候，一个人天黑的时候要从很远的地方回家，因为路远，而且还要经过一块坟地，所以就很害怕，总感觉有什么东西就跟在自己的后面。于是，在心里一遍一遍地说我是大人，好像是要告诉谁似的。但这一招并不起作用，因为心里很清楚自己并不是一个大人。于是就哼起了歌，哼得很响，在黑夜的旷野里就只能听到自己的歌了。那一刻，似乎自己真的大了。那段路，也在不知不觉中就走完了。

在走那段路的时候，哼歌让我给自己创造了自信，使我从容地走过了一段本来应该是很艰难的路。我就想，父亲和母亲在哼歌的时候是不是也在为自己创造自信呢？在繁杂的生活面前，他们肯定也会感到压力和沉重。但哼着哼着，那些东西就显得很轻很轻了。我曾经问过他们，母亲没说话只是笑着，而父亲则是在沉思什么的样子，他们要回答的一切就在他们笑容里和沉思着的眸子里了。

生活就是这样，父亲和母亲用他们心中的旋律使沉重的生活变得轻快起来了，倘若他们整日愁眉苦脸，很难想象我们当时的生活会是个什么样子。生活有时是一场大型交响乐，但有时又是很单纯的二胡独奏；生活有时是激越的，但大多数时间则是小河一样静静地流着。谁想让生活永远澎湃着激情。那是不可能的，也是不现实的。而流动着的生活更能让人品出生活的真味，也更能让人陶醉其中。

乐于给自己的生命配乐，起码说明我们还是很看重我们的生命，说明我们的生命还有值得我们为此而干下去的东西。我们也就会活得有滋有味。而给自己的生命配了乐，我们的生命本身也就有了色彩，有了旋律，有了让我们走下去的信心和勇气。

人需要的又是什么呢？

（侯建臣）

# 第三辑　聆听每次的花开花落

　　自然不经意中告诉人们生命的真理。花朵簇簇的春日、绿意盈盈的夏天、微风习习的秋天、白雪皑皑的冬日，像一个人的生命四季，青春时当努力绽放，壮年时当不顾一切地付出，中年时及时地收获与体悟，老年时需用一颗慧心休憩与感恩。

# 用善良做底色

在这个世界上，最赏心悦目的，是纤尘未染的青山绿水；最温暖人心的，是人与人之间纯洁真挚的感情。

天气冷得出奇，寒风咆哮着卷起雪花，升腾起呛人的白烟。

温暖的红砖房里，母亲在厨房里忙碌着，柴火在灶坑里噼啪作响，锅上冒着润白的蒸气。我和弟弟早就饿了，正眼巴巴地等待着第一锅酸菜肉蒸饺出笼。

这时，有人叫门。父亲出去片刻，带回一个衣着单薄的外乡人来。看上去是个20多岁的农民，但是很年轻，嘴唇都发青了，显然在风雪中冻了很久。

"这丝棉很好的，你看看。"他说着，卸下肩上的旧麻袋，就要往外掏丝棉。

"别拿了，我不买丝棉。"父亲止住了他，"外面太冷，请你进屋暖和暖和！"

"哦，不买？不买啊？这丝棉好，真的很好。"他有些失望，坐在暖和的火墙旁，一时却也并不想挪动。

这时，母亲端上了两大盘热腾腾的酸菜肉蒸饺。"你一定饿了，吃几个饺子挡挡寒吧！"母亲看着仍有些哆嗦的他，把筷子递过去。

那人的确是饿了，推辞了一下，便接过筷子狼吞虎咽起来。当他意识到我们一家人还没吃饭时，两盘蒸饺只剩下了小半盘。他尴尬地抬起来，窘迫不安地嗫嚅道："这……我……我……你们，你们还没吃吧？"

母亲笑道："还有呢，你要吃饱了啊！"

蒸饺的确还有，可那一笼是纯素馅儿的，一丁点儿肉都没放。

弟弟捏了捏我的衣角，嘟起嘴来。

一盘半的蒸饺，对他来说可能也就六分饱，但无论如何他也不肯再吃了。

接下来的聊天中，我们知道他是安徽的农民，跟父亲弟弟一起到北方贩丝棉，没想到折了本，近年关了，打算把剩下的丝棉低价处理了，好歹挣回返乡的路费。

"我兄弟的脚冻坏了，他跟我父亲在车站蹲着呢。今儿天太冷，没让他们出来，我寻思把最后一包丝棉卖了，今晚就跟他们坐火车回去。"他说。

母亲听了，感叹道："唉，你们做点小生意，也挺不容易啊！"

父亲跟母亲轻声说了点什么，母亲便去仓房找了三双半新的棉鞋，还有半面袋的冻豆包回来，递给这个年轻人说："我们也不是有钱人家，要不然，就把你这丝棉买下了。这双棉鞋你换上，另两双拿去给你父亲和弟弟穿，北方不比南方，脚冻伤了可了不得！冻豆包我们今年蒸得多，你带几个让你的父亲和弟弟尝尝吧！"

年轻人站了起来，拘谨地搓着手，一遍遍地说："这可咋好呢？这可咋好呢？我这是遇上好人家了！"

我们把他送出门时，年轻人一眼瞥见院子里一堆锯好的圆木。他突然放下肩上的包，三步两步抢过去，"我干点儿活再走！"说着便抢起大斧，劈起柴来。母亲正要劝阻，父亲说："让他干吧！"

寒风中，雪花飘飞，年轻人已经走了，我家院子里，整整齐齐地码着一垛劈得粗细均匀的柴火。

弟弟吃了剩下的半盘有肉的蒸饺，玩去了。我跟父母吃着第二笼纯素馅儿的蒸饺，觉得温暖而香甜。

在我成长的历程中，父母言传身教的都是些朴素的做人道理。我虽天生淘气好动，有时还喜欢捉弄人，偶尔搞点儿不伤大雅的恶作剧，但秉性却始终是善良的。

我一直认为，在这个世界上，最赏心悦目的，是纤尘未染的青山绿水；最温暖人心的，是人与人之间纯洁真挚的感情。当暮年回首时，最有价值的财富，应是一颗恬淡宁静的心，和一份丰富无悔的回忆。而所有这一切的拥有，都需要用一颗善良单纯的心做底色。

（心维）

# 月光下的探访

　　如果人真有来生，我希望我来生只是一只太阳雀鸟或知更鸟，几粒草籽、几粒露水就是一顿好午餐。

　　今夜风轻露白，月明星稀，宇宙清澈，月光下的南山显得格外端庄妩媚，斜坡上若有白瀑流泻，那是月辉在茂密青草上汇聚摇曳，安静，又似乎有声有色，斜斜着涌动不已，其实却一动未动，这是层出不穷的天上雪啊！

　　我爬上斜坡，来到南山顶，是一片平地，青草、野花、荆棘，石头都被月色整理成一派柔和，蝈蝈弹奏着我熟悉的那种单弦吉它，弹了几万年了吧，这时候曲调好像特别孤单忧伤，一定是怀念着它新婚远别的情郎，我还听见不知名的虫子和唧唧夜话，说的是生存的焦虑，饥饿的体验，死亡的恐惧，还是月光下的快乐旅行？在人之外，还有多少生命在爱着、挣扎着、劳作着、歌唱着，在用它们自己的方式撰写着种族的史记，我真想向它们问候，看看它们的衣食住行，既然有了这相遇的缘份，我应该对它们提供一点力所能及的帮助，它们那么小，那么脆弱，在这庞大不测的宇宙里生存是怎样的冒险，是多么不容易啊。然而，常识提醒我，我的探访很可能令它们恐惧，最大的帮助就是不打扰它们。慈祥的土地和温良的月光会光照这些与世无争的孩子的，这么一想我心里的牵挂和怜悯就释然了。

　　我继续前行，我看见几只蝴蝶仍在月光里夜航，这小小的宇宙飞船，也在无限地做着短促的飞行，在力所能及的范围内探索存在的底细，花的底细。此刻它们是在研究月光与露水相遇，能否勾兑出宇宙中最可口的绿色饮料？

　　我来山顶西侧的边缘，一片树林寂静地守着月色。偶尔传来一声鸟的啼叫，好像只叫了半声，也许忽然想起了作息纪律，怕影响大家的睡眠，就把另外半声叹息咽了回去——我惊叹这小小生灵的伟大自律精神。我想它们的

灵魂里一定深藏着我们不能知晓的智慧。想想吧，它们在天空上见过多大的世面啊。它们俯瞰过，超越过多么多么多的事物，它们肯定从大自然的灵魂里获得了某种神秘的灵性。我走进林子，看见一棵橡树上挂着一个鸟巢。我踮起脚尖发现这是一个空巢，几根树技一些树叶就是全部的建筑材料，它该是这个世界最简单的居所了，然而就是它庇护了注定要飞上天空的羽毛。那云端里倾洒的歌声，也是在这里反复排练。而此时它空着，空着的鸟巢盛满宁静的夜光，这使它看上去更像是一个微型的天堂。

如果人真有来生，我希望我来生只是一只太阳雀鸟或知更鸟，几粒草籽、几粒露水就是一顿好午餐。然后我用大量时间飞翔和歌唱。我的内脏与灵魂都朴素干净，飞上天空，不弄脏一片云彩，掠过大地，不伤害一片草叶。飞累了，天黑了，我就回到我树上的窝——我简单的卧室兼书房——因为在夜深的时候，我也要读书，读这神秘的寂静和仁慈的月光。

（李汉荣）

# 雨之歌

尘世人生也是如此：开始于盛气凌人的物质的铁蹄之下，终结在不动声色的死神和怀抱。

我是根根晶亮的银线，神把我从天穹撒向人间，于是大自然拿我去把千山万壑装点。

我是颗颗璀璨的珍珠，从阿施塔特女神王冠上散落下来，于是清晨的女儿把我偷去，用以镶嵌绿野大地。

我哭，山河却在欢乐；我掉落下来，花草却昂起了头，挺起了腰，绽开了笑脸。

云彩和田野是一对情侣，我是他们之间传情的信使：这位干渴难耐，我去解除;那位相思成病,我去医治。

雷声隆隆闪似剑,为我鸣锣开道;一道彩虹挂青天,宣告我行程终了。尘世人生也是如此:开始于盛气凌人的物质的铁蹄之下,终结在不动声色的死神和怀抱。

我从湖中升起,借着太阳的翅膀翱翔。一旦我见到美丽和园林,便落下来,吻着花儿的芳唇,拥抱着青枝绿叶,使得草木更加清润迷人。

在寂静中,我用纤细的手指轻轻地敲击着窗户上的玻璃,于是那敲击声构成一种乐曲,启迪那些敏感的心扉。

我是大海的叹息,是天空的泪水,是田野的微笑。这同爱情何其酷肖:它是感情大海的叹息,是思想天空的泪水,是心灵田野的微笑。

纪伯伦(黎巴嫩)

# 黄 昏

这黄昏,像一个轻梦,只在人们心上一掠,留下黑暗的夜,带着它的寂寞走了。

黄昏是神秘的,只要人们能多活下去一天,在这一天的末尾,他们便有个黄昏。但是,年滚着年,月滚着月,他们活下去。有数不清的天,也就有数不清的黄昏。我要问:有几个人觉到过黄昏的存在呢?

早晨,当残梦从枕边飞去的时候,他们醒转来,开始去走一天的路。他们走着,走着,走到正午,路陡然转了下去。仿佛只一溜,就溜到一天的末尾,当他们看到远处弥漫着白茫茫的烟,树梢上淡淡涂上了一层金黄色,一群群的暮鸦驮着日色飞回来的时候,仿佛有什么东西轻轻地压在他们心头。他们知道:夜来了。他们渴望着静息,渴望着梦的来临。不久,薄冥的夜色糊了他们的眼，也糊了他们的心。他们在低隘的小屋里忙乱着：把黄昏关在门外，倘若有人问：你看到黄昏了没有？黄昏真美呵。他们却茫然了。

他们怎能不茫然呢？当他们再从屋里探出头来寻找黄昏的时候，黄昏早随了白茫茫的烟的消失，树梢上金黄色的消失，鸦背上白色的消失而消失了。只剩下朦胧的夜，这黄昏，像一个春宵的轻梦，不知在什么时候漫了来，在他们心上一掠，又不知在什么时候走了。

黄昏走了。走到哪里去了呢？——不，我先问：黄昏从哪里来的呢？这我说不清。又有谁说得清呢？我不能够抓住一把黄昏，问它到底。从东方么？东方是太阳出来的地方。从西方么？西方不正亮着红霞么？从南方么？南方只充满了光和热。看来只有说从北方来的适宜了。倘若我们想了开去，想到北方的极北端，是北冰洋和北极，我们可以在想象里描画出：白茫茫的天地，白茫茫的雪原，和白茫茫的冰山。再往北，在白茫茫的天边上，分不清哪是天，是地，是冰，是雪，只是朦胧的一片灰白。朦胧灰白的黄昏不正应当从这里蜕化出来么？

然而，蜕化出来了，却又扩散开去。漫过了大平原，大草原，留下了一层阴影；漫过了大森林，留下了一片阴郁的黑暗；漫过了小溪，把深灰的暮色溶入潺的水声里，水面在阒静里透着微明；漫过了山顶，留给它们星的光和月的光；漫过了小村，留下了苍茫的暮烟……给每个墙角扯下了一片，给每个蜘蛛网网住了一把。以后，又漫过了寂寞的沙漠，来到我们的国土里。我能想象：倘若我迎着黄昏站在沙漠里，我一定能看着黄昏从辽远的天边上跑了来，像——像什么呢？是不是应当像一阵灰蒙的白雾？或者像一片扩散的云影？跑了来，仍然只是留下一片阴影，又跑了去，来到我们的国土里，随了弥漫在远处的白茫茫的烟，随了树梢上的淡淡的金黄色，也随了暮鸦背上的日色，轻轻地落在人们的心头，又被人们关在门外了。

但是，在门外，它却不管人们关心不关心，寂寞地，冷落地，替他们安排好了一个幻变的又充满了诗意的童话般的世界，朦胧，微明，正像反射在镜子里的影子，它给一切东西涂上银灰的梦的色彩。牛乳色的空气仿佛真牛乳似的凝结起来。但似乎又在软软地黏黏地浓浓地流动里。它带来了阒静，你听：一切静静的，像下着大雪的中夜。但是死寂么？却并不，再比现在沉默一点，也会变成坟墓般地死寂。仿佛一点也不多，一点也不少，优美的轻适的阒静软软地黏黏地浓浓地压在人们的心头，灰的天空像一张薄暮；树木，房屋，烟纹，云缕，都像一张张的剪影，静静地贴在这幕上。这里，那里，点缀着晚霞的紫曛和小星的冷光。黄昏真像一首诗，一支歌，一篇童话；像一片月明楼上传来的悠扬的笛声，一声缭绕在长空里亮咙的鹤鸣；像陈了几十年的绍酒；像一切美到说不出来的东西。说不出来，只能去看；看之不足，只能意会；意会之不足，只能赞叹。——然而却终于给人们关在门外了。

给人们关在门外，是我这样说么？我要小心，因为所谓人们，不是一切人们，也决不会是一切人们的。我在童年的时候，就常常呆在天井里等候黄昏的来临。我这样说，并不是想表明我比别人强。意思很简单，就是：别人不去，也或者是不愿意去这样做。我（自然还有别人）适逢其会地常常这样做而已。常常在夏天里，我坐在很矮的小凳上，看墙角里渐渐暗了起来，四周的白墙上也布上了一层淡淡的黑影。在幽暗里，夜来香的花香一阵阵地沁入我的心里。天空里飞着蝙蝠。檐角上的蜘蛛网，映着灰白的天空，在朦胧里，还可以数出网上的线条和粘在上面的蚊子和苍蝇的尸体。在不经意的时候蓦地再一抬头，暗灰的天空里已经嵌上闪着眼的小星了。在冬天，天井里满铺着白雪。我蜷伏在屋里。当我看到白的窗纸渐渐灰了起来，炉子里在白天里看不出颜色来的火焰渐渐红起来，亮起来的时候，我也会知道：这是黄昏了。我从风门的缝里望出去：灰白的天空，灰白的盖着雪的屋顶。半弯惨淡的凉月印在天上，虽然有点凄凉；但仍然掩不了黄昏的美丽。这时，连常常坐在天井里等着它来临的人也不得不蜷伏在屋里。只剩了灰蒙的雪色伴了它在冷清的门外，这幻变的朦胧的世界造给谁看呢？黄昏不觉得寂寞么？

但是寂寞也延长不了多久。黄昏仍然要走的。李商隐的诗说："夕阳无限好，只是近黄昏。"诗人不正慨叹黄昏的不能久留吗？它也真的不能久留，一瞬眼，这黄昏，像一个轻梦，只在人们心上一掠，留下黑暗的夜，带着它的寂寞走了。

走了，真的走了。现在再让我问：黄昏走到哪里去了呢？这我不比知道它从哪里来的更清楚。我也不能抓住黄昏的尾巴，问它到底。但是，推想起来，从北方来的应该到南方去的吧。谁说不是到南方去的呢？我看到它怎样

的走了。——漫过了南墙，漫过了南边那座小山，那片树林；漫过了美丽的南国，一直到辽阔的非洲。非洲有耸峭的峻岭，岭上有深邃的永古苍暗的大森林。再想下去，森林里有老虎——老虎？黄昏来了，在白天里只呈露着淡绿的暗光的眼睛该亮起来了吧。像不像两盏灯呢？森林里还该有莽苍葳蕤的野草，比人高。草里有狮子，有大蚊子，有大蜘蛛，也该有蝙蝠，比平常的蝙蝠大。夕阳的余晖从树叶的稀薄处，透过了架在树枝上的蜘蛛网，漏了进来，一条条灿烂的金光，照耀得全林子里都发着棕红色。合了草底下毒蛇吐出来的毒气，幻成五色绚烂的彩雾。也该有萤火虫吧，现在一闪一闪地亮起来了。也该有花；但似乎不应该是夜来香或晚香玉。是什么呢？是一切毒艳的恶之花。在毒气里，不正应该产生恶之花吗？这花的香慢慢溶入棕红色的空气里，溶入绚烂的彩雾里。搅乱成一团，滚成一团暖烘烘的热气。然而，不久这热气就给微明的夜色消溶了。只剩一闪一闪的萤火虫，现在渐渐地更亮了。老虎的眼睛更像两盏灯了。在静默里瞅着暗灰的天空里才露面的星星。

　　然而，在这里，黄昏仍然要走的。再走到哪里去呢？这却真的没人知道了。——随了淡白的稀疏的冷月的清光爬上暗沉沉的天空里去么？随了眨着眼的小星爬上了天河么？压在蝙蝠的翅膀上钻进了屋檐么？随了西天的晕红消溶在远山的后面么？这又有谁能明白地知道呢？我们知道的，只是：它走了，带了它的寂寞和美丽走了，像一丝微飔，像一个春宵的轻梦。

　　是了。——现在，现在我再有什么可问呢？等候明天么？明天来了，又明天，又明天，当人们看到远处弥漫着白茫茫的烟，树梢上淡淡涂上了一层金黄色，一群群的暮鸦驮着日色飞回来的时候，又仿佛有什么东西压在他们的心头，他们又渴望着梦的来临。把门关上了。关在门外的仍然是黄昏，当他们再伸出头来找的时候，黄昏早已走了。从北冰洋跑了来，一过路，到非洲森林里去了。再到，再到哪里，谁知道呢？然而夜来了，漫长的漆黑的夜，闪着星光和月光的夜，浮动着暗香的夜……只是夜，长长的夜，夜永远也不完，黄昏呢？——黄昏永远不存在人们的心里的。只一掠，走了，像一个春宵的轻梦。

　　　　　　　　　　　　　　　　　　　　　　　　　（季羡林）

# 钱塘潮

现实和历史，生活的航船就是用这两枝桨划动驶向彼岸。

在地图上只是那么一丝，在眼前却是水烟浩淼。钱塘江吞波吐浪，缓慢地流贯东西，草原、山丘、乡村、城镇，吴山点点，飞鸟淡淡，它说：它时常想看看两岸的炎黄子孙。

江潮呵，忘不了人们，人们也忘不了江潮。金风送爽的秋天，就是江潮和人们相会的日子。于是，人们就沿江而望。美好的相会，自从数百年前的南宋起，每年的农历十八日……

秋天，带着满满的月亮来了，据说今年是六十年来罕见的大潮，沿江许多乡村和城镇住满了观潮人，山湖好友，异国宾客，都兴致勃勃地慕名而来，我呢，也怀着对大自然的虔诚来了。那是一个清凉的秋夜，我踏碎满地的月光，拨开密密的芦苇丛来到江边。风波、水影、月色，淡淡的，是天边的远山，呆呆的，是泛光的月亮，轻轻的，是水波在拍岩，这秋夜的景色呵，真是画不尽的画中画，写不尽的诗中诗，我看得那么专一，满目的空旷清淡在胸中化为诗情画意的饱和。我真羡慕大江，在这充满幻想的秋夜里，它得到了永生。

农历十八日是"潮魂"的生日，春秋、战国，七雄，五霸，东流水轻轻的一个波汶，把我的思绪送得那么的遥远……

早就听说了，钱塘江的潮水常年咆哮翻卷，是伍子胥和文仲这两人不散的冤魂在倾诉不平。一个屡谏吴王，却落个皮囊裹尸，埋骨大江的结局。一个立下了汗马功劳，却得了个伏剑而死，狗烹弓藏的下场。这两个敌国之将，由于共同的冤屈，死后携手归好了。《水经注》里说：伍子胥背着文种日夜在江河上遨游，还常常摆动清静的秋江，扬起连天的雪浪。所以潮水一到，

前面的浪就是伍子胥，后面的浪就是文种了。人们称之谓"潮魂"。每当潮起的时候，浪潮两面就涌起了人潮，浪潮奔腾，人潮鼎沸，汇成惊天动地的呐喊，一直冲向天际，可见人们对忠魂受屈是愤愤不平的，这种愤慨借助伍子胥和文种的故事，溶化在吞天卷日的大江之中，一直奔流到今天。于是我就想了：无情的历史可以演出人们的种种遭遇，却无法把人们的感情垄断……

平静灰暗的江面披上了一层红红的光，我回头一看，不知什么时候，岸上已经聚满了观潮人，人们乘着潮水未到前的幽静，有的把酒临风，听涛谈笑，有的席地而坐，说古论今，也有人说江点起一堆堆的篝火，映红了一草一木。依着火光，隐隐约约地可以看到一座塔影。这座塔名曰"镇海塔"，明朝万历年间就矗立在江边了。飞起的檐沿，静卧的橡梁，飘荡的铜铃，坚劲的吊链，塔顶塔身斑斑驳驳，野草杂生，偶尔还有几只小雀喳喳的从里面飞出来，有人说它象风度翩翩的郎君，有人说它象亭亭玉立的少女，有人说它俊逸潇洒，有人说它风韵神秀，俯瞰百媚秋色，威镇千里大江。我却不以为然，溢美之辞是毫无价值的，不过是随波逐流的野草罢了，"镇海塔"，顾名思义吧！忠魂受屈，既成事实，不过吹来一丝风，兴起一簇浪罢了。

其实，造塔也是徒劳的，不过几百年的风雕雨蚀，这塔已千疮百孔，奄奄一息，显得那样的苍老了，月光和火光相映生辉，我再看这塔，仄歪着，摇摇欲坠了，而钱塘江依然是汹涌澎湃，势不可挡，依然是潮魂和人们会心的相会。据说文物管理部门要修复这塔，也好，留着作个见证吧。

风平浪静，侧耳细听，千里大江没有一丝声息，举目眺望，一江秋水呆呆地泛着白光，我呼吸着秋夜清凉的空气，穿过嘈杂的人群，来到一座亭子前，这是观潮亭，早年孙中山先生曾经在此观潮，吞吐天下风云，所以又名"中山亭"，我不由得肃然起敬。这亭子虽然造型简朴，没有过分的修饰，却显得稳健踏实，落落大方，长年来为观潮人遮风蔽雨，做尽了好事。我斟满一杯酒，一饮而尽。天地一色，水月互相弄影，幽静的夜笼罩着幽静的江，也笼罩着幽静的亭子，这亭子没有半点夸耀和表功，默默地陪人们等待着潮魂的到来。

我又斟满一杯酒，送到嘴边又放下了，不知道该把这酒敬献给谁。

"来了！潮来了！……"人们惊叫起来，翘首东望，乱云飞度，白光微微的泛起，有细小的声音从远处传来，嘤嘤的如同蚊蝇嗡叫，是真的！人们左呼右喊，携老扶幼，跳的，跑的，滚的，爬的，一起涌到江边，啊！黑蒙蒙的水天之间，一条雪白的素练乍合乍散的横江而来，月碎云散，寒气逼人，人们惊吧未已，潮头已经挟带着雷鸣般的声响铺天盖地的来到眼前，惊湍跳沫，大者如瓜，小者如豆，似满江的碎银在狂泻，后浪推着前浪，前浪引着后浪，浪拍着云，云吞着浪，云和浪绞成一团，水和天相撞在半空，沙欧惊窜，鱼鳖哀号，好象千万头雪狮踏江怒吼，乱蹦乱跳，撕咬格斗你撞我，我撞你，一起化为水烟细沫，付之流水，波涛连天，好象要和九天银河相汇，大浪淘沙，好象要淘尽人间的污染，潮水腾跃，好象要居高临下，俯瞰风云变幻的世界，天地间三分是水，三分是云，还有三分是阔大的气派！我解开衣襟，让江风吹入胸膛，突然，我觉得我的身躯在散开，我的心胸在升华，大江冲进了我的胸膛……

两岸的观潮人齐声叫好，许多人追着潮头狂奔，欢叫，腾跃，有人点起了纸团，又在芦杆上投入江中，火光随着流水飞也似地去了，一会儿被抛向空中，一会儿又被沉下深渊，黑漆漆的夜空中，点点火光跃跃沉沉，飘飘浮浮，好象江底翻起了许多普光的夜明珠。

潮头哗哗的过去了，它又匆匆地回首看顾，飞云已经在遥远的烟波中了，无情的流水，多情的潮魂，秋风飘拂，被洗净了的月亮显得更白，飞云显得更轻，水影月色，清空疏淡。篝火旁，有人在诵诗："……城上吴山遮不尽，乱涛穿到岩滩歇，是英雄未死报仇心，秋时节……"

浩翰的钱塘江沉浮起伏，一喷一吸，我知道：这是潮魂在呼吸。四望皆空，我把满满的一杯酒酹入大江，算是对大江的安慰；人间已擒得恶虑，得满腔的冤气化为倾盆的泪雨了。秋风秋水，我的心在江上盘旋；潮魂呵，这故事虽然古老，却也新鲜……

江水易流，心潮难息，现实，往往是以历史来充实的，历史呢，又是靠现实来生辉的，现实和历史，生活的航船就是用这两枝桨划动驶向彼岸。

"岁月消磨人自老，江山壮丽我重来"。我沿着铺满月光声影的江岸踱步，念着古人的诗句，作为对潮魂的良好祝愿。

（乐维华）

# 昆明的雨

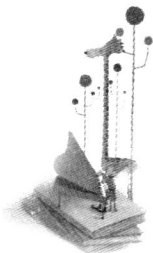

昆明的雨季是明亮的、丰满的，使人动情的。

宁坤要我给他画一张画，要有昆明的特点。我想了一些时候，画了一幅：右上角画了一片倒挂着的浓绿的仙人掌，末端开出一朵金黄色的花；左下画了几朵青头菌和牛肝菌。题了这样几行字：

"昆明人家常于门头挂仙人掌一片以辟邪，仙人掌悬空倒挂，尚能存活开花。于此可见仙人掌生命之顽强，亦可见昆明雨季空气之湿润。雨季则有青头菌、牛肝菌，味极鲜腴。"我想念昆明的雨。

我以前不知道有所谓雨季。"雨季"，是到昆明以后才有了具体感受的。

我不记得昆明的雨季有多长，从几月到几月，好像是相当长的。但是并不使人厌烦。因为是下下停停、停停下下，不是连绵不断，下起来没完。而且并不使人气闷。我觉得昆明雨季气压不低，人很舒服。

昆明的雨季是明亮的、丰满的，使人动情的。城春草木深，孟夏草木长。昆明的雨季，是浓绿的。草木的枝叶里的水分都到了饱和状态，显示出过分的、近于夸张的旺盛。

我的那张画是写实的。我确实亲眼看见过倒挂着还能开花的仙人掌。旧日昆明人家门头上用以辟邪的多是这样一些东西：一面小镜子，周围画着八卦，下面便是一片仙人掌，——在仙人掌上扎一个洞，用麻线穿了，挂在钉子上。昆明仙人掌多，且极肥大。有些人家在菜园的周围种了一圈仙人掌以代替篱笆。——种了仙人掌，猪羊便不敢进园吃菜了。仙人掌有刺，猪和羊怕扎。

昆明菌子极多。雨季逛菜市场，随时可以看到各种菌子。最多，也最便宜的是牛肝菌。牛肝菌下来的时候，家家饭馆卖炒牛肝菌，连西南联大食堂的桌子上都可以有一碗。牛肝菌色如牛肝，滑，嫩，鲜，香，很好吃。炒牛肝菌须多放蒜，否则容易使人晕倒。青头菌比牛肝菌略贵。这种菌子炒熟了也还是浅绿色的，格调比牛肝菌高。菌中之王是鸡土从，味道鲜浓，无可方比。鸡土从是名贵的山珍，但并不真的贵得惊人。一盘红烧鸡土从的价钱和一碗黄焖鸡不相上下，因为这东西在云南并不难得。有一个笑话：有人从昆明坐火车到呈贡，在车上看到地上有一棵鸡纵，他跳下去把鸡土从捡了，紧赶两步，还能爬上火车。这笑话用意在说明昆明到呈贡的火车之慢，但也说明鸡土从随处可见。有一种菌子，中吃不中看，叫做干巴菌。乍一看那样子，真叫人怀疑：这种东西也能吃?! 颜色深褐带绿，有点像一堆半干的牛粪或一个被踩破了的马蜂窝。里头还有许多草茎、松毛、乱七八糟! 可是下点功夫，把草茎松毛择净，撕成蟹腿肉粗细的丝，和青辣椒同炒，入口便会使你张目结舌：这东西这么好吃?! 还有一种菌子，中看不中吃，叫鸡油菌。都是一般大小，有一块银圆那样大，的溜圆，颜色浅黄，恰似鸡油一样。这种菌子只能做菜时配色用，没甚味道。

雨季的果子，是杨梅。卖杨梅的都是苗族女孩子，戴一顶小花帽子，穿着扳尖的绣了满帮花的鞋，坐在人家阶石的一角，不时吆唤一声："卖杨梅——"，声音娇娇的。她们的声音使得昆明雨季的空气更加柔和了。昆明的杨梅很大，有一个乒乓球那样大，颜色黑红黑红的，叫做"火炭梅"。这个名字起得真好，真是像一球烧得炽红的火炭! 一点都不酸! 我吃过苏州洞庭山的杨梅、井冈山的杨梅，好像都比不上昆明的火炭梅。

雨季的花是缅桂花。缅桂花即白兰花，北京叫做"把儿兰"（这个名字真不好听）。云南把这种花叫做缅桂花，可能最初这种花是从缅甸传入的，而花的香味又有点像桂花，其实这跟桂花实在没有什么关系。——不过话又说回来，别处叫它白兰、把儿兰，它和兰花也挨不上呀，也不过是因为它很香，香得像兰花。我在家乡看到的白兰多是一人高，昆明的缅桂是大树! 我在若园巷二号住过，院里有一棵大缅桂，密密的叶子，把四周房间都映绿了。缅桂盛开的时候，房东（是一个五十多岁的寡妇）就和她的一个养女，搭了梯子上去摘，每天要摘下来好些，拿到花市上去卖。她大概是怕房客们乱摘她的花，时常给各家送去一些。有时送来一个七寸盘子，里面摆得满满的缅桂花! 带着雨珠的缅桂花使我的心软软的，不是怀人，不是思乡。

雨，有时是会引起人一点淡淡的乡愁的。李商隐的《夜雨寄北》是为许多久客的游子而写的。我有一天在积雨少住的早晨和德熙从联大新校舍到莲花池去。看了池里的满池清水，看了作比丘尼装的陈圆圆的石像（传说陈圆圆随吴三桂到云南后出家，暮年投莲花池而死），雨又下起来了。莲花池边有一条小街，有一个小酒店，我们走进去，要了一碟猪头肉，半市斤酒（装在上了绿釉的土磁杯里），坐了下来。雨下大了。酒店有几只鸡，都把脑袋反插在翅膀下面，一只脚着地，一动也不动地在檐下站着。酒店院子里有一架大木香花。昆明木香花很多。有的小河沿岸都是木香。但是这样大的木香却不多见。一棵木香，爬在架上，把院子遮得严严的。密匝匝的细碎的绿叶，数不清的半开的白花和饱涨的花骨朵，都被雨水淋得湿透了。我们走不了，就这样一直坐到午后。四十年后，我还忘不了那天的情味，写了一首诗：

莲花池外少行人，野店苔痕一寸深。浊酒一杯天过午，木香花湿雨沉沉。我想念昆明的雨。

（汪曾祺）

# 济南的秋天

上帝把夏天的艺术赐给瑞士，把春天的赐给西湖，秋和冬的全赐给了济南。

济南的秋天是诗境的。设若你的幻想中有个中古的老城，有睡着了的大城楼，有狭窄的古石路，有宽厚的石城墙，环城流着一道清溪，倒映着山影，岸上蹲着红袍绿裤的小妞儿。你的幻想中要是这么个境界，那便是个济南。设若你幻想不出——许多人是不会幻想的——请到济南来看看吧。

请你在秋天来。那城，那河，那古路，那山影，是终年给你预备着的。

可是，加上济南的秋色，济南由古朴的画境转入静美的诗境中了。这个诗意秋光秋色是济南独有的。上帝把夏天的艺术赐给瑞士，把春天的赐给西湖，秋和冬的全赐给了济南。秋和冬是不好分开的，秋睡熟了一点便是冬，上帝不愿意把它忽然唤醒，所以作个整人情，连秋带冬全给了济南。

诗的境界中必须有山有水。那么，请看济南吧。那颜色不同，方向不同，高矮不同的山，在秋色中便越发的不同了。以颜色说吧，山腰中的松树是青黑的，加上秋阳的斜射，那片青黑便多出些比灰色深，比黑色浅的颜色，把旁边的黄草盖成一层灰中透黄的阴影。山脚是镶着各色条子的，一层层的，有的黄，有的灰，有的绿，有的似乎是藕荷色儿。山顶上的色儿也随着太阳的转移而不同。山顶的颜色不同还不重要，山腰中的颜色不同才真叫人想作几句诗。山腰中的颜色是永远在那儿变动，特别是在秋天，那阳光能够忽然清凉一会儿，忽然又温暖一会儿，这个变动并不激烈，可是山上的颜色觉得出这个变化，而立刻随着变换。忽然黄色更真了一些，忽然又暗了一些，忽然像有层看不见的薄雾在那儿流动，忽然像有股细风替"自然"调合着彩色，轻轻地抹上一层各色俱全而全是淡美的色道儿。有这样的山，再配上那蓝的天，晴暖的阳光；蓝得像要由蓝变绿了，可又没完全绿了；晴暖得要发燥了，可是有点凉风，正像诗一样的温柔；这便是济南的秋。况且因为颜色的不同，那山的高低也更显然了。高的更高了些，低的更低了些，山的棱角曲线在晴空中更真了，更分明了，更瘦硬了。看山顶上那个塔！

再看水。以量说，以质说，以形式说，哪儿的水能比济南？有泉——到处是泉——有河，有湖，这是由形式上分。不管是泉是河是湖，全是那么清，全是那么甜，哎呀，济南是"自然"的 Sweetheart 吧？大明湖夏日的莲花，城河的绿柳，自然是美好的了。可是看水，是要看秋水的。济南有秋山，又有秋水，这个秋才算个秋，因为秋神是在济南住家的。先不用说别的，只说水中的绿藻吧。那份儿绿色，除了上帝心中的绿色，恐怕没有别的东西能比拟的。这种鲜绿色借着水的清澄显露出来，好像美人借着镜子鉴赏自己的美。是的，这些绿藻是自己享受那水的甜美呢，不是为谁看的。它们知道它们那点绿的心事，它们终年在那儿吻着水皮，做着绿色的香梦。淘气的鸭子，用黄金的脚掌碰它们一两下。浣女的影儿，吻它们的绿叶一两下。只有这个，是它们的香甜的烦恼。羡慕死诗人呀！

　　在秋天，水和蓝天一样的清凉。天上微微有些白云，水上微微有些波皱。天水之间，全是清明，温暖的空气，带着一点桂花的香味。山影儿也更真了。秋山秋水虚幻的吻着。山儿不动，水儿微响。那中古的老城，带着这片秋色秋声，是济南，是诗。

老舍

# 白马湖之冬

　　　　白马湖的山水和普通的风景地相差不远，唯有风却与别的地方不同。风的多和大，凡是到过那里的人都知道的。

　　在我过去四十余年的生涯中，冬的情味尝得最深刻的，要算十年前初移居白马湖的时候了。十年以来，白马湖已成了一个小村落，当我移居的时候，还是一片荒野。春晖中学的新建筑巍然矗立于湖的那一面，湖的这一面的山脚下是小小的几间新平屋，住着我和刘君心如两家。此外两三里内没有人烟。一家人于阴历十一月下旬从热闹的杭州移居这荒凉的山野，宛如投身于极带中。

　　那里的风，差不多日日有的，呼呼作响，好像虎吼。屋宇虽系新建，构造却极粗率，风从门窗隙缝中来。分外尖削，把门缝窗隙厚厚地用纸糊了，缝中却仍有透入。风刮得厉害的时候，天未黑就把大门关上，全家吃毕夜饭即睡入被窝里，静听寒风的怒号，湖水的澎湃。靠山的小后轩，算是我的书斋，是全屋子中风最小的一间，我常把头上的罗宋帽拉得低低的。在洋灯下工作至夜深。松涛如吼，霜月当窗，饥鼠吱吱在承尘上奔窜。我于这种时候深感到萧瑟的诗趣，常独自拨划着炉灰，不肯就睡，把自己拟诸山水画中的人物，作种种幽邈的遐想。

　　现在白马湖到处都是树木了，当时尚一株树木都未种。月亮与太阳都是整个儿的，从上山起直到照到下山为止。太阳好的时候，只要不刮风，那真和暖得不像冬天。一家人都坐在庭间曝日，甚至于吃午饭也在屋外，像夏天的晚饭一样。日光晒到哪里。就把椅凳移到哪里，忽然寒风来了，只好逃难似的各自带了椅凳逃入室中，急急把门关上。在平常的日子。风来大概在下午快要傍晚的时候，半夜即息。至于大风寒，那是整日夜狂吼，要二三日才止的。最严寒的几天，泥地看去惨白如水门汀，山色冻得发紫而黯，湖波泛深蓝色。

下雪原是我所不憎厌的，下雪的日子，室内分外明亮，晚上差不多不用燃灯。远山积雪足供半个月的观看，举头即可从窗中望见。可是究竟是南方，每冬下雪不过一二次。我在那里所日常领略的冬的情味，几乎都从风来。白马湖的所以多风，可以说有着地理上的原因。那里环湖都是山，而北首却有一个半里阔的空隙，好似故意张了袋口欢迎风来的样子。白马湖的山水和普通的风景地相差不远，唯有风却与别的地方不同。风的多和大，凡是到过那里的人都知道的。风在冬季的感觉中，自古占着重要的地位，而白马湖的风尤其特别。

现在，一家僦居上海多日了，偶然于夜深人静时听到风声，大家就要提起白马湖来，说："白马湖不知今夜又刮得怎样厉害哩！"

夏丏尊

# 撒哈拉之夏

这幅由阳光、沙漠、寂寥构成的炽热、生动的画面给人的最初印象是揪心的，无法同任何其他画面相比。

天气好极了。温度急剧上升，但没有使我泄气，反而更加激起我的兴致。一周以来，万里晴空没有出现任何云彩。天色蓝得既炽热又干燥，让人联想

到长期的干旱。固定的东风几乎像空气一样热烘烘的，早晚间隔着刮过来，但总是很弱，似乎仅仅为了棕榈叶丛能保持一种轻微的摆动，如同印度的布风扇一样。每个人都早已经换上轻衣薄衫，戴着宽檐帽，大家只求生活在阴影下。我却下不了决心午睡，否则会为了安逸而碌碌无为地浪费一天中最美好的时光，因为我的卧室肯定是我在这儿常待的地方里最乏味的。这出于种种理由，等到有天晚上我除了发牢骚没有更好的事可干时再给你解释。总之，不管周围的人们怎么劝我在阴处舒适休息，我还是拒绝听从，继续我行我素，与蜥蜴一起生活在沙漠里，登上高地，或者大中午跑遍全城。

　　撒哈拉人热爱他们的家乡。就我这方面来说，我倾向于赞赏一种如此热烈的感情，尤其由于其中交织着对乡土的眷恋。相反，那些异乡人、北方人把这个地区视为可怕之极，认为在这儿即使不热死、渴死，也会患思乡病而死。某些人看到我在此地感到奇怪，他们几乎一致劝我放弃再待几天的计划，否则不但浪费我的时间，白费力气，徒损健康，更糟的是还有可能会丧失理性。诚然，我承认，这个极其单纯、极其美丽的地区还不大会讨人喜爱；但是，如果我没有搞错的话，它也能像世上任何其他地区一样使人激动不已。这是一片既不优美，也不安适，但却朴实无华的土地，这并不是一种过错。其最初的影响就是使人严肃，许多人却把这种效果与忧郁混同起来了。一大片高地消失在更广袤、更平坦、沐浴着永恒光芒的地域之中；相当空旷、相当荒芜、足以给人这个名叫沙漠的奇异东西的概念，外加几乎永远相似的天空，悄无声息、四处安宁的地平线。中部，一种类似偏僻的城镇那样的东西，环绕着寂静；接着有点儿绿阴，一些沙质的岛状地，最后有几座灰白色的钙质礁或者黑黝黝的石灰岩，位于一片犹如汪洋大海的浩瀚地区的边缘。这一切中，除了太阳从沙漠上升起，运行到山丘后落下之外，很少变化，很少意外，很少新奇，永远静寂、晒烤，不分范围；或者在最后一阵南风的吹拂下，沙堆改变了位置和形状。清晨很短，中午比别处更长更沉闷，几乎没有黄昏；有时，突然散发一阵强光和热气，灼热的风霎时使景色具有吓人的外貌，这里可能产生难以忍受的感觉；但通常是一种阳光灿烂的静止状态，晴朗天气时带点憋闷的呆板，最后有种麻木的神态仿佛从上天传给万物，又从万物过渡到人的脸部。

这幅由阳光、沙漠、寂寥构成的炽热、生动的画面给人的最初印象是揪心的，无法同任何其他画面相比。然而，眼睛渐渐习惯于线条的伟大、空间的寥廓、地面的光秃；如果还会对什么感到惊奇，那就是对如此缺少变化的效果居然保持敏感，对实际上极为普遍的场面居然激动不已。

在此之前，我还没有见过任何异常或突出的事物，符合我们对这个地区通常形成的特殊观念。与阿尔及尔相比，只是光线略强一些，天空更明朗更深远一些，这并未引起我丝毫诧异。这是一处于热地区的天空，当然有别于——我有意强调此点——土地同时受到灌溉、浸润、晒热的埃及的天空。埃及拥有一条大江，众多广阔的濒海湖，那儿夜晚总是潮湿的，土地里的水分不断蒸发。这里的天空却是晴朗的、干燥的、不变的；接触的是黄色或白色的土地，浅红的山。茫无涯际地保持着纯蓝色；当它处在夕阳对面染成金黄色的时候，基部是紫罗兰色的，稍微带点铅灰色。我也没有见到过美丽的海市蜃楼。除了刮西罗科风的期间，地平线总是显得很清楚，从天空下呈现出来；只有最后一道灰蓝色条纹早晨异常突出，但到了中午就有点同天空混淆起来了。朝姆扎卜绿洲方向的正南方，隔着一段很远的距离，可以瞥见一条由罗望子树林组成的不规则线条。每天在这部分沙漠中产生的微弱的蜃景，使这些树林显现得更近更大；然而幻景不大给人深刻的印象，这必须具有经验才能懂得。

我是在高地上度过最美好时光的，有朝一日我会为之惋惜不已的时光；站在高地上，经常在东塔下，面对着那辽阔的地平线，四下望去，无挂无碍，自东往西，从南到北，君临一切：山峦、城镇、绿洲和沙漠。我清早就到那里，中午仍在那里，傍晚再去那里；我独自待着，见不到任何人，除了少数几个游客，被我的白伞尖所吸引，大概对我如此爱好高地感到奇怪，走近来瞧瞧。这片高地是一种平台，四周围绕着矮栏墙，从城那边沿着一道相当陡峭、布满巉岩的斜坡可以爬到此地，但南边却没有出口，从那儿有可能几乎笔直掉进园子内。在我到达时，太阳升起之后不久，我发现那里有一个土著卫兵还在紧挨塔基躺着睡觉。

随即卫兵就被撤走，因为这处岗哨只在夜晚才守卫。这时整个地区都是粉红的，一种桃花衬托的鲜艳的粉红色；城镇上布满星星点点的阴影，几座白色的小隐士墓散布在棕榈林边，在这片沉闷的原野上欣然闪烁着，而原野在短暂的凉爽时刻，似乎在对初升的太阳微笑。空中有模糊的声响，近似于某一首歌曲，它让人明白世上所有的地方都快活地苏醒了。

于是，几乎在每天的同一时候，传来了从南方飞来的无数小鸟的啁啾声。这是来自沙漠的沙鸡，去源泉饮水。它们飞越城镇，成群结队，也可以说分成一小群一小群的；它们飞得很快，可以听得出它们的尖翅膀迅疾的扑扇声；它们的古怪而嘈杂的叫声随着飞行的速度时而拖长时而变得急促。我老远认出它们的先锋时感到一种由衷的激动；我数着相继而来的鸟群，几乎老是同样的数目；它们总是朝同一的方向奋飞，从南往北，斜穿城镇经过我这儿。它们的羽毛被阳光染上色彩，灿烂的闪光片霎时间遮蔽了蓝色的天空；我从拉斯—欧云这边目随着这些沙鸡；它们飞到绿洲一半左右就在我的钰线中消失，但我经常继续听见它们的叫声，直到最后一群沙鸡在饮水处停下来。这时是六点半。一小时后，相同的叫声突然在北方重新响起，同样的鸟群再次一一飞越我的头顶，次序不变，数目相等，一队接着一队，返回荒漠的旷野。只不过，这一回叫声没有突然停止，而是逐渐变弱，减轻，消失在寂静中。可以说早晨结束了，一天中惟一近乎宜人的时光在鸟群的一去一回中流逝。景色原先是粉红的，现在已变成黄褐；城镇中星星点点的阴影少多了。随着太阳升高，市容呈现灰色；随着阳光越来越亮，沙漠反倒显得暗淡：惟有山丘仍然是淡红色的。倘若一直刮风，这时就会停止；从沙漠中散发出来的热气，开始在空中散布。两小时以后，传来宣布退回祈祷的号声；一切活动同时停止。随着最后一声号响，中午开始了。

此时此刻，我不再担心受到打扰；因为除我以外，没有人会打算到高地上来冒险。炎阳上升，逐渐缩短塔影，终于直接井到我的头顶上空。我别无隐藏处.只能躲在我的阳伞的狭小的阴影下，缩紧身子；两只脚伸进沙地里。或者放在亮晶晶的砂岩上；我身边的画夹在阳光下弯曲了；我的颜料盒像烤焦似的裂开了。万籁俱寂。整整四个小时这儿静谧、寂寞得令人难以相信。城镇在我下面沉睡，犹如一个紫色的庞然大物，带有空荡荡的露台；阳光照亮了这些露台上许多筐篮，装满粉红色的小杏，为了晒干放在那儿。到处都能见到一些黑洞，标志着屋内的门窗。还有深紫色的细线条，显示出城里仅有的一两条林阴道。露台周围较强的光线，有助于把所有的泥土建筑物彼此区分开来，这些泥土建筑物与其说是建造的，倒不如说是堆积在三座山丘上的。

城镇的两边各有一片绿洲，在白昼的凝重气氛下似乎同样沉睡不醒，无声无息。绿洲显得很小，紧挨着城的两侧，看起来与其说在取悦它，倒不如说必要时想保卫它。绿洲在我眼前一览无余：如同两块方形的叶丛。绿公园似的围着一道垣墙，在荒瘠的旷野上明显地勾勒出来。尽管被分割成许多小果园，每个果园都用墙围住，从我所处的高度望去，仍然好似一张绿色的桌布；分不清任何树木，只能辨别两层式的森林：第一层是圆顶树丛，第二层是棕榈树丛。相隔很远，有几垄稀疏的大麦，如今已只剩下麦茬，在叶丛中间形成一些土黄色的平地；别处，在少数林中空地里，露出一种干燥的、粉末状的灰色土地。最后，在南边，有少许被风吹来的沙堆越过了围墙，这是沙漠在侵占花园。树木纹丝不动，森林茂密处隐约有些隐蔽的洞口，可以设想里面藏着一些小鸟，它们正在睡觉，等待傍晚第二次醒来。

这也是沙漠转变为昏暗的原野的时刻，我从到来的那一天起就注意到了。太阳悬挂在中天，把沙漠罩在光圈内，相等的光线同时从四面八方到处直射着它。这既不再是光明，也不再是黑暗；不可捉摸的色彩显示的远景几乎无法再测定距离，一切都染上一层褐色，没有色差、不着痕迹地延伸；十五至二十法里一片地方，单调、平坦得犹如地板。似乎最小的隆起物也该显露出来，然而一无发现；甚至再也无法说出哪儿有沙子，哪儿有土地，哪儿是多石的部分；这片固体海洋的静止状态这时比任何时候更动人心魄。见到它从我们脚下开始，既没有预定的路线，也不迂回曲折，径直朝南、朝东、朝西扩展，隐没，我们不禁会寻思，那片具有朦胧色——似乎像空毂色的静悄悄的地方究竟可能是什么样的？既没有人从那儿来，也没有人往那儿去。它最终以一条笔直、清晰的线与天空相接。谁知道呢？我们感到那里并非结束，可以这样说，那只是大海的入口。

现在，请为这所有的幻想补充地图上看到的令人神往的名称吧。我们知道那边有一些地方，处在这个或那个方向，相距五天、十天、二十天、五十天的行程。一些地方著名，另一些仅仅被标出，其他地方则听起来更不为人

知：——首先，正南方是贝尼一扎卜，七座城市的联邦，据说其中三座与阿尔及尔一样大，棕榈树有十来万株，还盛产世界上最好的海枣；然后是香巴亚，小贩和商人的集聚地，靠近图瓦特绿洲；然后是图瓦特，无数的撒哈拉群岛，肥沃，引水灌溉，人口稠密，同图阿雷克交界；然后是图阿雷克，它大致占满这个未知面积的巨大地区，人们只能确定它的四个末端：滕贝克图、加德姆斯、提米蒙和豪萨；然后是只能隐约看到边缘的黑人地区，两三座城镇的名称，一个王国的首府；一些湖泊、森林，左边是大海，也许是大江，赤道特殊的恶劣天气，稀奇古怪的物产，巨大的动物，长毛羊，大象；还有什么？再没什么清晰的了，未知的距离，变化不定，谜。我面前就是这谜的开端；中午明亮的阳光下的景色是奇特的。正是在这儿，我想见到埃及的狮身人面像。

我徒然环顾四周，无论远近，都看不出任何东西在动。有时，偶然有一小队载着东西的骆驼出现，犹如一串黑黝黝的小点，慢腾腾地爬上沙坡；只有等驼队靠近山丘下，才能瞧见。这是些旅行者；他们是谁？来自何处？他们穿过了我眼皮底下的地平线，而我竟没有发现。或者有时，有一股夹带沙子的龙卷风犹如一股轻烟突然从地面上刮起，螺旋状上升，穿越一定距离，被东风吹弯，几秒钟后消失。

时光慢慢地流逝；这一天结束了，就像早晨开始时那样呈淡红色，天空是暖色调的，背景也带上颜色。这次，轮到倾斜的长火舌即将把东部的群山、沙漠、岩石染成紫红色；白昼被烈日晒得疲惫不堪的地区由阴影占据；万物似乎都松了一口气。麻雀和斑鸠在棕榈树中唱了起来；城里也如同发生了一场复兴运动；一些人登上露台，来摇晃筐篮；广场上传来牲畜的声音，有人牵马去饮水，马在嘶，骆驼在叫；沙漠很像一块金板；太阳落到紫罗兰色的山上；夜幕准备降临。

这样度过一天之后，我回去时感到某种醉意，我想这是由于我沉浸在阳光中十二小时以上，吸入了大量光线所引起的；我愿意把我所处的精神状态详细向你说明。

这是一种内心的光明，夜晚到来后经久不散，在我睡梦中仍在折射。我不断梦见强光；闭上眼睛，我见到火焰、发光的星体，或者不断增长的模糊反光，宛如黎明的接近；可以这样说，我不再有黑夜。这种哪怕在没有太阳的情况下也面临白昼的感觉，这种犹如流星划破夏天夜空似的被闪光不断掠过的透明的休息，这种不给我任何黑暗时刻的奇特的噩梦，这一切都很像在发烧。然而我一点都不感到疲倦；这该是意料中的事，我不叫苦。

（欧·弗洛芒坦金志平译）

# 珠穆朗玛峰的夏日奇景

看过《天仙配》七仙女下凡的场面，许多观众都为这种特技摄影叫绝，很难想象人间真的有这样的仙境。

盛夏季节，平原上烈日炎炎，热气灼人；但是在世界最高峰地区，依然是一片冰雪世界，山峰上白雪皑皑，终年不化，夏日的奇景给人留下了难忘的印象。

## 每天涨落的河水

珠穆朗玛峰北面有两条巨大的冰川，象两条银龙直伸到山谷里，长达十五公里。我们在冰川上走不多远，就看到一排排笔直的高达二三十米的冰塔，竖立在冰面上，有的象琉璃塔，有的象水晶宫，景色十分迷人。在冰塔下有湖泊，我们初到冰川上时，湖水还没有解冻，一个个天然的滑冰场和四周的冰塔相辉映，真是绝妙的自然美景。

夏季正是冰雪消融的季节，从冰川尾部到粒雪盆的十多公里范围内，到处都可以看见消融的景象。冰塔在"嘣嘣"发响彻云霄，许多小湖解冻了，变成了一条条小河。珠穆朗玛峰下，不时地传来一阵阵轰鸣，震动了整个山谷，那是雪崩和滚石的响声。

冰川的下段呈现着一片乱石覆盖的丘陵，在丘陵间也点缀着许多天蓝色的小湖，看不到底，也没有冰层露出；但是远远就可以听见流水的声音，原来冰面消融的水流，穿过冰层潜入到下边，形成冰卜河流出去了。这就是扎卡曲河的发源地。一天早晨，天气晴朗，我们跳过清清的小河沟，到对面去考察，等到傍晚返回住宿地时，小河沟竟然发起大水来了，河水混浊，浪花飞溅，晴天发洪水，每天一涨落，真是罕见的奇景。

## 下雪的雨季

喜马拉雅山区从六月到九月的四个月里为雨季，这期间从印度洋方面来的季风侵入到整个山区，山上云雾弥漫，风雨交加，天气变化无常。而从十二月到翌年三月为风季，这时西风很大，天气晴朗，但非常干燥。一年中雨季和风季极为明显，过渡的季节却很短暂，历来到这里登山探险活动，都是选择过渡季节的好天气进行的。其实，在珠穆朗玛峰地区，雨季里也从来不下一滴雨，即使是在最热的日子里，气温也常在摄氏零度以下，下的都是雪雹之类。一天，我们在冰川上考察，忽然间飘来一惩云雾，很快就变成了一场暴风雪，雪粒随风打在脸颊上，疼痛难受，雪花吹到脖子里，冷得使人发抖。每下一次雪，珠穆朗玛峰就披上了一层银装，几场风雪之后，山峰就慢慢变白了。但是到了冬季，这里刮着十二级以上的大风，风速比海洋上的台风还要大得多，山坡上积雪几乎被吹扫得干干净净，岩石裸露。所以从山峰上颜色的变白，也可以看到这里已经是盛夏的时候了。

## 云海、云环和云旗

夏季里，珠穆朗玛峰上云彩的变化是最引人注目的。

我们来到了海拔六千五百米的一个山口，但见云涛翻滚，一望无际。远近有几座象海岛般的山峰，在云海中若隐若现，景色十分出奇。看过《天仙配》七仙女下凡的场面，许多观众都为这种特技摄影叫绝，很难想象人间真的有这样的仙境；我看这里的景致比《天仙配》还要略胜一筹呢！登临其间，面对一片波澜壮阔的云海，许多山峰成了"小岛"，在云海中翻滚，看了实有飘然欲仙之感。

珠穆朗玛峰不仅因是世界最高峰而闻名，还因它是用一位女神的名字来命名的，因而藏族人民对这座山峰很崇敬，绒布寺的佛经里有很多关于她的记载。相传这位女神有五姊妹，都是附近雪山上的女神，大姊名策仁玛，住在西面不远的策仁羌口戈峰，山高七千多米。珠穆朗玛排行第三，却占据了最高的山峰，山高达八千百八十二米。

夏季的云彩把这位女神打扮得分外美丽，我们看到山腰部经常围绕着一道骈环，峰顶的东北方，从早到晚飘着一朵白色的云旗，好似女神身上的纱裙和头上的头巾。珠穆朗玛峰高高地站立在群峰之上，每天早晨，当人们还在熟睡的时候，它最早迎接着朝阳，而傍晚当附近居民准备入睡时，它仍然在夕阳照射下闪着光芒，象征着这位女神的勤劳和纯朴。

（王小白）

# 卷心菜毛虫

这些贪吃的小毛虫，除了偶尔有一些伸胳膊挪腿的休息动作外，什么都不做，就知道吃。

卷心菜几乎可以说是我们所有的蔬菜中最为古老的一种，我们知道古时候的人就已经开始吃它了。而实际上在人类开始吃它之前，它已经在地球上存在了很久很久，所以我们实在是无法知道究竟是什么时候，它出现了，又是什么时候人类第一次种植它们，用的又是什么方法。植物学家告诉我们，它最初是一种长茎、小叶、长在滨海悬崖的野生植物。历史对于这类细小的事情的记载是不愿多花笔墨的。它所歌颂的，是那些夺去千万人生命的战场，它觉得那一片使人类生生不息的土地是没有研究价值的。它详细列举各国国王的嗜好和怪癖，却不能告诉我们小麦的起源！但愿将来的历史记载会改变它的作风。

我们对于卷心菜知道得实在太少了，那实在有点可惜，它的确算得上一种很贵重的东西。因为它拥有许多有趣的故事。不仅是人类，就是别的动物也都与它有千丝万缕的联系。其中有一种普通大白蝴蝶的毛虫，就是靠卷心菜生长的。它们吃卷心菜皮及其一切和卷心菜相似的植物叶子，像花椰菜、白菜芽、大头菜，以及瑞典萝卜等，似乎生来就与这种样子的菜类有不解之缘。

它们还吃其它一些和卷心菜同类的植物。它们都属于十字花科——植物学家们这样称呼它们，因为它们的花有四瓣，排成十字形。白蝴蝶的卵一般只产在这类植物上。可是它们怎么知道这是十字花科植物呢？它们又没有学过植物学。这倒是个谜。我研究植物和花草已有五十多年，但如果要我判定一种没有开花的植物是不是属于十字花科，我只能去查书。现在我不需要去一一查书了，我会根据白蝴蝶留下的记号作出判断——我是很信任它的。

白蝴蝶每年要成熟两次。一次是在四五月里，一次是在十月，这正是我们这里卷心菜成熟的时候。白蝴蝶的日历恰巧和园丁的日历一样。当我们有卷心菜吃的时候，白蝴蝶也快要出来了。

白蝴蝶的卵是淡橘黄色的，聚成一片，有时候产在叶子朝阳的一面，有时候产在叶子背着阳光的一面。大约一星期后，卵就变成了毛虫，毛虫出来后第一件事就是把这卵壳吃掉。我不止一次看到幼虫自己会把卵壳吃掉，不知道这是什么意思。我的推测是这样的：卷心菜的叶片上有蜡，滑得很，为了要使自己走路的时候不至于滑倒，它必须弄一些细丝来攀缠住自己的脚，而要做出丝来，需要一种特殊的食物。所以它要把卵壳吃掉，因为那是一种和丝性质相似的物质，在这初生的小虫胃里，它比较容易转化成小虫所需要的丝。

不久，小虫就要尝尝绿色植物了。卷心菜的灾难也就此开始了。它们的胃口多好啊！我从一颗最大的卷心菜上采来一大把叶子去喂我养在实验室的一群幼虫，可是两个小时后，除了叶子中央粗大的叶脉之外，已经什么都不剩了。照这样的速度吃起来，这一片卷心菜田没多少日子就会被吃完了。

这些贪吃的小毛虫，除了偶尔有一些伸胳膊挪腿的休息动作外，什么都不做，就知道吃。当几只毛虫并排地在一起吃叶子的时候，你有时候可以看见它们的头一起活泼地抬起来，又一起活泼地低下去。就这样一次一次重复着做，动作非常整齐，好像普鲁士士兵在操练一样。我不知道它们这种动作是什么含义，是表示它们在必要的时候有作战能力呢，还是表示它们在阳光下吃食物很快乐？总之，在它们成为极肥的毛虫之前，这是它们唯一的练习。

吃了整整一个月之后，它们终于吃够了。于是就开始往各个方向爬。一面爬，一面把前身仰起，作出在空中探索的样子，似乎是在做伸展运动，为了帮助消化和吸收吧。现在气候已经开始转冷了，所以我把我的毛虫客人们都安置在花房里，让花房的门开着。可是，令我惊讶的是，有一天我发现，这群毛虫都不见了。

后来我在附近各处的墙脚下发现了它们。那里离花房差不多有三十码的距离。它们都栖在屋檐下，那里可以作为它们冬季的居所了。卷心菜的毛虫长得非常壮实健康，应该不十分怕冷。

就在这居所里，它们织起茧子，变成蛹。来年春天，就有蛾从这里飞出来了。

听着这卷心菜毛虫的故事，我们也许会感到非常有趣。可是如果我们任凭它大量繁殖，那么我们很快就会没有卷心菜吃了。所以当我们听说有一种昆虫，专门猎取卷心菜毛虫，我们并不感到痛惜。因为这样可以使它们不至于繁殖得太快。如果卷心菜毛虫是我们的敌人，那么那种卷心菜的敌人就是我们的朋友了。但它们长得那样细小，又都喜欢埋头默默无闻地工作，使得园丁们非但不认识它，甚至连听都没听说过它，即使他偶然看到它在它所保护的植物周围徘徊，他也决不会注意它，更不会想到它对自己会有那么大的贡献。

我现在要给这小小的侏儒们一些应得的奖赏。

因为它长得细小，所以科学家们称它为"小侏儒"，那么让我也这么称呼它吧，我实在不知道它还有什么别的好听一点的名字。

它是怎样工作的呢？让我们来看看吧。春季，如果我们走到菜园里去，一定可以看见，在墙上或篱笆脚下的枯草上，有许多黄色的小茧子，聚集成一堆一堆的，每堆有一个榛仁那么大。每一堆的旁边都有一条毛虫，有时候是死的，

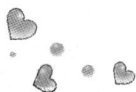

看上去大都很不完整，这些小茧子就是"小侏儒"的工作成果，它们是吃了可怜的毛虫之后才长大的，那些毛虫的残尸，也是"小侏儒"们剥下的。

这种"小侏儒"比幼虫还要小。当卷心菜毛虫在菜上产下橘黄色的卵后，"小侏儒"的蛾就立刻赶去，靠着自己坚硬的钢毛的帮助，把自己的卵产在卷心菜毛虫的卵膜表面上。一只毛虫的卵里，往往可以有好几个"小侏儒"，跑去产卵。照它们卵的大小来看，一只毛虫差不多相当于六十五只"小侏儒"。

当这毛虫长大后，它似乎并不感到痛苦。它照常吃着菜叶，照常出去游历，寻找适宜做茧子的场所。它甚至还能开展工作，但是它显得非常萎靡、非常无力，经常无精打彩的，渐渐地消瘦下去，最后，终于死去。那是当然的，有那么一大群"小侏儒"在它身上吸血呢！毛虫们尽职地活着，直到身体里的"小侏儒"准备出来的时候。它们从毛虫的身体里出来后就开始织茧，最后，变成蛾，破茧而出。

（法布尔）

# 落 叶

踩在落叶之上，沙沙的声响令耳膜兴奋不已——这就是秋天的声音，干净而松脆。

起初，是不经意的一片，两片。

接着，是一下子的七片，八片。

最后，是整个秋天忽悠忽悠地这么飘落下来。

"山上黄叶飞"。

那该是一种怎样壮观而疼痛地景象——漫山遍野飘动的，是曾经生机勃勃的青春。而现在，它们却可无奈何，遵循着时间不可抗拒的方向，悄然沉默于泥土之上。

从枝头到地面，每一片叶子都不肯轻易放弃栖息之地，经历了千旋百转的挣扎，但终究摆脱不了地心的羁绊，凄美地拂向生命的终端。

落寞的林间小道，从来没有积满落叶之后的这般灿烂。一眼望去，视觉竟然顿时蜕去了秋季的寒意，目光在一寸一寸变得温暖起来。

踩在落叶之上，沙沙的声响令耳膜兴奋不已——这就是秋天的声音，干净而松脆。鞋底的土地似乎丧失了铁石心肠的严肃，变得格外温柔体贴。

是的，我正在秋季，我从一片叶的身体上，看见了秋天清爽的脉络。

树疲惫孤立了。

没有了叶片的树单薄得令人同情。它们会用怎样的眼神，俯瞰脚边奄奄一息的曾经的青丝？

落叶终于回归土壤，回到了它来的地方。一种生命的结束会成为另外一些生命的呵护。这些残枝败叶将自己凋零的绿色，默默埋在来年的叶脉之间。

枝干被深蓝色的天空越抓越高，云淡风轻的季节让生命变得成熟无比。

而这些飘飞的落叶，正将秋意层层加深……

（柏滨丰）

# 知　了

我们大部分人把半生的光阴用在学习，渴望利用这种学习来获得成功，那种漫长匍匐的追求正如知了一样；一旦我们被世人看为成功，自足的在枝头欢唱，秋天已经来了。

山上有一种蝉，叫声特别奇异，总是吱的一声向上拔高，沿着树木、云朵，拉高到难以形容的地步。然后，在长音的最后一节突然以低音"了"作结，戛然而止。倾听起来，活脱脱就是：

知——了!

知——了!

这是我第一次听到蝉如此清楚的叫着"知了"，终于让我知道"知了"这个词的形声与会意。从前，我一直以为蝉的幼虫名叫"蜘蟟"，长大蝉蜕之后就叫作"知了"了。

蝉，是这世间多么奇特的动物，它们的幼虫长住地下达一两年的时间，经过如此漫长的黑暗飞上枝头，却只有短短一两星期的生命。所以庄子在《逍遥游》里才会感慨："惠蛄不知春秋!"

蝉的叫声严格说起来，声量应该属噪音一类，因为声音既大又尖，有时可以越过山谷，说它优美也不优美，只有单节没有变化的长音。

但是，我们总喜欢听蝉，因为蝉声里充满了生命力、充满了飞上枝头之后对这个世界的咏叹。如果在夏日正盛，林中听万蝉齐鸣，会使我们心中荡漾，想要学蝉一样，站在山巅长啸。

蝉的一生与我们不是非常接近吗？我们大部分人把半生的光阴用在学习，渴望利用这种学习来获得成功，那种漫长匐匍的追求正如知了一样；一旦我们被世人看为成功，自足的在枝头欢唱，秋天已经来了。

孟浩然有一前写蝉的诗，中间有这样几句：

黄金然桂尽，

壮志逐年衰。

日夕凉风至，

闻蝉但益悲。

听蝉声鸣叫时，想起这首诗，就觉得"知了"两字中有更深的含义。

什么时候，我们才能一边在树上高歌，一边心里坦然明了，对自己说："知了，关于生命的实相，我明白了。"

（林清玄）

# 秃的梧桐

　　秃的梧桐，自然更是一无所有，只有亭亭如青玉的干，兀立在惨淡的斜阳中。

　　这株梧桐，怕再也难得活了！

　　人们走过那秃梧桐下，总这样惋惜地说。

　　这株梧桐所生的地点，真有点奇怪，我们所住的屋子，本来分做两下给两家住的，这株梧桐，恰恰长在屋前的正中，不偏不倚，可以说是两家的分界牌。

　　屋前的石阶，虽仅有其一，由屋前到园外去的路却有两条——一家走一条，梧桐生在两路的中间，清荫分盖了两家的草场，夜里下雨，潇潇渐渐打在桐叶上的雨声，诗意也两家分享。

　　不幸园里蚂蚁过多，梧桐的枝干，为蚂蚁所蚀，渐渐地不坚牢了，一夜雷雨，便将它的上半截劈折，只剩下一根二丈多高的树身，立在那里，亭亭有如青玉。

　　春天到来，树身上居然透出许多绿叶，团团附着树端，看去好像一棵棕桐树。

　　谁说这株梧桐不会再活呢？它现在长了新叶，或者更会长出新技，不久定可以恢复从前的美荫了。

　　一阵风过，叶儿又被劈下来，拾起一看，叶蒂已啮断了三分之二——又是蚂蚁干的好事。哦，可恶！

　　但勇敢的梧桐，并不因此挫了它求生的志气。

　　蚂蚁又来了，风又起了，好容易长得巴掌大的叶儿又飘去了，但它不管，仍然萌新的芽，吐新的叶，整整地忙了一个春天，又整整地忙了一个夏天。

　　秋来，老柏和香橙还沉郁地绿着，别的树却都憔悴了。年近古稀的老榆，护定它青青的叶，似老年人想保存半生辛苦贮蓄的家私，但哪禁得西风如败

子，日夕在耳畔絮聒？现在它的叶子已去得差不多，园中减了葱茏的绿意，却也添了蔚蓝的天光。爬在榆干上的薛荔，也大为喜悦，上面没有遮蔽，可以酣饮风霜了，它脸儿醉得枫叶般红，陶然自足，不管垂老破家的榆树，在它头上瑟瑟地悲叹。

大理菊东倒西倾，还挣扎着在荒草里开出红艳的花。牵牛的蔓，早枯萎了，但还开花呢，可是比从前纤小，冷冷凉露中，泛满浅紫嫩红的小花，更觉娇美可怜。还有从前种麝香连理花和凤仙花的地里，有时也见几朵残花，秋风里，时时有玉钱蝴蝶翩翩飞来，停在花上，好半天不动，幽情凄恋，它要僵了，它愿意僵在花儿的冷香里！

这时候，园里另外一株梧桐，叶儿已飞去大半，秃的梧桐，自然更是一无所有，只有亭亭如青玉的干，兀立在惨淡的斜阳中。

这株梧桐。怕再也不得活了！

人们走过秃梧桐下，若是这样惋惜地说。

但是，我知道明年还有春天要来。

明年春天仍有蚂蚁和风呢？

但是，我知道有落在土里的桐子。

（苏雪林）

# 故乡的杨梅

故乡的食物，我没有比这更喜欢的了。倘若我爱故乡，不如就说我完全是爱的这叫做杨梅的果子吧。

过完了长期的蛰伏生活，眼看着新黄嫩绿的春天爬上了枯枝，正欣喜着想跑到大自然的怀中，发泄胸中的郁抑，却忽然病了。

唉，忽然病了。

我这粗壮的躯壳，不知道经过了多少炎夏和严冬，被轮船和火车抛掷过多少次海角与天涯，尝受过多少辛劳与艰苦，从来不知道颤栗或疲倦的呵，现在却呆木地躺在床上，不能随意的转侧了。

尤其是这躯壳内的这一颗心。它历年可是铁一样的。对着眼前的艰苦，它不会畏缩；对着未来的憧憬，它不肯绝望；对着过去的痛苦，它不愿回忆的呵，然而现在，它却尽管凄凉地往复地想了。

唉，唉，可悲呵，这病着的躯壳的病着的心。

尤其是对着这细雨连绵的春天。

这雨，落在西北，可不全像江南的故乡的雨吗？细细的，丝一样，若断若续的。

故乡的雨，故乡的天，故乡的山河和田野……，还有那蔚蓝中衬着整齐的金黄的菜花的春天，藤黄的稻穗带着可爱的气息的夏天，蟋蟀和纺织娘们在濡湿的草中唱着诗的秋天，小船吱吱地独着沉默的薄冰的冬天……还有那熟识的道路，还有那亲密的故居……

不，不，我不想这些，我现在不能回去，而且是病着，我得让我的心平静：恢复我过去的铁一般的坚硬，告诉自己：这雨是落在西北，不是故乡的雨——而且不像春天的雨，却像夏天的雨。

不要那样想吧，我的可怜的心呵，我的头正像夏天的烈日下的汽油缸，将要炸裂了，我的嘴唇正干燥得将要进出火花来了呢。让这夏天的雨来压下我头部的炎热，让……让……

唉，唉，就说是故乡的杨梅吧……它正是在类似这样的雨天成熟的呵。

故乡的食物，我没有比这更喜欢的了。倘若我爱故乡，不如就说我完全是爱的这叫做杨梅的果子吧。

呵，相思的杨梅！它有着多么惊异的形状，多么可爱的颜色，多么甜美的滋味呀。

它是圆的，和大的龙眼一样大小，远看并不稀奇，拿到手里，原来它是遍身生着刺的哩。这并非是它的壳，这就是它的肉。不知道的人，一定以为这满身生着刺的果子是不能进口的了，否则也须用什么刀子削去

那刺的尖端的吧？然而这是过虑。它原来是希望人家爱它吃它的。只要等它渐渐长熟，它的刺也渐渐软了，平了。那时放到嘴里，软滑之外还带着什么感觉呢？没有人能想得到，它还保存着它的特点，每一根刺平滑地在舌尖上触了过去，细腻柔软而且亲切——这好比最甜蜜的吻，使人迷醉呵。

颜色更可爱呢。它最先是淡红的，像娇嫩的婴儿的面颊，随后变成了深红，像是处女的害羞，最后黑红了——不，我们说它是黑的。然而它并不是黑，也不是黑红，原来是红的。太红了，所以像是黑。轻轻的啄开它，我们就看见了那新鲜红嫩的内部，同时我们已染上了一嘴的红水。说他新鲜红嫩，有的人也许以为一定像贵妃的肉色似的荔枝吧？嗳，那就错了。荔枝的光色是呆板的，像玻璃，像鱼目；杨梅的光色却是生动的，像映着朝霞的露水呢。

滋味吗？没有十分成熟是酸带甜，成熟了便单是甜。这甜味可决不使人讨厌，不但爱吃甜味的人尝了一下舍不得丢掉，就连不爱吃甜味的人也会完全给它吸引住，越吃越爱吃。它是甜的，然而又依然是酸的，而这酸味，我们须待吃饱了杨梅以后，再吃别的东西的时候，才能领会得到。那时我们才知道自己的牙齿酸了，软了，连豆腐也咬不下了，于是我们才恍然悟到刚才吃多了酸的杨梅。我们知道这个，然而我们仍然爱它，我们仍须吃一个大饱。它真是世上最迷人的东西。

唉，唉，故乡的杨梅呵。

细雨如丝的时节，人家把它一船一船地载来，一担一担的挑来，我们一篮一篮的买了进来，挂一篮在檐口下，放一篮在水缸盖上，倒上一脸盆，用冷水一洗，一颗一颗的放进嘴里，一面还没有吃了，一面又早已从脸盆里拿起了一颗，一口气吃了一二十颗，有时来不及把它的核——吐出来，便一直吞进了肚里。

"生了虫呢……蛇吃过了呢……"母亲看见我们吃得快，吃得多，便这样的说了起来，要我们仔细的看一看，多多的洗一番。

但我们并不管这些，它成了我们的生命，我们越吃越快了。

"好吃，好吃，"我们心里这样想着，嘴里却没有余暇说话。待肚子胀上加胀，胀上加胀，眼看着一脸盆的杨梅吃得一颗也不留，这才呆笨地挺着肚子，走了开去，叹气似的嘘出一声"咳"来……

唉，可爱的故乡的杨梅呵。

一年，二年……我已有十六七年不曾尝到它的滋味了。偶而回到故乡，不是在严寒的冬天，便是在酷热的夏天，或者杨梅还未成熟，或者杨梅已经落完了。这中间，曾经有两次，在异地见到过杨梅，比故乡的小，比故乡的酸，颜色又不及故乡的红。我想回味过去，把它买了许多来。

"长在树上，有虫爬过，有蛇吃过呢……"

我现在成了大人，有了知识，爱惜自己的生命甚于杨梅了。我用沸滚的开水去细细的洗杨梅，觉得还不够消除那上面的微菌似的。

于是它不但更不像故乡的，简直不是杨梅了。我只尝了一二颗，便不再吃下去。

最后一次我终于在离故乡不远的地方见到了可爱的故乡的杨梅。

然而又因为我成了大人，有了知识，爱惜自己的生命甚于杨梅，偶然发现一条小虫，也就拒绝了回味的欢愉。

现在我的味觉也显然改变了，即使回到故乡，遇到细雨如丝的杨梅时节，即使并不害怕从前的那种吃法，我的舌头应该感觉不出从前的那种美味了，我的牙齿应该不能像从前似的能够容忍那酸性了。

唉，故乡离开我愈远了。

我们中间横着许多鸿沟。那不是千万里的山河的阻隔，那是……

唉，唉，我到底病了。我为什么要想到这些呢？

看呵，这眼前的如丝的细雨，不是若断若续的落在西北的春天里吗？

（鲁彦）

# 桂花雨

　　桂花开得最茂盛时，不说香闻十里，至少前后左右十几家邻居，没有不浸在桂花香里的。

　　桂花纷纷落下来，落得我们满头满身，我就喊："啊！真像下雨，好香的雨啊。"

　　中秋节前后，就是故乡的桂花季节。一提到桂花，那股子香味就仿佛闻到了。桂花有两种，月月开的称木樨，花朵较细小，呈淡黄色，台湾好像也有，我曾在走过人家围墙外时闻到这股香味，一闻到就会引起乡愁。另一种称金桂，只有秋天才开，花朵较大，呈金黄色。我家的大宅院中，前后两大片旷场，沿着围墙，种的全是金桂。惟有正屋大厅前的庭院中，种着两株木樨、两株绣球。还有父亲书房的廊檐下，是几盆茶花与木樨相间。

　　小时候，我对无论什么花，都不懂得欣赏。尽管父亲指指点点地告诉我，这是凌霄花，这是叮咚花、这是木碧花……我除了记些名称外，最喜欢的还是桂花。桂花树不像梅花那么有姿态，笨笨拙拙的，不开花时，只是满树茂密的叶子，开花季节也得仔细地从绿叶丛里找细花，它不与繁花斗艳。可是桂花的香气味，真是迷人。迷人的原因，是它不但可以闻，还可以吃。"吃花"在诗人看来是多么俗气？但我宁可俗，就是爱桂花。

　　桂花，真叫我魂牵梦萦。

　　故乡是近海县份，八月正是台风季节。母亲称之为"风水忌"。桂花一开放，母亲就开始担心了，"可别做风水啊。"（就是台风来的意思。）她担心的第一是将收成的稻谷，第二就是将收成的桂花。桂花也像桃梅李果，也有收成呢。母亲每天都要在前后院子走一遭，嘴里念着，"只要不做风水，我可以收几大箩，送一斗给胡宅老爷爷，一斗给毛宅二婶婆，他们两家糕饼做得多"。原来桂花是糕饼的香料。桂花开得最茂盛时，不说香闻十里，至少前后左右十几家邻居，没有不浸在桂花香里的。桂花成熟时，就应当"摇"，摇下来的桂花，朵朵完整、新鲜，如任它开过谢落在泥土里，尤其是被风雨吹落，那就湿漉漉的，香味差太多了。"摇桂花"对于我是件大事，所以老是盯着母亲问："妈，怎么还不摇桂花嘛？"母亲说："还早呢，没开足，摇不下来的。"可是母亲一看天空阴云密布，云脚长毛，就知道要"做风水"了，赶紧吩咐长工提前"摇桂花"，这下，我可乐了。帮着在桂花树下铺簸箕，帮着抱住桂花树使劲地摇，桂花纷纷落下来，落得我们满头满身，我就喊："啊！真像下雨，好香的雨啊。"母亲洗净双手，撮一撮桂花放在水晶盘中，送到佛堂供佛。父亲点上檀香，炉烟袅袅，两种香混和在一起，佛堂就像神仙世界。于是父亲诗兴发了，即时口占一绝："细细香风淡淡烟，竞收桂子庆丰年。儿童解得摇花乐，花雨缤纷入梦甜。"诗虽不见得高明，但在我心目中，父亲确实是才高八斗，出口成诗呢。

桂花摇落以后，全家动员，拣去小枝小叶，铺开在簸子里，晒上好几天太阳，晒干了，收在铁罐子里，和在茶叶中泡茶、做桂花卤，过年时做糕饼。全年，整个村庄，都沉浸在桂花香中。

念中学时到了杭州，杭州有一处名胜满觉垅，一座小小山坞，全是桂花，花开时那才是香闻十里。我们秋季远足，一定去满觉垅赏桂花。"赏花"是藉口，主要的是饱餐"桂花栗子羹"。因满觉垅除桂花以外，还有栗子。花季栗子正成熟，软软的新剥栗子，和着西湖白莲藕粉一起煮，面上撒几朵桂花，那股子雅淡清香是无论如何没有字眼形容的。即使不撒桂花也一样清香，因为栗子长在桂花丛中，本身就带有桂花香。

我们边走边摇，桂花飘落如雨，地上不见泥土，铺满桂花，踩在花上软绵绵的，心中有点不忍。这大概就是母亲说的"金沙铺地，西方极乐世界"吧。母亲一生辛劳，无怨无艾，就是因为她心中有一个金沙铺地、玻璃琉璃的西方极乐世界。

我回家时，总捧一大袋桂花回来给母亲，可是母亲常常说："杭州的桂花再香，还是比不得家乡旧宅院子里的金桂。"

于是我也想起了在故乡童年时代的"摇花乐"，和那阵阵的桂花雨。

（琦君）

# 碧云寺的秋色（节选）

多彩的秋林有它自己特别的情调和风格。夏日花园的美不代替它，也不概括它。

北京西山碧云寺是一个大寺院，又是一个大林子。在那些大小不等的院子里，都有树木或花草。那些树木，种类繁多，其中不少还是活上了几百岁的参天老干。寺的附近，那些高土和山岭上，树木也相当繁密。

我是中秋节那天搬到寺里来的，在那些繁茂的树丛中，还很少看到黄色的或红色的叶子。

半个月过去了。寺里有些树木渐渐开始在变换着颜色。石塔前的柿子树，院子里那些攀着石桥和假山的爬山虎，好像先得秋意似的，叶子慢慢地黄的黄、赤的赤了。可是，绿色的统治基本上还没有动摇。近日，情景突变。黄的、红的、赤的颜色触目都是。它来得是那么神速，将我那模糊的季节感惊醒了。

不论这里那里的爬山虎，都急速地换上新装。它们大都由绿变黄、变红、变丹、变赤………我们要找出整片的绿叶已经不很容易的了。罗汉堂前院子里靠北墙有株缠绕着大槐树的爬山虎，平日，我们没有注意到它跟槐树叶子的差别。几天来，可大不同了。槐树有一些叶子渐渐变黄，可全树还是绿沉沉的。而爬山虎的无数叶子，却由绿变黄、变赤，在树干上、树枝上鲜明地显出自己的艳丽。特别是在阳光的照射下，那些深红的、浅红的、金黄的、柑黄的叶子都闪着亮光，把大槐树反衬得美丽可爱了。

释迦牟尼佛殿前的两株梧桐，弥勒佛殿前的那些高耸的白果树，泉水院石桥边的那株黑枣树……它们全都披上黄袍了。中山纪念堂一株娑罗树的大部分叶子镶了黄边，堂阶下那株沿着老柏上升到高处的凌霄花树的叶子也大都变成咖啡色的了。

　　自然，那些高耸的老柏和松树还是比较保守的，尽管有很少的叶子已经变成了刀锈色，可是，它们身上那件墨绿袍子是不肯轻易褪下的。槐树的叶子，也改变得不踊跃。但是，不管怎样，现在，碧云寺的景色却成为多彩的了。多彩的秋林有它自己特别的情调和风格。夏日花园的美不代替它，也不概括它。

　　古代的诗人，多喜欢把秋天看作悲伤的季节。过去许多"悲秋"的诗篇或诗句，多半是提到"草木黄落"的景象的。其实，引起人们的伤感，并不一定是秋天固有的特性。从许多方面看，它倒是一个叫人感到愉快的时辰。所谓"春秋佳日"，决不是没有根据的一句赞语。

　　在夏天，草木的叶子绿油油的，这固然象征着生长、繁荣。但是，它到底不免单调些。到了秋天，尤其是到深秋，许多树木的叶子变色了，柿红的、朱红的、金黄的、古铜色的、赭色的，还有那半黄半绿或半黄半赤的……五颜十色，把山野打扮得像个盛装的姑娘。加以这时节天色是澄明的，气候是清爽的。你想想，这丰富的秋色将唤起人们怎样一种欢快的感情啊。

　　我们晓得古代诗人所以对秋风感喟，见黄叶伤情，是有一定的社会生活的原因的。诗人或因为同情人民的苦难，或因为伤悼个人遭逢的不幸……那种悲哀的心情，往往容易由某些自然现象的感触而发泄出来。即便如此，也并不是所有的诗人面对那些变了色的叶子都唉声叹气。"停车坐爱枫林晚，霜叶红于二月花"，明白地颂扬红叶的生机与美丽；"扁舟一棹归何处？家在江南黄叶村"，诗人对于江南秋色分明艳羡不已。此外，如像"红树青山好放船"、"半江红树卖鲈鱼"……这些美丽的诗句也都远离"满山红叶，尽是离人眼中血"那种饱含着哀伤的情调。大家知道，"现在"跟"过去"是对立的；但是，在历史的长河中，它们又有着一脉相联的源流。因此，即使是生活在旧时代里的诗人，对于某些事物也可以具有一定的正常感情。我们没有权力判定，过去一切诗人对于红叶和黄叶的美，都必然是色盲的。

　　　　　　　　　　　　　　　　　　　　　　　　　　　　（钟敬文）

# 五月的北平

北平的五月，那是一年里的黄金时代。任何树木，都发生了嫩绿的叶子，处处是绿荫满地。

能够代表东方建筑美的城市，在世界上，除了北平，恐怕难找第二处了。描写北平的文字，由国文到外国文，由元代到今日，那是太多了，要把这些文字抄写下来，随便也可以出百万言的专书。现在要说北平，那真是一部二十四史，无从说起。若写北平的人物，就以目前而论，由文艺到科学，由最崇高的学者到雕虫小技的绝世能手，这个城圈子里，也俯拾即是，要一一介绍，也是不可能。北平这个城，特别能吸收有学问、有技巧的人才，宁可在北平为静止得到生活无告的程度，他们不肯离开。不要名，也不要钱，就是这样穷困着下去。这实在是件怪事。你又叫我写哪一位才让圈子里的人过瘾呢？

静的不好写，动的也不好写，现在是五月，我们还是写点五月的眼前景物吧。北平的五月，那是一年里的黄金时代。任何树木，都发生了嫩绿的叶子，处处是绿荫满地。卖芍药花的担子，天天摆在十字街头。洋槐树开着其白如雪的花，在绿叶上一球球的顶着。街，人家院落里，随处可见。柳絮飘着雪花，在冷静的胡同里飞。枣树也开花了；在人家的白粉墙头，送出兰花的香味。北平春季多风，但到五月，风季就过去了（今年春季无风）。市民开始穿起夹衣，在不暖的阳光里走。北平的公园，既多又大。只要你有工夫，花不成其为数目的票价，亦可以在锦天铺地、雕栏玉砌的地方消磨一半天。

照着上面所谈，这范围还是太广，像看《四库全书》一样。虽然只成个提要，也觉得应接不暇。让我来缩小范围，只谈一个中人之家吧。北平的房子，大概都是四合院。这个院子，就可以雄视全国建筑。洋楼带花园，这是最令人羡慕的新式住房。可是在北平人看来，那太不算一回事了。北平所谓大宅门，哪家不是七八上下十个院子？哪个院子里不是花果扶疏？这且不谈，就是中产之家，除了大院一个，总还有一两个小院相配合。这些院子里，除了石榴树、金鱼缸，到了春深，家家由屋度过寒冬搬出来。而院子里的树木，如丁香、西府海棠、藤萝架、葡萄架、垂柳、洋槐、刺槐、枣树、榆树、山桃、珍珠梅、榆叶梅，也都成人家普通的栽植物，这时，都次第的开过花了。尤其槐树，不分大街小巷，不分何种人家，到处都栽着有。在五月里，你如登景山之巅，对北平作个鸟瞰，你就看到北平市房全参差在绿海里。这绿海大部分就是槐树造成的。

洋槐传到北平，似乎不出五十年，所以这类树，树木虽也有高到五六丈的，都是树干还不十分粗。刺槐却是北平的土产，树兜可以合抱，而树身高到十丈的，那也很是平常。洋槐是树叶子一绿就开花，正在五月，花是成球的开着，串子不长，远望有些像南方的白绣球。刺槐是七月开花，都是一串串有刺，像藤萝（南方叫紫藤）。不过是白色的而已。洋槐香浓，刺槐不大香，所以五月里草绿油油的季节，洋槐开花，最是凑趣。

在一个中等人家，正院子里可能就有一两株槐树，或者是一两株枣树。尤其是城北，枣树逐家都有，这是"早子"的谐音，取一个吉利。在五月里，下过一回雨，槐叶已在院子里着上一片绿荫。白色的洋槐花在绿枝上堆着雪球，太阳照着，非常的好看。枣子花是看不见的，淡绿色，和小叶的颜色同样，而且它又极小，只比芝麻大些，所以随便看不见。可是它那种兰蕙之香，在风停日午的时候，在月明如昼的时候，把满院子都浸润在幽静淡雅的境界。假使这人家有些盆景（必然有），石榴花开着火星样的红点，夹竹桃开着粉红的桃花瓣，在上下皆绿的环境中，这几点红色，娇艳绝伦。北平人又爱随地种草本的花籽，这时大小花秧全都在院子里拔地而出，一寸到几寸长的不等，全表示了欣欣向荣的样子。北平的屋子，对院子的一方面，照例下层是土墙，高二三尺，中层是大玻璃窗，玻璃大得像百货店的货商相等，上层才是花格活窗。桌子靠墙，总是在大玻璃窗下。主人翁若是读书伏案写字，一望玻璃窗外的绿色，映入眉宇，那实在是含有诗情画意的。而且这样的点缀，并不花费主人什么钱的。

北平这个地方，实在适宜于绿树的点缀，而绿树能亭亭如盖的，又莫过

于槐树。在东西长安街，故宫的黄瓦红墙，配上那一碧千株的槐林，简直就是一幅彩画。在古老的胡同里，四五株高槐，映带着平正的土路，低矮的粉墙。行人很少，在白天就觉得其意幽深，更无论月下了。在宽平的马路上，如南、北池子，如南、北长街，两边槐树整齐划一，连续不断，有三四里之长，远远望去，简直是一条绿街。在古庙门口，红色的墙，半圆的门，几株大槐树在庙外拥立，把低矮的庙整个罩在绿荫下，那情调是肃穆典雅的。在伟大的公署门口，槐树分立在广场两边，好像排列着伟大的仪仗，又加重了几分雄壮之气。太多了，我不能把她一一介绍出来，有人说五月的北平是碧槐的城市，那却是一点没有夸张。

当承平之时，北平人所谓"好年头儿"。在这个日子，也正是故都人士最悠闲舒适的日子。在绿荫满街的当儿，卖芍药花的平头车子整车的花蕾推了过去。卖冷食的担子，在幽静的胡同里叮当作响，敲着冰盏儿，这很表示这里一切的安定与闲静。渤海来的海味，如黄花鱼、对虾，放在冰块上卖，已是别有风趣。又如乳油杨梅、蜜饯樱桃、藤萝饼、玫瑰糕，吃起来还带些诗意。公园里绿叶如盖，三海中水碧如油，随处都是令人享受的地方。但是这一些，我不能、也不愿往下写。现在，这里是邻近炮火边沿，南方人来说这里是第一线了。北方人吃的面粉，三百多万元一袋；南方人吃的米，卖八万多元一斤。穷人固然是朝不保夕，中产之家虽改吃糙粉度日，也不知道这糙粮允许吃多久。街上的槐树虽然还是碧净如前，但已失去了一切悠闲的点缀。人家院子里，虽是不花钱的庭树，还依然送了绿荫来，这绿荫在人家不是幽丽，乃是凄凄惨惨的象征。谁实为之？孰令致之？我们也就无从问人。《阿房宫赋》前段写得那样富丽，后面接着是一叹："秦人不自哀！"现在的北平人，倒不是不自哀，其如他们衷亦无益何！

好一座富于东方美的大城市呀，他整个儿在战栗！好一座千年文化的结晶呀，他不断的在枯萎！呼吁于上天，上天无言；呼吁于人类，人类摇头。其奈之何！

（张恨水）

# 五月的青岛

　　看一眼路旁的绿叶，再看一眼海，真的，这才明白了什么叫做"春深似海"。

　　因为青岛的节气晚，所以樱花照例是在四月下旬才能盛开。樱花一开，青岛的风雾也挡不住草木的生长了。海棠，丁香，桃，梨，苹果，藤萝，杜鹃，都争着开放，墙角路边也都有了嫩绿的叶儿。五月的岛上，到处花香，一清早便听见卖花声。公园里自然无须说了，小蝴蝶花与桂竹香们都在绿草地上用它们娇艳的颜色结成十字，或绣成儿团；那短短的绿树篱上也开着一层白花，似绿枝上挂了一层春雪。就是路上两旁的人家也少不得有些花草：围墙既矮，藤萝往往顺着墙把花穗儿悬在院外，散出一街的香气：那双樱，丁香，都能在墙外看到，双樱的明艳与丁香的素丽，真是足以使人眼明神爽。

　　山上有了绿色，嫩绿，所以把松柏们比得发黑了一些。谷中不但填满了绿色，而且颇有些野花，有一种似紫荆而色儿略略发蓝的，折来很好插瓶。

　　青岛的人怎能忘下海呢，不过，说也奇怪，五月的海就仿佛特别的绿，特别的可爱，也许是因为人们心里痛快吧？看一眼路旁的绿叶，再看一眼海，真的，这才明白了什么叫做"春深似海"。绿，鲜绿，浅绿，深绿，黄绿，灰绿，各种的绿色，联接着，交错着，变化着，波动着，一直绿到天边，绿到山脚，绿到渔帆的外边去。风不凉，浪不高，船缓缓的走，燕低低的飞，街上的花香与海上的咸味混到一处，浪漾在空中，水在面前，而绿意无限，可不是，春深似海！欢喜，要狂歌，要跳入水中去，可是只能默默无言，心好像飞到天边上那将将能看到的小岛上去，一闭眼仿佛还看见一些桃花。人面桃花相映红，必定是在那小岛上。

　　这时候，遇上风与雾便还须穿上棉衣，可是有一天忽然响晴，夹衣就正合适。但无论怎说吧，人们反正都放了心——不会大冷了，不会。妇女们最先知道

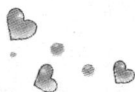

这个，早早的就穿出利落的新装，而且决定不再脱下去。海岸上，微风吹动少女们的发与衣，何必再会到电影园中找那有画意的景儿呢！这里是初春浅夏的合响，风里带着春寒，而花草山水又似初夏，意在春而景如夏，姑娘们总先走一步，迎上前去，跟花们竞争一下，女性的伟大几乎不是颓废诗人所能明白的。

人似乎随着花草都复活了，学生们特别的忙：换制服，开运动会，到崂山丹山旅行，服劳役。本地的学生忙，别处的学生也来参观，几个，几十，几百，打着旗子来了，又成着队走开，男的，女的，先生，学生，都累得满头是汗，而仍不住的向那大海丢眼。学生以外，该数小孩最快活，笨重的衣服脱去，可以到公园跑跑了；一冬天不见猴子了，现在又带着花生去喂猴子，看鹿。拾花瓣，在草地上打滚；妈妈说了，过几天还有大红樱桃吃呢！

马车都新油饰过，马虽依然清瘦，而车辆体面了许多，好做一夏天的买卖呀。新油过的马车穿过街心，那专做夏天的生意的咖啡馆，酒馆，旅社，饮冰室，也找来油漆匠，扫去灰尘，油饰一新。油漆匠在交手上忙，路旁也增多了由各处来的舞女。预备呀，忙碌呀，都红着眼等着那避暑的外国战舰与各处的阔人。多咱浴场上有了人影与小艇，生意便比花草还茂盛呀。到那时候，青岛几乎不属于青岛的人了，谁的钱多谁更威风，汽车的眼是不会看山水的。

那么，且让我们自己尽量的欣赏五月的青岛吧！

（老舍）

# 天山景物记

蓝天衬着高矗的巨大的雪峰，在太阳下，几块白云在雪峰间投下云影，就像白缎上绣上了几朵银灰的暗花。

朋友，你到过天山吗？天山是我们祖国西北边疆的一条大山脉，连绵几千里，横亘准噶尔盆地和塔里木盆地之间，把广阔的新疆分为南北两半。远望天山，美丽多姿，那长年积雪高插云霄的群峰，像集体起舞时的维吾尔族少女的珠冠，银光闪闪；那富于色彩的连绵不断的山峦，像孔雀开屏，艳丽迷人。

天山不仅给人一种稀有美丽的感觉而且更给人一种无限温柔的感情。它有丰饶的水草，有绿发似的森林。当它披着薄薄云纱的时候，它象少女似的含羞；当它被阳光照耀得非常明朗的时候，又像年轻母亲饱满的胸膛。人们会同时用两种甜蜜的感情交织着去爱它，既像婴儿喜爱母亲的怀抱，又像男子依偎自己的恋人。

如果你愿意，我陪你进天山去看一看。

# 雪峰·溪流·森林

七月间新疆的戈壁滩炎暑逼人，这时最理想的是骑马上天山。新疆北部的伊犁和南部的焉耆都出产良马，不论伊犁的哈萨克马或者焉耆的蒙古马，骑上它爬山就像走平川，又快又稳。

进入天山，戈壁滩上的炎暑就远远地被撇在后边，迎面送来的雪山寒气，立刻会使你感到像秋天似的凉爽。蓝天衬着高耸的巨大的雪峰，在太阳下，几块白云在雪峰间投下云影，就像白缎上绣上了几朵银灰的暗花。那融化的雪水，从峭壁断崖上飞泻下来，像千百条闪耀的银链。这飞泻下来的雪水，在山脚汇成冲激的溪流，浪花往上抛，形成千万朵盛开的白莲。可是每到水势缓慢的洄水涡，却有鱼儿在跳跃。当这个时候，饮马溪边，你坐在马鞍上，就可以俯视那阳光透射到的清澈的水底，在五彩斑斓的水石间，鱼群闪闪的磷光映着雪水清流，给寂静的天山添上了无限的生机。

再往里走，天山越来越显得越优美，沿着白皑皑群峰的雪线以下，是蜿蜒无尽的翠绿的原始森林，密密的塔松像撑天的巨伞，重重叠叠的枝丫，只漏下斑斑点点细碎的日影，骑马穿行林中，只听见马蹄溅起漫流在岩石上的水的声音，增添了密林的幽静。在这林海深处，连鸟雀也少飞来，只偶然能听到远处的几声鸟鸣。如果你下马坐在一块岩石上吸烟休息，虽然

林外是阳光灿烂，而在遮去了天日的密林却闪耀着你烟头的红火光。从偶然发现的一棵两棵烧焦的枯树看来，这里也许来过辛勤的猎人，在午夜中他们生火宿过营，烧过猎获的野味。这天山有的是成群的野羊、草鹿、野牛、和野骆驼。

如果说进到天山这里还像是秋天，那么再往里走就像是春天了。山色逐渐变得柔嫩，山形也逐渐变得柔和，很有一伸手就可以触摸到凝脂似的感觉。这里溪流缓慢，萦绕着每一个山脚，在轻轻荡漾着的溪流两岸，满是高过马头的野花，红、黄、白、紫，五彩缤纷，像织不完的织锦那么绵延，像天边的彩霞那么耀眼，像高空的长虹那么绚烂。这密密层层成丈高的野花，朵儿赛八寸的玛瑙盘马走在花海中，显得格外矫健，人浮在花海上，也显得格外精神。在马上你用不着离鞍，只要稍为伸手就可以满怀捧到你最心爱的大鲜花。

虽然天山这时并不是春天，但是有哪一个春天的花园能比得过这时天山的无边繁花呢？

# 迷人的夏季牧场

就在雪的群峰的围绕中，一片奇丽的千里牧场就展现在你的眼前。墨绿的原始森林和鲜艳的野花，给这辽阔的千里牧场镶上了双重富丽的花边。千里牧场上长着一色青翠的酥油草，清清的溪水齐着两岸的草丛在漫流。草原是这样无边的平展，就象风平浪静的海洋。在太阳下，那点点水泡似的蒙古包在闪烁着白光。当你策马在这千里草原上弛骋的时候，处处都可见千百成群肥壮的羊群、马群和牛群。他们吃了含有乳汁的酥油草，毛色格外发亮，好象每一根毛尖都冒着油星。特别是那些被碧绿的草原衬托得十分清楚的黄牛、花牛、白羊、红羊，在太阳下就像绣在绿色缎面上的彩色图案一样美。

有的时候，风从牧群中间送过来银铃似的丁当声，那是哈萨克牧女们坠满衣角的银饰在风中击响。牧女们骑着骏马，健美的身姿映衬在蓝天、雪山和绿草之间。她们欢笑着跟着嬉逐的马群驰骋，而每当停下来，就骑马轻轻地挥动着牧鞭歌唱她们的爱情。

这雪峰、绿林、繁花围绕着的天山干果牧场，位置在海拔两三千米以上。每当一片乌云飞来，云脚总是扫着草原，洒下阵雨，牧群在云雨中出没，加浓了云意，很难分辨得出哪是云头哪是牧群。而当阵雨过后，雨洗后的草原就变得更加清新碧绿，远看像块巨大的蓝宝石，近看那缀满草尖的水珠，却又像数不清的金刚钻。

特别诱人的是牧场的黄昏，落日映红周围的雪峰，像云霞那么灿烂；雪峰的红光映射到这辽阔的牧场上，形成了一个金碧辉煌的世界，蒙古包、牧群和牧女们，都镀上了一色的玫瑰红，当落日沉没，周围雪峰的红光逐级消褪，银灰色的暮霭笼罩着草原的时候，你就看见无数点点的红火光，那是牧民们在烧起铜壶准备晚餐。

你不用客气，任何一个蒙古包都是你的温暖的家，只要你朝火光的地方走去，不论走进哪一家的蒙古包，好客的哈萨克牧民都会像对待亲兄弟似的热情地接待你。渴了你可以先喝一盆马奶，饿了有烤羊排，有酸奶疙瘩，有酥油饼，你可以一如哈萨克牧民那样豪情地狂饮大嚼。

当家家蒙古包的吊壶三脚下的野牛粪只剩下一片片红火烬的时候，夜风就会送来东不拉的弦音和哈萨克牧女们婉转嘹亮的歌声。这是十家八家聚居在一处的牧民们齐集到一家比较大的蒙古包里，欢度一天最后的幸福时辰。

过后，整个草原沉浸在夜静中。如果这时你披上一件皮衣走出蒙古包，在月光下或者繁星下，你就可以朦胧地看见牧群在夜的草原上轻轻地游荡，夜的草原是那么宁静而安详，只有漫流的溪水声引起你对这大自然的遐思。

## 野马·蘑菇圈·旱獭·雪莲

夜牧中，草原在繁星的闪烁下或者在月光的披照中，该发生多少动人的情景，但人们却在安静的睡眠中疏忽过去了；只有当黎明来到这草原上，人们才会发现自己的马群里的马匹在一夜间忽然变多了，而当人们怀着惊喜的

心情走拢去，马匹立刻就分为两群，其中一群会立刻奔腾离你远去，那长长的鬣鬃在黎明淡青的天光下，就像许多飘曳的缎幅。这个时候，你才知道那是一群野马。它们由几匹最骠壮的公野马领群，机警善跑，游走无定，夜间混入牧群。它们对许多牧马都熟悉，相见彼此用鼻子对闻，彼此用头亲热地摩擦，然后就合群在一起吃草、嬉逐。黎明，当牧民们走出蒙古包，就是它们分群的一刻。公野马总是掩护着母野马和野马驹远离人们。当野马群远离人们站定的时候，在日出的草原上，还可以看见屹立护群的公野马的长鬣鬃，那鬣鬃一直披垂到膝下，闪着美丽的光泽。日出后的草原千里通明，这时最便于去发现蘑菇。天山蘑菇又大又肥厚，鲜嫩无比。这个时候你只要立马了望，便可以发现一些特别翠绿的圆点子，那就是蘑菇圈。你朝它马前去，就很容易在这三四丈宽的一圈沁绿的酥油草丛里，发现像夏天夜空里的繁星似的蘑菇。眼看着这许许多多雪白的蘑菇隐藏在碧绿的草丛中，谁都会动心。一只手忙不过来，你自然会用双手去采，身上的口袋装不完，你自然会添上你的帽子、甚至马靴去装。第一次采到这么多新鲜的蘑菇，对一个远来的客人是一桩最快乐的事。你把鲜蘑菇在溪水里洗净，不要油，不要盐，光是白煮来吃就有一种特别鲜甜的滋味，如果你再加上一条野羊腿，那就又鲜甜又浓香。

天山上奇珍异品很多，我们知道水獭是生活在水滨和水里的，而天山上却生长着旱獭。在牧场边缘的山脚下，你随处都可以看见一个个洞穴，这就是旱獭居住的地方。从九十月大雪封山，到第二年四五月冰消雪化，旱獭要整整在它们的洞穴里冬封半年。只有到了夏至后，发青的酥油草才把它们养得胖敦敦，圆滚滚。这时它们的毛色麻黄发亮，肚子拖着地面，短短的四条腿行走迟缓，正可以大量捕捉。

另一种奇珍异品是雪莲。如果你从山脚往上爬，超越天山雪线以上，就可以看见青凛凛的雪的寒光中挺立着一朵朵玉琢似的雪莲，这习惯于生长在奇寒环境中的雪莲，根部扎入岩隙间，汲取着雪水，承受着雪光，洁白晶莹。柔静多姿，这生长在人迹罕到的海拔几千公尺以上的灵花异草，据说是稀世之宝——一种很难求得的妇女良药。

# 天然湖与果子沟

在天山峰峦的高处，常常出现有巨大的天然湖。湖面平静，水清见底，高空的白云和四周的雪峰清晰地倒影水中，把湖山天影融为晶莹的一体。在这幽静的湖中，唯一活动的东西就是天鹅。天鹅的洁白增添了湖水的明净，天鹅的叫声增添了湖面的幽静。人家说山色多变，而事实上湖色也是多变，如果你再留意一看，接近你的视线的是鳞光闪闪，想千万条银鱼在游动，而远处平展如镜，没有一点纤尘或者没有一根游丝的侵扰。湖色越远越深，由近到远，是银白、淡蓝、深青、墨绿，界线非常分明。传说中有这么一个湖是古代一个不幸的哈萨克少女滴下的眼泪，湖色的多变正是象征着那个古代少女的万种哀愁。

就在这个湖边，传说中的少女的后代子孙们现在已在放牧着羊群。湖水滋润着湖边的青草，青草喂胖了羊群，羊奶哺育着少女的后代子孙。这象征着哈萨克族不幸的湖，今天已经变为实际的幸福湖。

山高爽朗，湖边清净，日里披满阳光，夜里缀满星辰，牧民们的蒙古包随着羊群环湖周游，他们的羊群一年年繁殖，他们弹琴歌唱自己的幸福生活。

高山的雪水汇入湖中，又从像被一刀劈开的峡谷岩石间，泻落到千丈以下的山涧里去，水从悬崖上像条飞练似的泻下，即使站在十几里外的山头上，也能看见那飞练的白光。如果你走到悬崖跟前，脚下就会受到一种惊心动魄的震撼。俯视水练冲泻到深谷的涧石上，溅起密密的的飞沫，在月光的阳光中，形成蒙蒙的瑰丽的彩色水雾。就在急湍的涧流边，绿色的深谷里也散布着一顶顶牧民的蒙古包，像对洗的玉石那么洁白。

如果你顺着弯弯曲曲的涧流走，沿途汇入千百泉流就逐渐形成溪流，然后沿途再汇入涧流和溪流，就形成河流奔腾出天山。

就在这种深山野谷的溪流边，往往有着果树夹岸的野果子沟。春天繁花开遍峡谷，秋天果实压满山腰。每当花红果熟，正是鸟雀野兽的乐园。这种野果子沟往往不为人们所发现。其中有这么一条野果子沟，沟里长满野苹果，连绵五百里。春天，五百里的苹果开花无人知，秋天，五百里成熟累累的苹

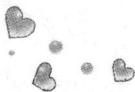

果无人采。老苹果树凋枯了，更多的新苹果树苗长起来。多少年来，这条长沟堆满了几丈厚的野苹果泥。

现在，已经有人发现了这条野苹果沟，开始在沟里开辟猪场，用野苹果来养育成群的乌克兰大白猪，而且有人已经开始计划在沟里建立酿酒厂，把野苹果酿造成大量芬芳的美酒，让这大自然的珍品化成人们的营养，增进人们的健康。

朋友，天山的丰美景物何止这些，天山绵延八千里，不论高山、深谷，不论草原、湖泊，不论森林、河流，处处都有丰饶的物品，处处都有奇丽的美景，你要我说我可真的说不完，如果哪一天你有豪情去游天山，临行前别忘了通知我一声，也许我可以给你当一个不很出色的向导。不过当向导在我只是一个漂亮的借口，其实我私心里也很想找个机会去重游天山。

（碧野）

# 山湖草原

在这八朋的高原上，远望起来，一边是金色的天地，一边是绿色的天地，绘成了一幅奇观的画面。

夜幕里，西宁仍然酣睡着。

这正是黎明前的时刻，天特别黑暗，我和旅伴们互相呼应着，黑摸摸地攀上了卡车，出发了。

可爱的司机，他把车打得特别亮，虽然，车里是黑糊糊的，可是，我们有着这一道明亮的灯光，心里就觉得舒畅多了。

车灯划出了一条银色的道路。我们看得见前进的方向，听得见白杨的细语声。呵，高原的白杨，你难道没有睡眠吗？你这么早醒来，就在低唱，莫非喜欢远征的司机和旅客们？你这么早醒来，就在低吟，莫非召唤着黎明，以在黎明升起的时候，唱起更豪壮的歌？

处在黎明的前夜，倾听着白杨的细语声，我的心里涌起了一阵海潮。这已经多久多久了，我总算怀着渴望，今天就要踏进柴达木盆地了。我晓得，这时候，车灯向前探索的道路，是一条充满着美丽、奇趣和英雄的道路。可是，为什么当黎明在高原的天际升起的时候，我的眼睛觉得潮湿，我在想望些什么，希冀些什么？这不是祖国的黎明吗，多好的高原的黎明呵！

黎明迎着高原的寒风来到了。

黎明沿着青藏公路奔走着。黎明披着曙色彩衣，迈开了大步，唤醒了雄鹰、雀鸟，唤醒了高山、大地。于是，高原的一切昂起了头，活跃起来了。

八月，高原的麦子黄了，菜子花儿开了，青稞随着晨风，掀起一条条波纹，向远山飘然而去。在曙色里，高原是一个金黄的天地。

卡车冲着晨风驶行着。

旅伴们在清爽的早晨，精神焕发，挤在一起，开始了询问、谈乐。这一行旅伴，多色多样，有穿着虎皮贴边的紫红色皮衣的藏族兄弟，有戴着白帽穿着黑色长袍的回族兄弟。这几个淳朴的农民，是到察汉乌苏农场去的，这几个身强力壮的工匠，是到茶卡做木工活的；这里有盐的、掏炭的、修路的和放牧的，这里有到噶尔穆、大柴旦、茫崖和昆仑山去的……。这里，不要太多的询问，除了四个回拉萨的藏民，大伙都是到柴达木盆地去的，只是工作岗位不同而已。和这些旅伴们在一起，我觉得格外贴近。

太阳出来了。天气变暖和了。

我们的卡车驶过了湟源县城，向海藏咽喉——日月山奔去了。

这是一座真正巍峨、峻峭的山，多么难以攀登的山呵！向上爬，险要极了。大山腰间，车子好象直立起来似的，头朝着天，鼓着全身的力气，一面吼叫着，一面向上冲去。从下到上，大约有一个多钟头，车子才爬上了山顶。

我看见，山顶路边上，竖立着一根长方形的石碑，上面刻着三个红色大字：日月山。呵，日月山，多么雄壮眩目的名字！抬头望去天空湛蓝、低矮，

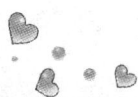

给人以奇异和压抑的感觉。而飘浮在山顶上的白去好象一条条银色的小河，又好象一团团纯白的花朵，只要伸出后去就可以摘过来似的。一座峻峭、奇特的山，真不愧日月山的称号。

日月山是海藏咽喉，又是农牧区的分水线。向东看，眼前是农舍、湟水、麦田、青稞和菜子花；向西看，眼前是崇山峻岭，是绿色一片，是茫茫无边的草原。在这八朋的高原上，远望起来，一边是金色的天地，一边是绿色的天地，绘成了一幅奇观的画面。千百年来，青藏高原上的各族人民，就在日月山上出入；就在日月山两面，以不同的生活方式，耕田种地，打猎放牧，和大自然进行着斗争，创造着财富、奇迹。千百年来，这日月山上曾经走过了多少虔诚的教徒、喇嘛和善舞的各族男女，曾流传着多少英雄的故事和美丽的传说呢。

日月山上有着唐朝文成公主的传说。人们说，她接受了西藏王子的婚约，从长安乘轿出嫁，西行千里，来到这座山。她在这峻峭难行的山上，看见太阳和长安的不一样，月亮也和长安的不一样，引起了无限相思。于是，唐太宗为给女儿消愁，特意铸造了一轮金日，一轮金月，送上了此山
……

这时候，卡车翻过了山顶，向山下走去转回头，再看看日月山，仿佛它昂起了头面，正在和蓝天攀谈着什么；一阵，它又好象乘坐着白云，在天空中遨游。在这种绮丽的山景里，人们自然会想起家乡，家乡的山和这里的山是不同的。人们也自然会称赞不已，为这座山想象着动听的传说了。

下山路，曲转漫长。不知拐了多少弯，才下去了。

山下，有一条小河，叫做倒淌河。一般河水都是从西向东流的，这条河水却是茫茫向西流的。据说，文成公主从日月山下来的时候，换下坐轿，改乘坐骑，向西走去了。她看见前面是荒山旷野，是茫茫无边的草原，觉得凄凉，孤寂，又引起了无限怀念，哭了。她的哭声感动了天雨，唤起了小河的共鸣。于是，河水倒流了，顺着公主西行的方向流了。又有人说，倒淌河的水是公主的眼泪汇成的呢。

唐代，文成公主出嫁西藏的路，确实是艰难，荒凉的，她在草原上落泪，

也是自然的。但是，现在，山上有路，草原上有路，通往西藏的路，又宽大，又抄近。一队一队的载重卡车，把各族人民寄托在传说里的幸福和幻想运来了，送到身边来了。日月山上出现了新的修筑公路的英雄故事，倒淌河畔出现了草原上第一座小市镇。这里有旅舍、食堂、商店，过路的藏族旅客，把牦牛放入草地，在这里憩在这里憩憩脚吧。过路的地质勘探者，在进盆地以前，也在这里用碗热饭吧。

河水仍然倒流着，可是生活却向西面无限而又豪迈地行进了。

我们在倒淌河憩了一会，又向前走了。

眼前，展开一片草原，一片辽阔健美的草原！

在绿色的大地上，绿色的风浪里，这边是一群棕黑色的牦牛，一个黑红色脸面的老人，骑在牦牛背上，一晃一晃，悠闲地走着。这边是一群灰白色和枣红色的马儿。一个戴着毡帽的小伙，又英俊、又威武、一阵，他高叫了几声。一阵，他又拍起马向马群冲去了。向前走，又遇上了一大群羊儿，它们活蹦乱跳，调皮得很；一只羊儿咬住一根草，不住地扇动着耳朵，还不停地摇摆着尾巴。一个穿着花边长袍的牧羊姑娘，看起来黑壮，潇洒，甩着又粗又长的发辫，挥着手中的鞭子；她把微笑投向了羊群，又拉开了嗓子，把柔情的青海"花儿"送上了草原的上空。

草原向前伸展着，牧关姑娘的歌声在上面荡漾着。多么辽阔的草原，多么迷人的草原呵！

沿着草原驶行，人的心情再舒畅不过了。

这时候，蓦然，草原的西北方向，浮现起一条拱形的光带，仿佛晴空里突然飞过来一道闪电似的。

旅伴们嚷叫起来了："青海湖，青海湖呀！"

那个腰里别着金色腰刀的藏族青年，快乐得扯下黑礼帽扬着，又伸长脖子，出人意外地高喊起来："嘎——来来来——"他是在向青海湖致敬呵！

青海湖穿行在草原上，闪着碧绿的光彩。她微微地漾溢着，闪动着，好象草原上升起了一支碧绿的竖琴。那一个接一个的纤细的波纹，不是竖琴上的弦丝吗？她伴随着微风，又好象送过来了一阵抒情的动人心怀的乐曲。

卡车，你怎么跑得缓慢了？快些吧，快些送我们到青海湖边去吧。当车子刚在大喇嘛河站停稳的时候，人们就跳了下来，不约而同地向青海湖跑去了。

我跑着，在野花丛生的草地上跑着。

我来到青海湖畔了。

刚才，远山眺望，青海湖是那样地轻波、细流，那样地温柔、多姿。现在，湖畔观望，她却鼓动着丰满的胸膛，以神异的力量，掀起了碧波大浪，排上天空，拍击着湖岸。她发出了激昂的歌声，好象有着无穷的热情，任性地向草原倾泻，向天空抛洒！

一群水鸭子飞过来了，它们仿佛是湖的宠儿，扑打着翅膀，嬉戏着浪花，亲着湖面，然后又在湖空翱翔。雄鹰，一个个雄鹰，它们伫立在湖畔岩石上，威严地凝视着什么。当人们在湖畔走过的时候，它们就扇起了大翅，从人们的头上掠过，然后又转动着威胁的眼睛，噘起钩形的尖嘴，在湖空盘旋。呵，雄鹰，多么森严的青海湖的守护者呵！

青海湖是高原上一个巨大的湖泊，驰名的湖泊，青海以她命名。千百年来，她被人们称颂着，是人们欢乐、理想、幸福和美的化身。我想起了《西宁府新志》的一些记述：人们称青海湖为"仙海"。据载："海面七百余里，为众水会归之所，故海岸东西南北皆有水泉，厥草丰美，宜畜牧，索号乐土。……"湖中央，有一座"海心山"，又称"龙驹岛"，据载："每科冰合后，以良牝马置此山，至来春收之，马皆有孕，所生之驹，号为龙种，必多骏异。……"多么神秘、美丽的记载。

这里盛产闻名的"青海冰鱼"。每冬冰合后，渔民在冰湖上打洞穿孔，借着月亮星光，打起灯笼，燃起篝火，鱼儿就成群结队地游来，踊跃地从洞孔跳上来，捉吧，捕吧，可多哩！人们说，"青海冰鱼"在青藏高原和柴达木盆地，销路好极了。但是，自唐以来，青海湖曾经是封建统治阶级和吐番部族的争夺地，湖畔洒下了无数鲜血，埋下了无数白骨。伟大诗人杜甫写下了这样凄惨的诗句："君不见青海头，古来白骨无人收，新鬼烦冤旧鬼哭，天阴雨湿声啾啾。"

这时候，青海湖在高原上欢腾着。看看吧。青海湖脚立在草原上，扬头吻着蔚蓝的天，显出一种多么豪放美丽的风姿。她好象伸出了强大的手臂，一只手托起蓝天、白云、高山；一只手牵着草原和牛儿、马儿、羊儿。千百年来，在她的胸怀里，抚育了多少子孙后代，多少英雄儿女？草原多么葱绿，茂盛；牲灵多么繁荣，健美。青海湖，母亲般的青海湖呵！

我又回望着草原。两只牦牛窝着头，正在舞着犄角斗架。一只羊羔跪在母羊脚下，正在一拱一拱地吃奶。那个戴着毡帽的牧发辫的牧羊姑娘，她再次挥起鞭子，拉长了嗓子，唱起来了，好象她有永远唱不完的歌似的。这是爱情的歌，还是赞美山湖的歌？随着她的歌声，那个小伙子拉住了马，白云低头了，鸟儿飞来了，山湖微笑了。

呵，生活是这样的豪迈，这样的美好，为什么不歌唱呢！

我歌唱高原上的山、湖、草原。

我歌唱高原上朴实、勤劳、强悍的人民。

让过路的旅客们，让开垦柴达木盆地人们，从山、湖、草原汲取力量，更好地创造生活吧！

我不能再停留了，青海湖呵，前面，还有着更豪壮的生活等待着我。

我双手掬起湖水，饱尝了一口，向西行进了。

（李若冰）

# 第四辑　岁月如海，友情如歌

生命中的感动牵系在朋友的情谊中，心灵间的思念牵挂在朋友的情谊中，淡淡的想念起是朋友的你，淡淡的牵挂起是朋友的你，淡淡的温暖将友情的灯光点亮，温馨地照耀这人生的旅途，拥有朋友的人生不再孤单，拥有友情的生命不在孤独，拥有情谊的生活不在寂寞。

# 好朋友是一种别样的温柔

即使没有了将来，可是只要我们拥有了朋友，那又有何惧呢？

至少，我们拥有了朋友以及与朋友一起走过的岁月。

总觉得，有朋友，有了朋友的爱，有了对朋友的爱，该是件十分温柔的事情，有的时候，在灯下念书，会走神，想起一个又一个的朋友，想起许许多多共同经历的事，那种温柔会立刻包围你。希望在一个深夜里，让你迷醉，让你欣慰，让你为之感到快乐。

也许，朋友本不该有那么重要的，可是，朋友又的确那么重要。因为：我们的在生命里，或许，我们可以没有感动，没有胜利，没有其他的东西，但，不能没有的是朋友。

朋友是什么呢？

是可以一起打着伞在雨中漫步；是可以一起骑了车在路上飞驰；是可以一起沉溺于球馆、酒吧；是可以一起徘徊于商店、街头；朋友是有悲伤一起哭，有欢乐一起笑，有比赛一起打，有好歌一起听……

朋友是常常想起，是把关怀放在心里，把关注盛在眼底；朋友是相伴走过一段又一段的人生，携手共度一个又一个黄昏；是可以同甘共苦也可以风雨同舟，朋友是想起时平添喜悦，忆及时更多温柔。

朋友如醇酒，味浓而易醉；朋友如花香，芬芳而淡雅；朋友是秋天的雨，细腻又满怀诗意；朋友是十二月的梅，纯洁又傲然挺立。

朋友不是画，可它比画更绚丽；朋友不是歌，可它比歌更动听；朋友应该是诗？有诗的飘逸；朋友应该是梦？有梦的美丽；朋友更应该是那意味深长的散文，写过昨天又期待未来。

朋友，是一种别样的温柔。

朋友的美不在来日方长；朋友最真是瞬间的永恒、相知的刹那。

朋友的可贵不是因为曾一同走过的岁月，朋友最难得是分别以后依然会时时想起，依然能记得：你，是我的朋友。

朋友，是一种温柔，一种别样的温柔。

有朋友的日子里总是阳光灿烂，花朵鲜艳，有朋友的岁月里，心情的天空就不再飘雨，心就不再润湿，有朋友的时候才发现自己已经拥有了一切。我们可以失去很多，但不能失去的是朋友。

朋友不是一段永恒，朋友也只是生命中的一个过客，但是，会因为随着缘起缘灭而使我们的生命变得美丽起来。

即使没有了将来，可是只要我们拥有了朋友，那又有何惧呢？至少，我们拥有了朋友以及与朋友一起走过的岁月。

有的时候，残缺是一种美，距离也是一种美。

朋友之间并不是说要没有秘密，其实，朋友之间要的只是坦诚相待，朋友之间也不必把什么都算得很清楚，否则，又怎么能算是朋友呢？

朋友的相处，不必暮暮朝朝，如澧如饴，朋友之真，是在相视一笑时的心意相通，我们也并不必期望朋友能彻底的了解你，理解你，只要我们都能记住"这是我的朋友"就好。

朋友的定义很狭窄也很广泛，只看你如何看待。

朋友之真，就是一份自私的情感，就是可以为之心痛，为之心碎。朋友之间的情感有如亲情又有如爱情。

朋友是世界上最美丽的名词之一。

并不是每个人都希望能功成名就，但是每个人都希望能有朋友。

（佚名）

# 我很快乐，因为有你

在同学们的毕业留言簿上，程雯为每一个同学都写下一句相同的话：能与你们同学，是我今生最快乐的事。

在高三的毕业晚会上，我担任晚会的主持。晚会上，我们出了一个很浪漫和诗意的节目，每个同学都在纸条上写下自己最喜欢的一个同学的名字，并写出喜欢他的理由。当然是不用署名的，否则会让彼此感觉尴尬，然后由我当众宣读。

这个提议让大家格外兴奋，这也许是最后一个说出埋藏在心底秘密的机会了。同时，大家也很想知道，自己是否也被人悄悄地关注并喜欢着。我看到，在五彩的灯光下，同学们的脸上都洋溢着青春的激情和焦灼的期待。很快地，纸条便收集到了我手中，当我开始读出它们时，全场顿时沉静下来，大家的眼睛都紧盯着我，眼里写满了紧张与不安。随着我念出那些名字和那些与之有关的温情脉脉的文字，全场人的目光便都会聚焦到被念到名字的同学身上。而那个幸运的同学，则会略带羞涩地，不自然地微笑着，有点不知所措，但我们都可以看到，他脸上掩饰不住的骄傲和喜悦。随着纸条一张张念下去，教室里荡漾起一种温馨又明媚的气息。

在我即将念完最后几张纸条时，我发现，几乎班上所有同学的名字都被提及了，但没有我的同桌——那个模样平常、学习平平、性格孤僻的女孩——程雯的名字，她这样的女孩子，是很容易被人忽略和淡忘的。此时，我看见她正把头埋得低低的，或许这个节目使她感到非常难堪。我突然涌起一种怜惜的感觉。

就在那一刻，我做出了一个决定，我要帮帮她！我拿出一张纸条——上面当然不是程雯的名字，但我却一本正经地念出了程雯的名字，并编了一个关于喜欢她的理由——我喜欢程雯，也许，你不知道你的美，其实，你沉默和文静的样子，是女孩子另一种味道的美。这非常出乎大家的意料，大家的目光一下子就转移到了程雯的身上，程雯更是没想到我会念出她的名字，她慌张地抬起头，惊讶地望着我，像是在问，这是真的吗？我微笑着向她点点头。我的可爱的同学们，居然一齐为她鼓起了掌，掌声真挚而深情。在这突如其来的幸福面前，程雯脸色绯红，眼里闪烁着泪花，手足无措。

从那以后，程雯像换了个人似的，在高三最后的几天里，她终于第一次和那些漂亮的女生肩并肩有说有笑地走在一起了，她也开始和男生大大方方地交谈，教室里第一次有了她明朗的笑声。

在同学们的毕业留言簿上，程雯为每一个同学都写下一句相同的话：能与你们同学，是我今生最快乐的事。在我们最后告别校园时，程雯在那群流泪的女生中，哭得最凶。

（红高粱）

# 朋友在我们心中有多重

生存是最最现实也最最无情的东西，我和她都知道，却不能多说什么。这时放弃是一种痛苦，争取是一种背叛。

考入大学后我认识的第一个女孩子就是晓庆。那时是夏天，江城的热气正浓，她一袭白裙，文文静静纤纤弱弱的，我一看她便热意减了三分。她在宿舍楼前接我，帮我提行李。

"我们要在一起住 4 年。"她微笑着说。

自然而然地，我和她成了密友，吃一样的饭菜，梳一样的发型，偶尔也穿一样的衣服。有一次和她去听一位名教授做报告，旁边一位男生忸怩半天塞过一张纸条：请问你们是孪生姐妹吗？

我和晓庆相视而笑。回到宿舍照镜子，比较了好半天，鼻子眉毛眼睛嘴巴都无半点相似之处。不过再看她讨人怜爱的模样，我也在心里窃喜。这感觉如同刚买回一件新衣，一回头在大街上见另一人穿了同样的衣服美得无以复加，自己便也轻飘飘地觉得自己有眼光起来。

晓庆心细如丝，我心粗如绳。和她在一起，我总是丢东西，小到一把钥匙，大到一把新伞。她总是提醒我，帮我拾回。我便乐得不拘小节了。有一回下了很长时间的雨，天晴后我晒被子。那天是周末，我去参加一位高中同学的生日 Party，回到宿舍时已是晚上，我坐着和她们闲聊。11 点上床，猛抬头发觉我的铺上少了什么东西。我大惊失色，可又不好意思叫嚷，开门狂奔下楼，可铁丝上早没了我那床棉被的影子。垂头丧气地回寝室，见晓庆正得意地笑。"这一场虚惊，是让你长个记性，"她说，"下次打死我我也不帮你收了，将来谁娶你，真正瞎了眼。"

从床角抽出我的被子，我讪讪地笑："谁叫我有这个福气呢！"

就这样地和她携手，一直走到大四。

大四那年找工作，很多单位对女孩子亮起了"红灯"。我们是师范院校的非师范生，自然就更处于劣势。武汉地区高校的人才交流会开了 7 天，我和晓庆不歇气地跑了 7 天。她说，如果我们能去同一个单位就好了。后来我和她去一家单位投推荐表，招聘人员说："你们是一个班的，最好不要在一个单位竞争，这样容易'自相残杀'。"我和她不信。那个单位要两个人，我和她势均力敌。

最后我说了一句蠢话："你们要么把我们都要了，要么都拒绝。"

结果我们双双落选。已经碰了很多次壁，我的信心已如那残存在江城的十月的凉意，一点点地消逝了。我烦躁不安，每天醒来都觉得如石压心。晓庆却安慰我："没什么大不了的，车到山前必有路，你没见往届的分配形势？

越到后面好单位越多。"

我知道她也是想安慰自己，我便竭力相信。我们每天都三番五次地去看走廊里的那块小黑板，小黑板上隔几天便会有分配信息公布，她比我乐观，她说："你看你看，不是又有新单位来要人了吗？我们还是有希望一起'继续干革命'的嘛！"

我苦笑。那些单位是别人的单位。我后悔我选错了专业。好在 3 月接近尾声的时候，又来了一家对口的单位。找晓庆去应聘，招聘人员看我们的自荐材料，一遍又一遍。

"都不错。"他点头，"可是，我们只能在你们俩中选一个。"

招聘人员留下了我们的应聘材料，说是再比较比较。我和晓庆回学校，一路无话。一种只可意会的尴尬在空气中滚动。生存是最最现实也最最无情的东西，我和她都知道，却不能多说什么。这时放弃是一种痛苦，争取是一种背叛。可如果再等下去，我们可能会都找不到着落。

那一夜难眠。我一直听着她辗转反侧的声音。我想我该放弃，毕竟，知己难得。可我又真的害怕留下终生的遗憾。

第二天早上起来，晓庆黑了眼圈。

"你去吧。"晓庆说，"我放弃，我们不能死在一块，还是先解决你吧。"

我想到我的患得患失，便有了许多许多的愧疚，觉得自己不配做晓庆的挚友。我执意不让她放弃。

"要么我放弃，要么我们公平竞争，由他们裁决。"我对她说。

她点头同意公平竞争。3 天之后，面试通知来了，晓庆却默默地收拾行装。她说我要回家一趟，我们家帮我找了个好单位，错过这个机会就晚了。

晓庆的谎言，我一眼就能识破，同室 4 年，我能破译她的每一个眼神。我竭力挽留，可她让我看她的车票。

"抓住这个机会。我们家在县城，我去找工作比你容易。"

我想哭，却没有泪。晓庆走了，我留了下来。当面试已通过的通知传来时，我的心却如铅一样沉重。

晓庆最终回了家乡。毕业会餐，我和她对饮。我从来就不知道，我可以喝那么多那么多的酒。晓庆说：酒逢知己千杯少啊！我的泪，便和着酒汹涌而出。

（佚名）

# 我们学会了相处

　　这一回，不再有幸灾乐祸，不再有嘲笑讽刺，只有那不知何时响起的歌声回旋在小小的房间里，驱走了不安，消融了冰冷。

　　成长，让一切变得猝不及防。我们站在青春的门槛前，一边是少年的清纯，一边是成人的沧桑。当我们开始以纯真的自我融入异己的社会，一时间，成长的烦恼与压力就变得无处不在。而我们的生命，便是在对烦恼的不断承受、克服、化解中一天天地蜕变、成长、定型的。

　　成长中，最渴望的是与人交往，最烦恼的也是与人相处。军训，便是在忐忑、不安、惶恐中向我走来……

　　第一天晚上，我边整理着行李边留意着满室的谈笑。早听说，同一寝室里常常会为了一点芝麻绿豆大的事闹起冷战。我这个寝室长只盼望我们216寝室是块"吉祥福地"，这5天千万别闹出什么事。

　　然而，不想发生的还是发生了。导火线便是宿舍的打水问题。

　　"我睡上铺，下来麻烦，打水么……"

　　"我靠门远，下回轮我吧。"

　　"我也不行，反正我也不常用水，打水就请你们代劳吧！"

　　彼此推托的后果便是一番激烈的争吵。不大的房间里硝烟弥漫，气氛极为紧张。

　　其实，寝室里原来有几瓶热水，但捷足先登的3个女孩将水用得一滴不

剩，又不肯去打。其他人也赌气地闷坐着，这才引发了"战争"。

离熄灯还有 20 分钟，小姐们却没有行动的意思。最后，我只得苦笑着站起身向开水间走去。回来的路上，我边走边恼：这些人怎么这样自私，这 5 天还不知会有什么事呢！

我的预言很快实现了。

半夜里，我被一阵嘈杂声吵醒。隔着月色，看到是上铺的 3 个女孩正在穿衣下床。不到 5 分钟，其他人也探身一看究竟，原来那 3 位小姐拉肚子了。恰巧，她们正是先前抢到水的几位。大概是那瓶中的水不太干净，我这样猜测着。

由于先前的争吵，大家冷着眼看她们上上下下。寝室里不时还有几个不友好的声音："谁要你们刚才那么不客气，活该！"

这时，那 3 位的脸色难看极了。

过了一会儿，终于有人忍不住，爬起来递上几粒家里带来的药片。其他人也不再矜持，或是上前安慰，或是倒来热水给她们服药。一旁的我暗自感谢着这场突如其来的病，真是多亏了它，不是吗？

一切又回复了平静。然而，黑暗中传来一阵哭声，是那位先前抢水最凶的女孩："都怪我，若不是贪那点小便宜，也不会自讨苦吃，现在怎么办呢？明天还有训练……"

女孩的哭声感染了其他两位同病相怜的室友，她们也哭了。但这一回，不再有幸灾乐祸，不再有嘲笑讽刺，只有那不知何时响起的歌声回旋在小小的房间里，驱走了不安，消融了冰冷。这一室的温暖渐渐倦了我的眼，歌声也渐渐地轻了，轻了……

第二天，我心急火燎地想去打水，却意外地发现水瓶都灌满了热水。我蓦然回头，昨晚的 3 位"病人"早已起床，正向我投来清晨最美的笑容。她们真的"好"了。

之后的几天，过得很快，也很顺利。临行前，我向挂着"最佳寝室"锦旗的 216 寝室投去最后一眼，嘴边也漾出了 5 天来最舒心最坦然的笑。

（高志芳）

145

# 我与细细的花样友情

每一个孤独的背后，都会有一道洞察之光来启发她，让她的寂寞、禁锢的心裂开一条缝，好让存在的快乐和爱进入，开启她内心存在的宝库。

## 一

叶细细是我的高中同桌兼室友，三年同窗，其情甚笃。如今天各一方，每每电话联络，总要侃侃而谈，那份默契感丝毫不亚于当年，才觉得又回到数年前唧唧喳喳的花样年华。

初次对叶细细有好感，是羡慕她有一个听起来温柔似水的名字。

高一刚开学，照例是自我介绍。当那个声音柔和婉转的女老师喊到叶细细时，一个扎着羊角辫，脸蛋红扑扑的女孩子，一蹦一跳的走上讲台，头上的彩色发夹闪着耀眼的光芒，满脸的稚气未脱。

我觉得她傻傻的好可爱，忍不住笑出声来，安静的教室就这样被我打破，同学们纷纷向我这个"害群之马"投来责备的目光。叶细细先是一愣，继而"哈哈哈"大笑三声，众人的目光又被她牵引过去，个个嘴巴张得老大。

叶细细从此一笑惊人，班里所有人都知道她有一个名不副实的名字。虽然名为细细，精致典雅得有些过分，不免让人产生错觉她是林妹妹一样的女子，其实她来头不小呵。

# 二

开学不久之后的座位大对调，阴差阳错地我竟和细细成了同桌。当我清静的生活因细细的到来而灭亡的时候，我悲痛地哀叹："造化弄人啦!"她却不以为然，嘻嘻笑道："人靠自我的造化弄天。"我瞪圆眼睛把她全身上下都扫了一遍，心想：叶细细，我算是记住你了，往后的日子咱们走着瞧，一定与你势不两立。

我本是喜欢安静的人，自己话不多，也不喜欢别人嚷来嚷去的。细细则最怕寂寞，一分钟没有人和她说话，她都会受不了。一开始我怎么都不愿意跟她讲太多的话，吵吵闹闹的不太像话。而她也没闲着，和前面的人说说，再和后面的人聊聊，时不时还发出她那独一无二的笑声，接连数声的"哈哈哈"。

瞧和她聊天的那群人乐翻了天的样子，我不得不佩服起细细来，忍不住问她，你怎么会有那么多话题可以聊啊?

细细嘴角上扬，得意地说，羡慕我了吧。我被她那副骄傲的神情逗乐了，还真像个小孩子，满可爱的。其实又有谁喜欢寂寞，于是在细细的带动下，他们聊天时，我也时不时地插上几句。日子一久，我变得开朗了许多，苍白的脸因为总是笑逐颜开，渐渐有了血色。这些都是细细的功劳。

印度有一句谚语说，朋友是抵抗忧愁与恐惧的卫士。认识我的人都说我的转变很大，以前是太内向。我也感觉自己的变化很好，至少快乐了许多。

也许正如细细所说：每一个孤独的背后，都会有一道洞察之光来启发她，让她的寂寞、禁锢的心裂开一条缝，好让存在的快乐和爱进入，开启她内心存在的宝库。让她活得更幸福，让她的生活更有效能。而细细，她是我在寒冷冬天的早晨感受到的第一缕阳光，温暖人心。

在和细细同桌了一个星期后，我和她成了好朋友。我有什么不开心的事总忍不住向她诉说，而她横冲直撞的个性，怕也只有我才能容忍。细细总喜欢在人前夸张地炫耀，我和小鱼的友情是天注定的，她的细心温柔和我的勇气胆量形成绝美的知己组合，就像李白与杜甫的友情一样。

我又发掘了一项细细的特长，她还真能吹嘘。

# 三

我和细细有一个最大的共同点就是喜欢美食。用她的话说，我们的友谊就是在吃中一天天更加坚定的，好像我们之间除了吃其他一无是处似的。但不能否认的是，我们的口味极端相似。

我们都有一个能做一手好菜的母亲，从小被美食宠坏了，可自从住校后就很少吃到了，最惨的是学校食堂的饭菜又很难吃，我和细细不得不"另寻吃路"。所谓的患难见知己用在吃上也未尝不可。

我和细细开始到外面吃。早上因为起不来，出去买早餐怕耽搁了上课的时间，就胡乱吃几片饼干充饥。一个上午的课上下来，我们的肚子早就唱空城记了，等到下课铃声一响，就迫不急待地去宿舍取来自行车，骑上十来分钟到镇上寻饭吃。

我和细细一致认为，在紧张的高中生涯，没有什么比在一起吃饭更能坚固友谊的了。于是，我们用了最短的时间扫遍了学校方圆五里的各色摊档。

最爱的当然是离学校最远的一家小饭馆门口摆的那锅汤汁红艳的麻辣烫，尽管要多骑一会儿车，我们还是乐此不疲地去吃。特别是冬天，要是能吃上热腾腾香喷喷的一碗，整天都觉得暖和和的，学习起来更带劲了。

细细逢人便说，我和小鱼是最好的饭搭。我听了总是乐呵呵地笑，再难听的词语我都忍了，谁叫我们那么要好呢？甚至连零食的牌子都喜欢格力高与旺旺，冰淇淋最爱巧克力味的，牛奶一定要喝纯的，瓜子非话梅味的不吃。

那会儿班上有男同学玩《仙剑》，细细也要学，结果没有学会，却被里面的爱情故事感动得一塌糊涂。她泪花闪闪地对我说，小鱼，你知道我最喜欢里面的一句什么话吗？

我想应该是有关爱情誓言的感人话语吧。细细偷乐了半天说，我最喜欢李逍遥对林月如说的那句"吃到老，玩到老，活到老"。

我听了又好气又好笑，细细啊细细，真有你的。

# 四

上高三的时候，我和细细不可救药地迷上了亦舒，每天晚上都要躲在被窝里看，后来又迷上了三毛，最羡慕的就是三毛与荷西的爱情。结果可想而知，我们爱上了做梦，而且是最可笑的白日梦，那些飘零虚幻的梦，如白雪纷纷彩霞悠悠，主题都是和白马王子有关的。

细细一本正经地盯着我说，有你这个朋友我觉得生活挺开心的，如果能与一个英俊痴情的男孩谈一场恋爱，那我的生活岂不更是锦上添花吗？

很快的，细细便喜欢上了隔壁班的男孩朴淳，那个留着长长的刘海，眼睛如星子一般明亮的男生。细细像陷进了漩涡一样陷在自己对爱情的幻想里面。

细细向朴淳表白了，她从来都是引人注目的女生，漂亮活泼，朴淳没有拒绝她。当他们手牵着手在我的面前经过时，我觉得自己应该站出来拉细细一把了，最近的一次月考她的名次明显下降，再这样下去，她考取武大的梦想就要破灭了。

又一次月考，细细的名次竟然降到我的下面，这是以前没有过的。我终于失去了平时一贯的温柔，大声地呵斥她，你真的喜欢朴淳吗？不要为了满足自己对爱情的幻想而轻易地去尝试，不是我看不起你，你现在还不懂什么叫真正的爱。不合时宜的种植是得不到收获的。你不是一直都想去看武大的樱花吗？我看你这样下去，你的梦想是永远都不会实现的。如果你们真正的相爱，就一起考取武大证明给我看。

细细是多么骄傲的一个女子，她听了我这般的怒斥，几乎要和我打起来。她也声嘶力竭地说，江小鱼，我要和你绝交，你凭什么这么和我说话，你以为你是谁？我妈妈都没有这么说过我。她说完呜咽不止。我也哭了，从来没见过细细这么伤心过。但我对她，完全是出自一片好意，我想她会明白的。

细细有两个星期没有跟我说话，两年多来，我们都没有闹得这么僵过。但庆幸的是，她和朴淳分手了。她显然把我的话听进去了，其实相处了这么多日子，她早已长成一个成熟懂事的女孩子了。

圣诞节时，细细终于打破我们之间接连半个月的沉默，她请我吃麻辣烫，还是我们最喜欢的那家餐馆。

我们又回到了以前互相叫饭搭的日子，细细拍着我的肩膀说，还是和你一起吃麻辣烫最香，如果再不与你和解，我就要烦闷死了。小鱼，谢谢你，现在我才知道，忠告才是朋友最好的礼物。这辈子，我就认定你是我最真诚的朋友，最合拍的饭搭。

# 五

后来，细细如愿以偿考上了武大。在那个樱花飞舞的校园里，善良可爱的细细，开朗活泼的细细，她应该又交上了可以交心的朋友，或许还会拥有一段浪漫如樱花的爱情，我始终相信，把最好的留到最后一定会更美丽。

三毛说，知交零落实是人生常态，能够偶尔话起，而心中仍然温柔，就是好朋友。因为在那段花一样美好的岁月里，曾经有细细陪我走过，我觉得很幸福。尽管不再在一所学校，不再是上下铺，但有一段诗写得好：两棵在夏天喧哗着聊了很久的树，彼此看见对方的黄叶飘落于秋风，它们沉静了片刻，互相道别说：明年夏天见！

细细，可爱的饭搭，明年夏天见。

（缟素的仙女）

# 冬天友情不结冰

友谊是一个恒等式，它的两边是同样美丽纯洁的两颗心，只有
真心付出，永远没有亏欠之分。

她，初中三年的老同学，曾经是同桌，也就是初三那年。我们被分到了
一组，她坐在我的左边，身为组长的我颇具幽默感，总是一句话引得组员笑
倒。我是体育委员，自然体育成绩不会差，爱打篮球，总成为别人仰慕的对
象。自然我们关系相处的还挺不错，我说什么，她总没有反对过，总以微笑
作答。以后，我总会成为被关注的对象。

短短的一年很快过去了，她由于分数与中招成绩接近，她便决定进入
鄢城一高进入深造，而我则被迫留校复习。在复习期间，我们一直通信不
断，她总劝我不要自卑，让我考上重点高中，我也知道她是对我的关心。
有时放假或过大休会到老校看我，离学期期未有近两个月的时候，她的一
封来信，我才明白她原来所做的一切，是因为她把我当作自己的偶像，把
我当成知己，有什么事总写信与我商量，我们的友谊在时间的夹缝中进一
步升华。

终于熬过了最后两个月，开学的前几天我终于收到了一高的通知书。开
学了，一切安排妥当后，我便托朋友询问她现在在二年级哪一班，大约又过
了一个多月，我从朋友那里终于得到一点消息。她辍学了。而其原因更让我
大吃一惊，似晴天霹雳触及全身，浑身汗毛直耸，好久没有说话，她的母亲
病故了。

据我所知她家里本来就不富裕，母亲在世时，一家四口人除靠几亩地
生活外，另一个主要经济来源就是卖蔬菜。我是见过她父亲的。一大早便

站在菜摊前笑迎顾客，似乎忘记了冬日的酷寒。他的脸冻得发红，在那里直哆嗦。家里还有一个弟弟，正读初二，在她上高中后，家里全由母亲操心。而如今，母亲走了，可给父亲出了个难题。家庭生活更加紧张。父亲又当爹又当娘，忙完地里，还要到菜市去卖菜，母亲病故一个多月后，家里就变成了一团糟。

听别人说，她是为帮父亲料理家务自愿退学的。我想这只是借口而已。我知道，她是逼迫退学的，父亲一个人是不能够同时供两个学生就读和家庭开销的。她心里比谁都清楚，她是了解父亲的，她不愿看到父亲进退两难的情形，在父亲开口之前，她先开口了。把自己的想法告诉父亲，父亲用一种无奈的眼光看着她，无言的站着，一个大男子汉竟为此落泪了。

在接下来的几个月里，我们失去了联系，放寒假了，我闲着没事，就随便拿了一本书乱翻着，电话铃响了，我漫不经心地拿起话筒，我熟悉的声音出现在那端："我要走了，你明天来送送我好吗？"声音有些颤微，我也不知该说什么好，只是保持沉默，我似乎听到电话那端的她的抽噎声。我知道，她在流泪，我终于挤出几个字"我一定去。"

第二天，我背着行李走在她的身后，看到她瘦弱的身体和憔悴的背景，心中真不是滋味。她说，她要去广州闯一闯，要挣钱供弟弟上大学，也要为父亲治病。我劝她再考虑考虑，外面世界太乱，她没有回答，泪水在眼框里打转。她说我们应该还是好朋友吧！现在是，将来还会是的，她不会把我忘记，也让我记住她。她擦去眼泪勉强一笑说："我会一帆风顺的。"

我忍着内心的伤感情绪，重重地点头："会的。"

谁都知道，一个初中毕业在社会上哪有立足之地，只有干些力气活，可她，还那么小，能干些什么？但我还是祝她一帆风顺，事业有成，笑对人生，做生活的强者。我知道她出外打工不会带太多的钱，而我也是个学生，我只有把节省下的零用钱给了她。她坚决不要，可我的态度使她无法抗拒，她了解我正如我了解她一样。

火车终于开动了，她向我挥手告别，而我只是站在那儿，一声不吭。车

站人渐渐少了，我的脸和手已冻得毫无知觉。

我知道，她是带着遗憾走的，她只有在火车上度过新年了，当初她许下的诺言被冬天的酷寒封冻，但我们的友谊不会这样。我会一直为她祝福，她大概也一样，真的希望，下次回来她会有所收获。

一转身便离去的她，却让我一生都无法忘记。如果一路风尘是她的步履，那一路平安是我的祝福。友谊是一个恒等式，它的两边是同样美丽纯洁的两颗心，只有真心付出，永远没有亏欠之分。冬天来了，春天近了，请让北归的雁告诉我南方她的消息，我真想知道：你在他乡还好吗？我想证明冬天是一个不结冰的季节，无论世事如何变幻，而真挚的友情，永远不会被冻结。

（佚名）

# 南极以南，北极以北

南极以南，北极以北，这注定了此生无法见面与回头的两个地方，这辈子却成了一对兄弟守望对方那一抹目光的极致。

当我提笔的时候，耳畔响着"朋友一生一起走，那些日子不再有，一句话，一辈子，一生情，一杯酒"，渐渐地我陷入回忆……

那是 8 年前的一天，我们相遇。

我不记得当时是怎样的一个情景，因为当时真正的情形我已经淡忘了。可是那一幕镜头在我脑海里面呈现的总是我那一回头的刹那，看到一张气宇轩昂的脸，上面还挂着青涩却又有点张狂的笑容，他从教室的最后一排昂首挺胸地走到讲台上。那时候，你刚被选为班长。我记得我当时好像有点不屑，很奇怪的感觉。

这就是我们相遇的那一幕，我对你的第一印象。

随后 8 年，风雨同舟，我们一起走过。曾记否，多少次在月下，你高歌"天生我材必有用"，我低吟着"大江东去"，手中拿着一瓶饮料权作美酒，去神交古人的意境；有多少次，你拿出一本书，我也拿出一本书，畅谈书中所写，随想人生浮华；交错的浮光掠影将我带回一个回忆的长廊，然后看到一对少年，在长廊的某处，放肆的笑着……

记得在那个月夜，那是我人生中记忆最深刻的一个晚上。那晚的月光石惨白的，不记得，或者说我不愿去记起那晚发生过什么，我只是时时想起那晚，我们对月同饮，那是我此生中最痛快的一次饮酒，大醉，同归。

8 年，好长，可也好短。时光如梭，不清楚这 8 年我们如何一步步走了过来，不记得这友谊是如何逐年散发出逾久逾浓的沉香，只是看到我的眼神从初始的清澈单纯到如今总是透露着一丝的无奈，眼中没有了锋芒，只有淡然；看到你从舞台中央明智的淡出众人的眼界，看到你隐去你的光环，在幽静的地方韬光养晦。

8 年，你没有告诉我，为什么当初你会和我成为知己，不离不弃的走过 8 年的时光；8 年，你没有告诉我，我为什么值得你为我做过那许许多多的事情，让我一次次在无声中感动却表达不出我心中的感激；8 年，你没有告诉我，为什么友谊可以持续着如此长久，难道说我们当初的一见面真的奠定了此后一生的感情？

人生中两次离别：初中毕业，可是最后我们很奇妙的最后又聚到了一起，当时我看到这个情景的时候，我在想，上天啊，难道说是冥冥中真的有人在主宰人世中的一切？可是，高中毕业，我们没有幸运的凑到一起。我问你，你去哪里？你说，我要往北方，一路往北；我笑，我说，我要往南方，一路向南。

可是，你向往着的北极以北没有实现，我梦中的南极以南也没有出现，上帝给我们开了一个玩笑，你从那个海滨城市坐着飞机一路往南，去了上海，我从那个小车站，坐着火车一路向北，到了北京。

你依旧是北极以北，我曾经是潇湘夜雨，为了祭奠我曾逝去的青春，为

了怀念远方的某一个人，我就成了南极以南。

现在，一种如烟往事袅袅在怀，记忆早已泛黄的感觉浮上心头，伍佰正在唱着"数不完相逢，等不完守候，如果仅有此生，又何用待从头"，他还在饮者离别前的最后三杯酒，在享受着你突然间的自我，我幽幽的叹一声，重陷在那些斑驳的回忆中……

时光倒退 7 年，那时候你我还是普通朋友吧？我记得你挂着拐杖，来到学校，我看到你脸上的无奈，只不过一次跌倒让你摔坏了腿，看到那么多的同学在你身边嘘寒问暖，我只记得我淡淡的问了一句，问了什么，我现在忘记了。可是现在想想，那好像是梦境，多少年过去，我不记得我说过什么做过什么，不记得你是否曾经摔坏过腿，我只记得，时光啊，像水那样从我们身边缓缓流过，给我们留下了遍地的鹅卵……

在我无数个烦恼的日夜，当我突然大发雷霆的时候，多少个朋友弃我而去，多少人怀着对我的芥蒂从此与我见面不相识，可是每当我回头的时候总是会看到你还在我的身边，这让我欣慰，原来还是有人理解我的，没有众叛亲离。

那是一次语文课上，我记得你在讲台上侃侃而谈，让所有的同学领略了你的风采，这才是真正的北极以北，我在下面看着你眼神中的偶尔透露出的一丝冷峻，心中有一种无奈，还有一丝激动，很奇怪的感觉。正当我沉浸在某种奇怪的状态的时候，你突然提到了我，你说，许多人认为我是一个随便的人；你说，许多人以为我是一个举止轻佻的人；你说，许多人以为我是一个庸俗的人；你还说，没有人可以像你那样理解我；你还说，所有人对我充满了误解，你还说，许多人把我对他们的随和的态度当成了一种近乎厚颜的态度……我心中充满了苦涩，多少年的感情，唯有你算是我的知己吧？

有过争吵，闹过脸红，可是印象中这些总是记得不是那么清楚，仅有的那么几次而已，是不是岁月可以让我遗忘掉了这些回忆？人们总是说，人生总是聚少离多，当我们放下酒杯的那一刹那，我看到了你我脸上浮现的无奈的笑容……

那天你跟我说你失恋了，我看到了你豪放的胸怀中偶尔透出的那一丝婉惜，这还是那个当年在月下高歌"自信人生二百年，会当击水三千里"的那个北极以北吗？当我为情所困而苦笑的时候，我一觉醒来，你说，这是一个美丽的错误，然后我看看那天，看看那云，我说，喏，一切都逝去了，不是吗？于是，我收起我的风花雪月，收起我的放浪形骸，我说，来吧，我给我的心一把枷锁，那么，这就是南极以南的冰寒了……

我记得你我放下酒杯的时候，你突然笑着对我说："佛说，前世的500百次回眸换来今世的一次擦肩而过，像我们俩，前世没做别的，就在不停的回眸了。"然后，我们就同时大笑……

时间再回到两年前，那天，你突然问我，知道为什么咱们做了这么多年的兄弟吗？我摇头说不知。你说，就是那一次我摔坏了腿，所有的人都在问我腿好了没有，唯有你啊，轻轻地问了我一句"你吃饭了吗？"然后你跑出老远帮我买回了几个包子。

当你说完的时候，我嗤嗤的笑，然后回过头去，忍住我差一点就喷薄而出的感情，看着窗外的阳光，透过我的睫毛，折射成七彩的虹，我心中一叹，这就是男人的感情？

南极以南，北极以北，这注定了此生无法见面与回头的两个地方，这辈子却成了一对兄弟守望对方那一抹目光的极致；北极以北，你依旧在唱着你的《逍遥游》，南极以南，我还在喝着我苦涩的雄黄酒；时光荏苒，岁月如梭，多少年后，你我苍颜白发，携手同行的时候会不会想起这些少年事，会不会记得曾经缘起的地方，那个早已经沧海桑田不复存在的地方？会不会说，这辈子，所幸有你……

（潇湘夜雨）

# 那年夏天的雨季

木子的好，一幕幕地在雨中回放，有种隔世的熟悉。她是发了疯地跑过去，为木子撑一把伞，这是她唯一可以为木子做的。

"呜呜……"雅妍躺在木子的怀里，先是低低地啜泣，终是哭了出来。不记得多少次了，雅妍带着一身的伤痕，跑来。木子，刚开始只是抱着一起哭，长大一些，就学会了把雅妍搂在怀里，让她尽情地哭，任凭泪水湿透了肩膀，点点滴在心头，化作温柔的抚摸，轻轻地抚弄她那一头令人怜爱的黑发。这时的天色已经暗下去了。

雅妍习惯性地哭了一会儿，赶紧擦干了眼泪，匆匆地回家了。打她上二年级过继给这个蛮横的婶婶，稚嫩的双手长成了茧，两个哥哥经常在其中挑拨离间，没让她少挨婶婶的板子。她的苦楚遇上了转学来的木子，只能说是刚好遇上了。

木子转学来的第一天，班里的孩子们都对这个乡下来的不起眼的瘦弱的女孩子不屑一顾，甚至是冷漠的。只是，遇见一个怯生生的女孩，对她微笑，那一双清澈的充满善意的眼神主动迎向了她，给了她很大的勇气，就是这样，木子走向了雅妍，在以后的生活里，彼此成了彼此的相依。

每天早上，木子都经过雅妍的家门口，等着她做好全家人的饭，吃完早餐，然后一起上学去。常常隔着听见她婶婶大声训斥的声音。然而，当听见那扇门紧闭的雕花铁门"吱呀"地一声响，眼里的雅妍仍旧是向她微笑，这是她们一直习惯的早晨问候。木子，依旧是很感动地上前拉起雅妍的手，走在晨光里，留下了两个亲密的身影。

她们就是这样悄悄地成长着。时光很快来到她们的花季年龄。一个落叶纷纷的秋天，雅妍遭遇了她成长的尴尬。那天下午，同学们都纷纷地走出了教室，最后只剩下了她们。而木子见雅妍仍旧没有要回家的意愿。夕阳的余晖透过玻璃窗，映照在雅妍难为情的脸上。木子若有所悟，甚是怜惜地伸过手去，握住她的缺失母爱的女朋友因害怕而不知所措的双手。在这个天气转凉的季节里，木子脱下她的外套，扶持着雅妍，慢慢地走回了家。

雅妍，永远不会忘记，那个秋天，黄叶漫天的季节里，木子因严重感冒患上了鼻炎，落下久不根治的病根。雅妍曾在心中暗暗地跟自己说，要一直对木子好，一辈子对她！

那个花季，就在持续升温的情感中，顺利地跨过了初中的门槛。迎来了她们的雨季。

记得那天，两个青春女孩带着行李一起离开那个县城，搭了长途客车，到市中心的重点高中去。在校门口迎接她们的是一个很阳光的师兄，在她们还没回过晕车的神来，师兄已经很主动地接过她们手中的行李，很是热情地领着她们去了自己的寝室。后来，还留了一张字条，上面有他的姓名和班级。叮嘱她们，如果有需要，就去班里找他。她们只是相视一笑而过，打开她们的行李，开始了她们的中学生活。

在同学们的眼中，她们是自成一体，筑成了牢不可破的情感壁垒。谁能预料，就在那个夏天，突然下了一场雨，轻而易举地攻破了那个坚实的壁垒。

那天，乌云霎那间迅疾地向四周围扩散，木子和雅妍刚要走出教学楼大门，就下起了瓢泼大雨，她们被困住了。望着密布的雨帘，想着寝室阳台的那盆茉莉花，有点心急如焚。

这时，那个师兄撑着长柄伞，奇迹般地出现在她们的视线里，越来越近。说是要搭她们。木子心里挂念着茉莉，拉着雅妍走向了师兄。一柄伞下，是三个人的世界，是青春岁月的朦胧碰撞。两个女孩子都因为跟异性的第一次亲密接触，憋红了脸。大雨点，吧嗒吧嗒地打在伞面，似乎也滴进了他们的心里。那一个雨夜，她们各怀心事，一夜无语。

后来，师兄上门来找了木子一次。雅妍心里百感交集，一个人跑去旷野大哭了一场，狠狠地让自己伤心了一次。心里似乎做了个难言的决定。

雅妍第一次主动去见了师兄，然后就有了第二次、第三次……校园里，常常见着他们的身影，操场的绿荫，安静的图书馆，人群拥挤的饭堂……慢慢地疏离了昔日亲密的木子。夕阳里，常常见着木子望着那盆茉莉，孤单的眼神。

从小就缺失爱的雅妍，遇上师兄的热情，完全不同于木子，就一直贪恋着，不可自拔，不谈矜持，甚至不惜疏远木子，尽管心存内疚，却因为一个男孩，无理地埋怨木子不该让师兄迷恋。木子一直苦恼着，偶尔，刚好在寝室转角遇到，她看见了雅妍的眼里异常的抱怨。欲言而又止，只恨失去了解释的勇气，只能默默地看着打扮得很是漂亮的雅妍穿着雪纺纱离开，熟悉的身影越来越小，越来越模糊，直至一片空白。

日子，就在你躲我藏的煎熬中，无力地过去了。夏天的雨，也在玩着捉迷藏的游戏，这天，刚来又下了一场雨，不是瓢泼大雨，而在她们心中，却是从未有过的大雨，大点大点地滴在心里，痛在心头。

木子，再也受不住委屈，一个人发了疯似的，冲进雨里。周围的人看来是异乎常人的冲动，然而，淋着的她，只有一颗心还有知觉，视线一片空白。她想大哭一场，却哭不出来，眼泪是属于雅妍的，她要做的，只是给雅妍安抚。所以，她一直忍住没哭。

在师兄那里，雅妍一直认为的温情只是一个短暂的梦，转瞬间便原形毕露，赤裸裸的虚情假意，一切只不过是青春期的把戏。她一直是个如此需要温暖的人，原以为遇上了一根温暖的火把，可以让她取暖。可她没想到，这一瞬的火光，让她成了个友情的背叛者。火光燃尽，她带回来的却是一颗灼伤的心，无力又苍白。她很想见木子，像以前一样投进木子的怀里，纵情地哭泣。可是，她在哪儿呢？

雅妍，像个迷路的女孩，无助地打着伞，慌乱地寻找。以45度的视线远望过去，雨中的身影，是那么熟悉。心里在无声地哭泣，"你为何如此折磨自己，我知道是我错了。"往昔的种种一直不断地涌现，她们微笑说"早安"，那个尴尬的秋天，木子为了她，患了鼻炎……木子的好，一幕幕地在雨中回放，有种隔世的熟悉。她是发了疯地跑过去，为木子撑一把伞，这是她唯一可以为木子做的。

那个夏天，两个女孩，共撑着一把伞，走在青春的雨季里，一切归回了最初，相遇时的微笑。

（孔艳芳）

# 童年的那双眼睛

人的一生有许多值得珍惜的东西，可当我们还没来得及去珍惜它时，一切都已成为过去，一切都不存在了……

在人生的路上，不知要遇到多少人，然而，最终能留下记忆的并不太多，能够常常眷念的就更少了。

这次回鄂西老家，总想着找一找阿三。阿三是我小学高年级的同学。记得有一个学期，班主任分配阿三和我坐一起，说让我帮助阿三学习。阿三很用功，但学习一般。他很守纪律，上课总是把胳膊背在身后，胸脯挺得高高的，坐得十分的端正，一节课也不动一动。

阿三有个坏毛病，年年冬天冻手。每当看到他肿得像馒头一样厚的手背、紫红的皮肤里不断流着黄色的冻疮水时，我就难过得很。有时不敢看，一看，心里就酸酸地疼，好像冻疮长在我的手背上似的。

"你怎么不戴手套？"上早读时，我问阿三。

"我妈没有空给我做，我们铺子里的生意很忙……"阿三用很低的声音回答。阿三说话的声音很好听，带着女孩子的腼腆和温存。

知道这个情况后，我曾几次萌动着一个想法："我给阿三织一双手套。"

我们那时的十三四岁的女孩子，都会搞点很简陋粗糙的针织。找几根细一些的铁丝，在砖头上磨一磨针尖，或者捡一块随手可拾的竹片，做四根竹签，用碎碗碴把竹签刮得光光的，这便是毛衣针了。然后，从家里找一些穿破了后跟的长筒线袜套（我们那时，还不知道世界上有尼龙袜子！），把线袜套拆成线团，就可以织笔套、手套什么的。为了不妨碍写字，我们常常织那种没有手指、只有手掌的半截手套。那实在是一种很简陋很不好看的手套。但大家都戴这种手套，谁也不嫌难看了。

　　我想给阿三织一双这样的手套，有时想得很强烈。但却始终未敢。鬼晓得，我们那时都很小，十三四岁的孩子，却都有了"男女有别"的强烈的心理。这种心理使男女同学之间界线划得很清，彼此不敢大大方方地往来。

　　记得班里有个男生，威望很高，俨然是班里男同学中的"王"。"王"很有势力，大凡男生都听"王"的指挥。一下课，只要"王"号召一声干什么，便会有许多人前呼后拥地跟着去干；只要"王"说一声不跟谁玩了，就会"哗啦"一大片人不跟这个同学说话了。"王"和他的将领们常常给不服从他们意志的男生和女生起外号，很难听、很伤人心的外号。下课或放学后，他们要么拉着"一、二"的拍子，合起伙来齐声喊某一个同学家长的名字（当然，这个家长总是在政治上出了什么"问题"，名声已很不好）；要么就冲着一个男生喊某一个女生的名字，或冲着一个女生喊某一个男生的名字。这是最糟糕最伤心的事情，因为让他们这么一喊，大家就都知道某男生和某女生好了。让人家知道"好了"，是很见不得人的事情。

　　这样的恶作剧常常使我很害怕，害怕"王"和他的"将领"们。有时怕到了极点，以至恐惧到夜里常常做恶梦。好像从那时起，我就变成了一个谨小慎微的可怜虫。因此，我也暗暗仇恨"王"们一伙，下决心将来长大后，走得远远的，一辈子不再见他们！

　　阿三常和"王"们在一起玩，但却从来没见他伤害过什么人。"王"们有时对阿三好，有时好像也很长时间不跟他说话，那一定是"王"们的世界发生了什么矛盾，我想。我总也没搞清阿三到底是不是"王"领导下的公民，可我真希望阿三不属于"王"们的世界。

　　在上小学五年级的时候，爸爸突然在一个早晨，被划成了"右派"。大字报、漫画、还有划"×"的爸爸的名字在学院内外，满世界地贴着。爸爸的样子让人画得很丑，四肢很发达，头很小，有的，还长着一条很长很粗的毛茸茸的尾巴……乍一看到这些，我差点晕了过去。学院离我家很近，"王"们常来看大字报、漫画。看完，走去我家门口时，总要合起伙来，扯起喉咙喊我父亲的名字。他们是喊给我听，喊完就跑。大概他们以为这是最痛快的事情，可我却难过死了。一听见"王"们的喊声，我就吓得发晕，本来是要开门出来的，一下子就吓得藏在门后，半天不敢动弹，生怕"王"们看见我。等他们扬长而去之后，我就每每哭着不敢上学，母亲劝我哄我，但到了学校门口，我还是不敢进去，总要躲在校门外什么犄角旮旯或树荫下，直到听见上课的预备铃声，才赶快跑进教室。一上课，有老师在，"王"们就不敢喊我爸爸的名字了，我总是这样想。

那时，怕"王"们就像耗子怕猫！现在想起来，还心有余悸，也很伤心。

"我没喊过你爸爸的名字……"有一次，阿三轻轻地对我说。也不知是他见我受了委屈常常一个人偷着哭，还是他感到这样欺负人不好，反正他向我这样表白了。记得听见阿三这句话后，我哭得很厉害，嗓子里像堵着一大团棉花，一个早自习都没上成。阿三那个早读也没有大声地背书，只是把书本来回地翻转着，样子也怪可怜的。

其实，我心里也很清楚，阿三虽然和"王"们要好，但他的心眼善良，不愿欺负人。这是他那双明亮的、大大的单眼皮眼睛告诉我的，那双眼睛，望着你时，很纯真，很友好，很平和，使你根本不用害怕他。记得那时，我很喜欢凝望阿三的这双眼睛，而对其他男生，特别是"王"们，我根本不敢正视一次。

很长很长的岁月，阿三的形象始终留在我的心底，我甚至觉着，这双给过我同情的挺好看的眼睛一生也不会在我的心底熄灭……

阿三很会打球，是布球。就是用线绳把旧棉花套子紧紧缠成一个圆团，缠成西瓜大、碗大、皮球大，随自己的意。缠好后再在外面套一截旧线袜套，把破口处缝好，就是球了。那个年代的鄂西城小学校里，学生们都是玩这种球，缠布球也几乎成风，阿三的布球缠得很圆，也很瓷实。阿三投球的命中率也相当高，几乎是百发百中。阿三在球队里是五号，五号意味着球打得最好，五号一般都是球队长。女生们爱玩球的极少，我们班只有两个，我是其中之一。

记得阿三在每每随便分班打布球时，总是要上我，算他一边的。那时，男女混合打球玩，是常有的事。即便是下课后随便在场上投篮，阿三也时而把抢着的球扔给站在操场边的可怜巴巴的我。后来，我的篮球打得很不错，以至到了初中、高中、大学竟历任了校队队长。那时就常常想，

会打篮球得多谢阿三。

然而，阿三这种善良、友好的举动在当时是需要勇气的，也是要冒风险的。因为这样做，注定要遭到"王"们的嘲笑和讽刺的。

这样的不幸终于发生了。不知在哪一天，也不知是为了什么，"王"们突然冲着我喊起阿三的名字了，喊得很凶。他们使劲冲我喊，我就觉得天一下子塌了，心一下子碎了，眼一下子黑了，头一下子炸了……

有几次，我也看见他们冲着阿三喊我的名字。阿三一声不吭，紧紧地闭着双唇，脸涨得通红。看见阿三难堪的样子，我心里就很难过，觉得对不起他。

从那以后，我就再也不想给阿三织手套的事了；阿三打布球，我再也不敢去了；上早读，我们谁也不再悄悄说话了；我们谁也不再理谁了，好像恼了！但到了冬天，再看见阿三肿得黑紫黑紫的像馒头一样厚的手背时，我就觉得我欠了阿三许多许多，永远都不会再给他了……

阿三的家在"王一茂酱菜铺"的对面。我不知他家开什么铺子，只记得每次到"王一茂酱菜铺"买辣酱时，我总要往阿三的铺子里看。只见门口的台阶上下，摆着许多的竹筐、竹篓、竹篮子，还有女人们用的黄草纸，漆着黑漆的粗糙的柜台上，圆口玻璃瓶里装着滚白砂糖的橘子瓣糖，也有包着玻璃纸、安着竹棍像拨浪鼓似的棒棒糖……其实，在别的铺子也能买辣酱的，但我总愿意跑得老远，去"王一茂酱菜铺"买。也说不清为什么，只是想，阿三从铺子里走出来就好了。其实，即使阿三真的从铺子里走出来，我也不会去和他说话的，但我希望他走出来……

有一次，我又去买辣酱，阿三真的从铺子里走出来了，而且看见了我。知道阿三看见我后，我突然又感到害怕起来。这时，只见阿三沿着青石板铺就的小街，向我走来。

"他们也在这条街上住，不要让他们看见你，要不，又要喊你爸爸的名字了……"说完，他"咚咚"地跑了回去。我知道，他说的"他们"，是指"王"们。

望着阿三跑进了铺子，我又想哭。我突然觉着，我再也不会忘记阿三了，阿三将来长大了，一定是世界上最好的男人！

后来，考上中学后，我就不知阿三在哪里了。是考上了，还是没考上？考上了在哪个班？我都不懂得去打听。成年后，常常为这件事后悔，做孩子的时候，怎么就不懂得珍惜友情？

中学念了半年以后，我就走得很远很远，到汉江的下游去找我哥哥了，为求学，也为求生，因为父亲和母亲已被赶到很深很深的大山里去了。从此，我就再没有看见阿三，但阿三那双明亮的、充满善意的眼睛却常常出现在我的眼前和梦中。

人生不知怎么就过得这样匆匆忙忙，这样不知不觉，似乎还没弄清是怎么回事就走过了许许多多的年月。二十多年后的一天，我回故乡探望母亲，第一个想找的就是阿三。

出乎意料之外，我竟然很顺利地找到了那时的"王"。"王"很热情地接待了我，这个年龄、这个时代见到"王"，我好一番"百感交集"。说起儿时的旧事，我不禁潸然泪下，"王"也黯然神伤。

"不提过去了，我们那时都小，不懂事……""王"说得很真诚，很凄楚。是呀，几十年的风风雨雨，我们都长大了。儿时的恩也好，怨也好，现在想起来，都是可爱的事情，都让人留恋，让人怀念……

"王"很快帮我找到了阿三以及儿时的两个同学。当"王"领着阿三来见我的时候，我竟十分慌乱起来，大脑的荧光屏上不时地闪现着阿三那双明亮的单眼皮眼睛。当听到他们说笑着走进家门时，我企图努力辨认出阿三的声音，然而却办不到……

阿三最后一个走进家门，当我努力认出那就是阿三时，我的心突然一阵悲哀和失望……那不是我记忆中的阿三！那双明亮的眼睛在哪儿？站在我面前的阿三，显得平静而淡漠，对于我的北京双眼皮手术似乎是早已意料到的事情，并未显出多少惊喜和亲切。已经稍稍发胖的身躯和已经开始脱落的头发，使我的心痉挛般地抽动起来：岁月夺走了我儿时的阿三……我突然感到很伤心，我们失去的太多了！人的一生有许多值得珍惜的东西，可当我们还没来得及去珍惜它时，一切都已成为过去，一切都不存在了……

阿三邀我去他家吃饭，"王"和儿时两位同学同去；我感到很高兴。我

知道，这是阿三和"王"的心愿。很感谢我童年的朋友们为我安排这样美好的程式。我们这些人，一生中相见的机会太少了，这样的聚会将成为最美好的忆念。

阿三的妻子比阿三大，也不漂亮。妻子是县里的"三八红旗手"，劳动模范。望着蹲在地上默默地刮着鱼鳞的阿三和跑里跑外为我们张罗佳肴的阿三的贤慧的妻子，我感到很安慰，但却又一阵凄恻：儿时的阿三再也不会归来了，这就是人生……

"……一九六九年我在北京当兵，听说你在那里念大学，我去找过你，但没找着。"吃饭的时候，阿三对我说。这是我意想不到的事情，望着阿三，我便有万千的感激，阿三终没有忘记我！"我提议，为我们的童年干杯！"我站了起来。

阿三和"王"，还有童年的好友都高高举起了酒杯。

这一瞬，大家似乎都有许多话要说，但却谁也没说什么，我不知这一颗颗沉默的心里是否和我一样在想：人生最美好的莫过于友谊，友谊最深厚的眷恋莫过于童年的相知……我突觉鼻尖发酸，真想哭。

临走，阿三开着小车送我上车站（阿三在县政府为首长们开车）。

"很难过，我们都长大了……"真真没想到，临别时，阿三能讲出这样动情的话。然而，他的样子却很淡漠，很详静，甚至可以说毫无表情，只是眼望前方，静稳地打着方向盘。这种不动声色的样子使我很压抑，自找到阿三，我就总想和他说说小时候的事情，比如关于手套、布球或者"喊名字"的风波……然而，岁月里的阿三已长成一个沉静而冷凝的男子汉，成年的阿三不属于我的感情，我想。实在是没想到，临别，阿三却说了这句令我一生再不会忘记他的话。

感谢我圆如明月清如水的乡梦，梦中，童年的阿三向我走来……

（梅洁）

# 友谊之旅

我们明白自己不该开车时，都会把钥匙交给别人——至少我希望如此，但是，我的朋友克特是个盲人……

克特和我的深厚友谊，是我希望每个人都能有幸经历的，所有关于朋友的真正意义——信赖、关心、冒险，以及其他所有在我们仓促熙攘的一生中，友谊所能拥抱的事物，都在克特和我的深厚友谊中具体体现。

我们的友谊开始于多年前。

当时我们就读于不同的高中，是因为体育竞赛而认识的，我们对彼此的运动技巧都很欣赏。随着时间的流逝，我们成了最好的朋友。克特在我的婚礼上担任伴郎；几年后，他和我妹妹的室友结婚时，我也当他的伴郎。她还是我儿子尼克拉斯的教父。

不过最能展现我们的友情、巩固我们友谊的那件事，发生至今已经超过25年，当时我们都才20岁出头，还都是无忧无虑的年轻小伙子。

那次我和克特一起去参加一个当地"游泳球类俱乐部"举办的独裁进比赛。克特赢得门票对号奖，奖品是一只美丽的新表。我们两人一面开着各种有关这次杜塞的玩笑，一面走向我们的车子。

克特突然转身对我说："史蒂夫，你刚才喝了几杯鸡尾酒，车子还是我来开好了。"

起先我以为他在开玩笑，但我们两个比起来，克特一向比较聪明，我还是尊重他清醒的判断。

"好主意！"我说着把钥匙地给他。

我在驾驶座旁边的椅子上坐定，克特也坐上驾驶座。

他说："我可要靠你帮忙了，因为我不太确定从这里到你家里要怎么走。"

"没问题。"我说。

克特发动车子，我们顺利上路。车子照旧先颤动着颠了一阵子，不时还好马上获得发动。接下来的 10 里路，我指点方向——现在左转，慢下来，右边很快就到，加速等等。

克特开着车，走起路来仿佛有百里长，不过重要的是，那天晚上我们平安到家。

10 年后，克特在我的婚礼上诉说着我们的坚定友谊，同时透露那晚我们开车回家的故事，故事一结束，宾客们的眼里全都充满了泪水。

这个故事有什么稀奇呢？

我们明白自己不该开车时，都会把钥匙交给别人——至少我希望如此，但是，我的朋友克特是个盲人，他一生下来眼睛就看不见，而且那天晚上以前，他从来没有坐过驾驶座。

如今克特是纽约通用公司的顶级主管，而我在全国各地履行，教导业务员如何和客户培养长期稳固的情分与友谊。我们两人对彼此的信赖及甘为对方冒险的情谊，一直持续在我们的友谊之旅中，给我们的生活带来了意义与喜悦。

（史蒂夫·威利）

# 敲响生命

在这一份纯洁无暇的生死情谊面前，大家倏然明了：生活本身比所有挖空心思的浪漫推想都更迷人。

郭老师高烧不退.透视发现他的胸部有一个拳头大小的阴影，怀疑是肿瘤。

同事们纷纷去医院探视。回来的人说，有一个女的，叫王瑞，特地从北京赶到唐山来看郭老师，不知是郭老师的什么人。又有人说，那个叫王瑞的可真够意思，一天到晚守在郭老师的病床前，喂水喂药端便盆，看样子和郭老师可不是一般的关系呀。就这样，去医院探视的人几乎每天都能带来关于王瑞的花絮，不是说她头碰头给郭老师试体温，就是说她背着人默默流泪。更有人讲了一件令人不可思议的事，说郭老师和王瑞一人拿着一根筷子敲饭盒玩，王瑞敲几下，郭老师就敲几下，敲着敲着，两个人就神经兮兮地又哭又笑。心细的人还发现，对于王瑞和郭老师之间所发生的一切，郭老师爱人居然没有表现出一丝一毫的醋意。于是，就有人毫不掩饰地羡慕起郭老师的"齐人之福"来。

十几天后，郭老师的病得到了确诊，肿瘤的说法被排除。不久，郭老师就喜气洋洋地回来上班了。

有人问起了王瑞的事。

郭老师说："王瑞是我以前的邻居。大地震的时候，王瑞被埋在废墟下面，大块的楼板在上面一层层压着，王瑞在下面哭。邻居们找来木棒铁棍撬那楼板，可说什么也撬不动，邻居们说等着用吊车吧。王瑞在下面哭的嗓子都哑了——她怕呀，她父亲的尸体就在她的身边。天黑了，人们纷纷谣传大地要塌陷，于是就都抢着去占铁轨。只有我没动。我家就活着出来我一个人，我把王瑞看成了可依靠的人，就像王瑞依靠我一样。我对着楼板的空隙冲下面喊：'王瑞，天黑了，我在上面跟你做个游戏，你不要怕啊。现在，咱俩一人找一块砖头，你在下面敲，我在上面敲，你敲几下，我就敲几下——好，开始吧。'她敲当当，我便也敲当当，她敲当当当，我也敲当当当……渐渐地，下面的声音弱了，断了，我慌忙捡起一块砖头，回应着那求救般的声音，王瑞颤颤地喊着我的名字，激动得哭起来。第二天，吊车来了，王瑞得救了——那一年，王瑞11岁，我19岁。"

在这一份纯洁无暇的生死情谊面前，大家倏然明了：生活本身比所有挖空心思的浪漫揣想都更迷人。

（张丽钧）

# 共同的秘密

　　12个共同的秘密，其实只有一个秘密，那就是永恒、无价的爱的付出。

　　有一名矿工在挖掘煤矿时，一不小心触及未爆弹当场被炸身亡，他的家人只得到了一份微薄的抚恤金。他的妻子在承受丧夫之痛的同时，还要面临经济上囊中羞涩、捉襟见肘的压力，她只是一个家庭妇女，没有一技之长，不知道要怎样才能谋生。正当她发愁之际，丈夫生前所在挖掘班的班长来看她，看到如此惨不忍睹的窘况后，便建议她到矿区卖早点，以维持生计。

　　于是，她做了一些馄饨，每天一大清早就到矿区去卖。开张的第一天，来了12位客人。随着时间的推移、日月的流逝，热腾腾、香喷喷的馄饨吸引了更多的回头客，生意好时，大约有三四十人；生意清淡时，即使雨天或者寒冬也不少于12人。时间一久，矿工的妻子们都发现自己的丈夫每天早上工作以前，都要自觉不自觉地吃一碗馄饨，她们对此绞尽脑汁百思不得其解，于是想一探究竟，甚至跟踪质问丈夫，但都得不到答案。有的妻子甚至还亲自动手做美味可口的早餐给丈夫吃，结果丈夫还是着了迷般去吃一碗馄饨。

　　在一次意外事故中，班长也被未爆弹炸成重伤，弥留之际郑重其事地对他的妻子叮嘱道：我死了以后，你一定要接替我，每天去吃一碗馄饨，这是我们同班伙伴的约定。朋友死了，留下孤苦伶仃、无依无靠的妻儿们，除了我们还有谁去帮助那对可怜的母子呢？

　　从此以后，馄饨摊前又多了一位女性的身影，在来去匆匆的人群当中，唯一不变的是不多不少的12人。时光飞逝，日月如梭，转眼间，矿工的儿子已长大成人了，而矿工的妻子也两鬓斑白，老态龙钟，然而，这位饱受风霜、历尽磨难的母亲，依旧用真诚的微笑迎来每一个顾客。前来光顾馄饨摊的人，尽管年轻的替代年老的，女的换成男的，但从未少过 12 人，经过十几年的岁月更替，人世沧桑，12 颗爱心依旧灼灼生辉，闪闪发亮。

有一种项链可以亘古不变，直到永远，那就是用一颗颗爱心缀成的项链。穿越人世间最宝贵的岁月，横跨尘世间最昂贵的时光，12 个共同的秘密，其实只有一个秘密，那就是永恒、无价的爱的付出。

一个人的早餐只是一个鸡蛋，两个人的早餐就是一顿爱；一个人的拥抱只能抱住风，两个人的拥抱真实得发痛；一个人的快乐多么单薄，两个人的快乐感染了你我；一个人的痛苦苦得没有尽头，两个人的痛苦至少可以减轻一半……朋友就是喜欢你，也了解你的人；朋友就是愿意为你做尽一切，却从不要求回报的人。

这爱心缀成的项链，这项链缀着的爱心昭示着：正气、进步的社会不呵护弱势群体呵护谁？善良、美好的人间爱神，不呵护这样相濡以沫、默默奉献的朋友呵护谁？只有这普普通通的爱心项链代代相承，薪火相传，才是构筑中华民族道德大厦的基石啊！

（崔浩）

# 最温暖的拥抱

她的面前，是一沓零钞和一张纸牌，纸牌上面赫然几个大字：帮帮我的中国女儿。

我一直说不准房东塞尔玛的年岁到底有多大。但是从她最小的儿子都已三十出头来推断，我估计她最少也已经年过六旬。尽管她脖子上的皮肤已经皱得比老树皮还老，但她的双眼却是炯炯有神。

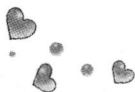

　　我和塞尔玛是通过一个学姐认识的。当时我刚到法国，一下飞机，学姐就把我接到了塞尔玛家里。当时塞尔玛正坐在旧式法兰绒沙发上晒太阳，看到我们便很亲切地过来拿行李，微笑着对我说欢迎。然后带我上楼看房间，告诉我她几个儿女都不在身边，说要我把这当成家，我感动得差点热泪盈眶。

　　可是一个星期后我就想搬走了，因为我实在无法忍受塞尔玛的独断和自私。她把家里的电话用一个大盒子锁起来，限制我每天洗澡不得超过五分钟，更有甚者是她还限制我炒菜，理由仅仅是因为她不喜欢油烟。我只能跟着她一起土豆土豆再土豆。而且可能因为寂寞，她居然在家里养了三只猫、两只狗。尽管我极力收拾，但还是满屋子的猫屎狗屎。

　　我气愤极了，但我还是没有搬出去。相比八欧元一斤的西红柿和十五欧元一斤的苹果，一个月的房租四十法郎，打着灯笼也找不到这么好的事了。

　　人在屋檐下不得不低头，我每天都这样安慰自己。可是事态并没有像我期待的那样走向平和。每天晚上我打工到十二点才能回来，她又多了一条禁令：不许我开灯。当我那天晚上一脚踏上一坨猫屎时，我发出了一声尖叫。接着穿着睡裙的塞尔玛便从卧室里冲出来，大声指责我影响了她休息。

　　我委屈极了，翻来覆去都睡不着。可是第二天一大早，她就开始用她那个破破烂烂的录音机放迪斯科。

　　一个星期六，我向塞尔玛借了她小儿子那台旧电脑，却发现显卡有些问题，于是我特意叫了一些学计算机的同胞来帮我修，可是塞尔玛一直站在门边，不肯出去。

　　晚上我跟塞尔玛说，我要打电话。她却突然对我说，他们有没有换走我电脑里的硬件？

　　我呆了，她竟然这样不相信我。所有的委屈一下子爆发了，我对着她大叫："塞尔玛，中国人绝对不会做这种事！"然后我在给妈妈的电话里号啕大哭，泪如雨下。塞尔玛一直看着我，然后递给我一块毛巾，我看都不看她。

　　她叫我，她跟我说对不起，她说她误会了，中国人很优秀。我看着她嘬着嘴，像个做错事的小孩。我止住了哭,但我还是拒绝了她的拥抱。我说,请叫我乔安娜。因为我实在不忍心听她用我的母语把我的名字叫成愚小猪,然后我破涕为笑。那个晚上,塞尔玛破天荒让我下了厨房,她尝了我煮的面之后,赞不绝口。她说以后准许我下厨房,可以开灯。她的笑让我如沐春风,以为今后的日子可以和平相处了。

可是第二天,我在浴室里多呆了一会儿,她又来敲门。我郁闷极了,一个人跑出去。附近的圣坦尼斯拉广场天空蔚蓝,一切都保留着中世纪的风格。教堂里做弥撒时悠远的钟声,天空飞过的鸟群,带给人无与伦比的宁静。

可就在我回家的时候,被飞驰而过的摩托车挂倒了。我的腿疼极了,我挣扎着爬起来,却惊慌失措,下意识地就拨通了塞尔玛的电话。有那么一瞬间,脑子里闪过一个念头,我想她也许不会理我。可是不一会儿我就看到了塞尔玛急急赶来的身影。

羞愧于自己的自私和小心眼,躺在病床上的我难受极了。虽然只是骨折,可是我没有办医疗保险,这在法国是要付一笔极其昂贵的医药费的。坐在旁边的学姐一直在安慰我,说医药费没关系,大家会想办法的。

我问她,塞尔玛呢?

她摇摇头,笑着问我,你不是不喜欢她吗?

可是关键时候,还是她把我送到医院的呀。

出院手续是学姐给我办的。我正不知道该如何报答的时候,她却说要带我去广场见一个人。

春光明媚的圣坦尼斯拉,阳光正好,生命正好。我突然看见空旷的广场那一边,塞尔玛穿着鲜红色的衣服在跳舞。她的身后是那个破破烂烂的录音机,而她的面前,是一沓零钞和一张纸牌,纸牌上面赫然几个大字:帮帮我的中国女儿。

霎时,我的灵魂被击中了。学姐轻轻地告诉我,出院手续其实是塞尔玛帮我办的。她一直严厉地要求她身边的孩子,而正是由于她严厉的教育和在生活上的一丝不苟,她的三个孩子一个已经是巴黎市的高级法官,另外两个都是议员,深受市民爱戴。

难怪她只要我那么低的房租，难怪她要我把这儿当家，难怪她会在关键的时刻为我筹钱，原来她一直是以法兰西的习惯来要求我，原来她真的是把我当成了自己的亲生女儿来对待。

塞尔玛，我朝她飞奔过去。我要和她来一个深深的拥抱。

（于筱筑）

# 我的哲学朋友李云

我们在一起只相处了短短的三个月，但他却是今生我唯一的哲学朋友。

李云是我二十年前结识的一个重庆朋友。我们在一起只相处了短短的三个月，但他却是今生我唯一的哲学朋友。

一九八四年春天，我受单位委派，赴办在"雨城"雅安的四川省供销干部学校学习。学员有两百多人，来自全省各地，李云也是其中之一。

李云高高的个子，身材瘦削，说话声音有些沙哑。我老家在重庆永川市的朱沱，自然就与重庆的几个老乡成了好朋友，经常在一块儿吹牛、打牌，周末凑份子喝酒，排解远离家乡的寂聊。

李云是重庆老乡中，和我关系最密切的。他虽然只有二十七八岁，虽然只是一个公司职员，但酷爱哲学，而且颇有研究。当他知道我也喜欢哲学，非常高兴。我们每次聚在一起，五分之三的时间，打发给了深奥晦涩的哲学。从李云那里，我了解了马克思之所以伟大，是站在两个哲学巨人的肩膀上，费尔巴哈和黑格尔，诞生了影响全世界劳苦大众的辩证唯物主义。他告诉我，喜欢哲学，仅仅研究唯物主义是远远不够的，其实唯心主义也有伟大的力量。在他的导引下，我第一次艰难地啃完了黑格尔的《精神现象学》、《美学》，费尔巴哈的《基督教的本质》，叔本华的《人生的智慧》，尼采的《查拉图是特拉如是说》、《权力意志论》……面对哲学灿烂无比的星空，我的眼前仿佛打开了一条思想的长河。站在哲学的智慧树下，我感觉自己真象阿里巴巴，满眼都是对知识的贪婪。

在上课之余，我们常常到青衣江畔散步，探讨哲学，欣赏钓鱼爱好者用晃钩钓名贵的雅鱼。我们也曾结伴进城，饱览雅女的天生丽质，然后回到寝室，给各自发现的美女打分。干校坐落在雅安郊外的川藏公路边，一面是急流险滩的青衣江，一面是崖陡林深的高山。一天下午，李云约我登高探险，天性爱冒险的我乐呵呵地跟他去了。

我们一口气爬上长长的山坡，又象攀岩运动员一样攀过几道大石壁，一头钻进老林里，玩得尽兴，玩得刺激。黄昏时分，我们开始下山，走到大石壁前，才发现没有绳索之类的工具，根本无法从一二十米高的石壁上下去，上山容易下山难啊。我望着比我长十来岁的李云，他也是一副一筹莫展的样子。无奈之下，我们对着山下大喊大叫，可是山太高，没人听见。我们又往山脚的公路上扔石头，想引起司机的注意，可是汽车过了一辆又一辆，没有一辆停下来。折腾了半天，眼看天就要黑下来，我和李云只好毛着胆子，互相拉着扯着踩着托着，惊险无比地下了石壁。一脚不慎，就会粉身碎骨，我们站在川藏公路边，回望笔陡的山峰，不觉满身冷汗。

在干校学员中，未满二十岁的我年龄最小，被李云取了个绰号"小梁子"。五月份结业之前，学校组织游览峨眉山。二十年前，峨眉山旅游设施十分落后，连电话也没通上山。干校选了三个人打前站联系食宿，年纪小且身强力壮的我有兴被选中。到了峨眉山，我们从报国寺步行上金顶，沿途落实好食宿，然后我又独自下山迎接大队人马。晚上大伙儿到了，李云问我累不累，我累得说都不想和他说，只想睡觉。第二天早上，又随大部队上山。

第二趟下山时，我几乎走不动了，两个小腿又肿又胀，硬得象石头，下坡只能横着走。李云看我真是不行了，和另外两个重庆大姐落在后面照顾我，实在走不动就搀扶或背我走。到了宿营地，李云叫我用热水烫脚后，几个人把我摁在床上，给我捶腿。我的腿肿胀得碰都不能碰，还能捶？我疼得狂呼乱叫，拼命挣扎。李云说："小梁子，忍着点，不捶不行，明天你根本没法走！"就这样，在经验丰富的李云的指挥下，我被一路捶着下了峨眉山。虽然挨捶时我直骂李云心子黑，但他这招还真管用。

如今，二十年过去了，不知李云大哥现在如何？如果别来无恙，他应该是快五十岁的人了。这些年来我在哲学方面很有长进，这得益于在美丽雅安李云的引导。每当我在哲学上有收获时，会想起李云；每当我遇到哲学难题时，也会想起李云。

（佚名）

# 我的老外邻居们

她既像妈妈又像朋友那样始终陪在我的身边，不断地鼓励我，不断地安慰我，使我在这个陌生的国度里，不那么寂寞和孤独。

在买房之前，我们曾在一栋公寓楼里住了近三年，那是一个很大的公寓楼，离地铁不近也不太远，周围的环境很好。楼里大约有一百多户人家，住户主要是退休老人及少数像我们这样的上班族。

## 热心又风趣的奥宽夫人

那时我们刚到加拿大，举目无亲，虽然有朋友，可惜却不在一个城市，所以几乎没有得到任何有效的帮助。更糟糕的是，这是一个以法语为主的城市，对我们这些丝毫没有法语基础的人来说，生活的困境可想而知。所幸在公司的帮助下，顺利地找到了房子，把家安了下来。

当务之急就是学法语，可怎么学呢？一点头绪都没有。于是我想起了我的邻居们，土生土长的他们应该知道一些这方面的信息吧。于是我就坐在一楼门厅的长凳上，等邻居经过，不一会就进来了一位身材瘦高、年约六旬的女士，她看见我之后，微笑地打了一声招呼，我不知从哪来的勇气，走上去，开始用英语向她解释我的处境，谁知一聊之下，发现她居然就是一位法语教师，不过已退休好多年了。她是奥宽夫人。当她得知我想学法语时，表现得非常高兴，然后又歉意地说可惜年纪大了，不然她倒是很乐意教我法语。随后又让我跟她一起到她的公寓，从报纸上找有没有这方面的广告，结果一无所获。末了，她把电话号码抄在一个纸条上，交给我，并告诉我只要有不懂的问题就可以问她。这号码其实只打过一次，因为后来我很快就找到了学校，而且老师们都很认真负责，所以倒没有必要麻烦她。另外，平时在电梯里经常可以遇见她，有什么问题顺便也就问了。

# 无知的歧视者

上面讲的是奥宽夫人，一个热心又风趣的老太太。后来得知她的一个儿媳就是中国人，难怪她对我这么友好。我发现凡是有中国亲友的，或者曾去过中国的老外，往往对中国人没有什么歧视；而那些从未去过中国，对中国的了解，仅限于电影、电视、报纸的人，对中国人有一种很明显的歧视，原因是他们对真正的中国太不了解，以为中国人，中国的城市，都像张艺谋电影里拍的那样穷，那样落后，以为中国人是因为穷才去吃那些果子狸的。在他们的眼里，中国就是一个贫穷、落后、不文明、没修养、不尊重民主和法制的国家。

有几个邻居就是没见过世面的这种人，其中一个意大利老头就是这方面的代表，傲慢无礼、目中无人，在电梯里遇见我就像没看见我这个人一样，我主动和他打招呼，谁知他一脸的无动于衷，我还以为他有听力障碍，谁知后来进来另一个本地人，他很热情地招呼那个人，我才反应过来，原来他是装的，从此我就再也没和他打过招呼。如果在电梯里遇见了他，也把

车亭坐着一位慈眉善目的老太太，体态稍胖、笑容可掬，让人有一种很亲切的感觉。我试着用刚学到的法语和她打招呼，她显得很惊讶，我们就半英语、半法语地攀谈起来，一聊天才发现，原来我们住在同一个公寓楼里，她告诉了我她的门牌号和电话号码，并一再叮嘱我只要有困难就找她，千万别客气。

后来我也就老实不客气地麻烦了她无数次。小到看病找医生，大到家庭矛盾，我都会找她聊一聊、谈谈心。事实上她就像妈妈一样给了我无数的帮助。帮我打电话找医生，教我做地道的三明治，陪我去逛街，还有听我倾诉烦恼忧伤，她既像妈妈又像朋友那样始终陪在我的身边，不断地鼓励我，不断地安慰我，使我在这个陌生的国度里，不那么寂寞和孤独。当我写到这时，好像有一股暖流温暖了我的全身。

我永远都忘不了当我告诉她我们要搬家时，她眼中涌起的朦朦泪水、她那紧紧的拥抱和发自内心的祝福。时至今日，我们依然是朋友，虽然离得远了，见面不那么方便了，我们还是常常电话联系，她也到我的新家来做过客。她总是说我是她的中国女儿，她是我的加拿大妈妈。她真的就像守护天使一样保佑着我。

# 如父般的大楼管理员

还有我们的大楼管理员彼通先生，他也是帮助我们最多的人。彼通先生心地特别善良，当他得知我们是第一次在国外生活时，对我们非常照顾。他的女儿跟我的年龄差不多大，他对待我们有时就像父亲一样。

一次，我不小心割破了手，血从深切的刀口汹涌地往外流，怎么也止不住。我又紧张又害怕，全然没了对策。虽然以前也割破过手指，但往往一会儿就止住了，但这次血好像跟本没有停下来的征兆。万般无奈之下，我只好打电话给他，请他过来帮忙。不一会儿，他就上来了，随身还带了一个小急救箱。他细细地检查了伤口，然后用酒精消毒，最后用绷带包扎起来。过程中他不断地安慰我，让我别担心，果然，慢慢地，血止住了，我不由得松了一口气。这才想起来谢谢他。他笑着说别客气，就收起东西离开了。到了门口，他又想起什么似的问我我的手影响不影响做饭，要不

生活的真谛

他当成空气。

　　像他这样的邻居还不止一个，还有一个老太太，每回看见我都是一脸冰霜，我知道她是歧视我，但因为有法律的约束，她并不敢怎么样。而且我发现我所遇到的所有歧视都是像这样的，没有任何歧视性的语言，也没有任何挑衅性的动作。他们只是用眼神告诉你他们不欢迎你，他们不信任你。

## 加拿大妈妈

　　幸好这样无礼的人并不多，大多数邻居都亲切有礼、乐于助人。和马克比夫人认识是在等车的时候，那天我像平常一样去等车，一眼就看见候他顺便多做一点吃的送来，我慌忙谢绝，声称已经吃过了，他也就不再坚持。走到门口还一再叮嘱我，只要有问题就通知他。真是把我感动得不知说啥好。

　　后来知道他爱吃中国菜，我就在烧菜时多烧一点给他送去，他对我烧的菜常常赞不绝口，作为回报，他也会给我们送一点他烧的菜，当然也很好吃。一来二去，我们成了很好的朋友。在我们搬家的时候，他还特意送给我们两幅他画的油画作为留念。现在我们就把两幅画挂在客厅的墙上，每每看了这两幅画就让我想起他那如父爱般的温暖和关心。

（秋云）

178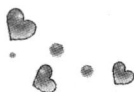

# 第五辑　不能忘记的眷眷师恩

拥有一颗感恩的心，我们才懂得去孝敬父母。拥有一颗感恩的心，我们才懂得去尊敬师长。拥有一颗感恩的心，我们才懂得去关心，帮助他人。拥有一颗感恩的心，我们就会勤奋学习，真爱自己。拥有一颗感恩的心，我们就能学会包容，赢得真爱，赢得友谊。拥有一颗感恩的心，我们就会拥有快乐，拥有幸福。我们就会明白事理更快的长大，我们就能够拥有一个美好未来。

# 难忘的一刻

一个男人流泪了，为了父爱，这怎么能不让人唏嘘不已呢？

高二的时候，由于实行文理分科，我们只好默默地等待新班主任暨我们的语文老师的到来。据说，班主任是刚毕业的新教师，同学们早就想瞧瞧新老师的庐山真面目了，可正式上课的时间已经过去了一天，还迟迟不见班主任的身影。同学们心中都疑惑不解：这新班主任到底在搞啥名堂呀？到了第二天的语文课，一位教高三的语文老教师走了进来，同学们面面相觑，互相交头接耳，不是说是新毕业的教师吗？怎么跑出这么一个老头子来了。只见这位老教师朝同学们双手一摆说："同学们，请安静一下，因为你们的班主任家中有急事暂时不能来上课，你们的语文课从今天开始暂由我来代，直到你们的班主任到来为止。"同学们纷纷猜测，是什么重要的事让这个新来的班主任置40多位学生的学业而不顾呢？

一个星期终于在同学们期待的目光中过去了，同学们对新班主任早已是翘首以待，因此40多双眼睛齐刷刷地射向教室的门口，预备铃响了之后，只见一个个子很高，四方脸上略带苍白，一双掩饰不住悲伤的大眼睛的青年教师一脚踏进了教室。他对全班同学们说："同学们，非常对不起，我因家中有事耽误了你们一星期，请你们原谅！"说完开场白之后，老师作了自我介绍，我们才知道他叫黄老师。接着黄老师对我们讲他姗姗来迟的原因。原来是黄老师的老父身患重病，恰恰在开学初去世，黄老师为了父亲的丧事才不得不请假一个星期。

接着黄老师拿起粉笔在黑板上写下了"父爱"两个很大的字，他对着我们，满怀深情地谈起他对父爱的感受和失去父亲之后的悲痛心情。他说：以前他的父亲事事对他严格要求，特别是在学业上和做人方面，更是有过

之而无不及，因此他对父亲的严厉感到不可理解，有时甚至产生抵触情绪，直到父亲病重之时还念念不忘自己的分配问题，他才深深地感觉到父亲的爱原来是多么的深沉和粗犷，它虽然没有母爱的细腻，但它却是无所不在的，甚至是影响自己一生的关键，只可惜他现在明白这个道理已晚，真的是"子欲养而亲不在"啊！讲完这些话后，我们发现有两行清亮的泪水顺着老师的脸庞流了下来，接下去老师声音哽咽，再也说不出一句话来，只好跑到教室外去调整一下情绪。同学们也都被老师的悲痛深深地感动着，全班顿时鸦雀无声，连粉笔屑掉落在地的悉悉声都清晰可辨，女同学都不自觉地趴在桌上抹眼泪。是的，这是我有生以来第一次看到的男人的眼泪，更何况又是我们最敬爱的老师的眼泪，它怎不让人觉得心酸啊！我这才深深理解"男儿有泪不轻弹，除非伤心落泪处"的涵义。一个男人流泪了，为了父爱，这怎么能不让人唏嘘不已呢？

　　老师再度回到教室时，他已擦干了眼泪。他说："同学们，谢谢你们帮我分担失父的痛苦，不过，我不希望看到你们落泪，我希望你们吸取我的教训，不要因为失去了才知道去珍惜，那已经是为时已晚，我希望你们从此以后发现父爱，去理解父爱，我们每个人的父亲都是爱我们的，这一点不容置疑。我想，我们现在回报父爱的惟一方法是好好学习，学好每一门本领，这也是我对每个同学的期望。好了，现在请同学们借鉴朱自清先生的《背影》，写一篇命题作文，题目就叫做《父亲的爱》。看谁最能抓住父爱的特点予以深掘……"

　　这事虽已过去了十几年了，可每当我们当年的同班同学凑在一起的时候，都会不由自主地回忆起这感人的一幕，可以说，这是我们整个高中阶段印象最深刻，也是对我们一生深有影响的一课。

（白绿红）

# 难以忘却的眼泪

　　曾经觉得，老师是不应该哭的，因为在我们眼里，他们似乎能够解决所有的问题。

　　在漫长的求学生涯里，我遇到过许许多多的老师，他们各有各的性格和特点。他们的一颦一笑都深深镌刻在我的记忆里，但我最难忘的却是他们的眼泪。

　　第一次看见老师的眼泪，是读小学五年级的时候。那一节语文课，朱老师正给我们讲解试卷，有一位老师跑来让她去接电话。过了很久，她还没有回来。安静的教室里慢慢地喧闹起来，大家都在七嘴八舌地猜测着。终于看见她出现在走廊的尽头，她一边跑，一边用手抹去脸上的泪水。这是怎么回事呢？难道是有什么坏消息吗？我们忐忑不安地想着，教室里一片寂静。她走进教室，似乎想竭力忍住自己的伤心，拿起试卷继续讲解，但她很快就哽咽着，眼泪止不住往下掉。她断断续续地解释着原因，可惜我们那时太小了，无法理解她的悲伤，更不知道如何去安慰她。她的眼泪让这一节语文课充满了悲伤。

　　再一次看见老师的眼泪，是初三的时候了。我们班的学生显然是足够淘气。那天，语文老师让一位没写作业的同学罚站，可是他却趁老师不注意的时候，向后排的同学扮鬼脸，逗得他们哈哈大笑。老师生气了，批评了他几句，可他就是不承认，还强词夺理，教室里仿佛在上演一场闹剧。老师被他气哭了，把书一扔就走了。教室里渐渐地安静下来，几位班干部跑去安慰老师。但他们很快就回来了，并且带回一个可怕的消息，说虞老师不要教我们班了。这下，教室里又热闹了，大家开始纷纷指责和抱怨那位同学，逼着他

去向老师道歉。

　　也是初三的时候，我们的淘气，让班主任也感到无奈。初一的时候，我们班是全校最优秀的班级，但到了初三，却成了全校最差的了。年轻的班主任尽了她最大的努力，依旧无济于事。临近中考，我们班却是一片混乱的局面，每天都有很多麻烦等着她去处理。然而那时，她已经怀孕了。这样的生活显然不会轻松，她为我们选择了坚持，而我们却对她的付出视而不见，还常惹她生气。中考前一个月，她提出请假，但没有被批准，因为没有一位老师愿意当我们班的班主任。得知这个消息的时候，她很委屈地哭了。那一刻，她的眼泪让我们感到惭愧和心酸，是我们太让她失望了。

　　但高中时那位老师的眼泪，却让我们看到了她的坚强。高二的时候，我们对新来的语文老师百般挑剔，非常不满。其实她是认真的，只是没什么经验吧。那次期中考试，她教的两个班级成了全校倒数。文科班的语文成绩竟然比理科班还差，这简直太不可思议了！而我们感到屈辱的同时，更多的是担心和怨恨。迫于高考的压力，我们开始怀疑她的能力，甚至全班联名上书要求换老师，闹得学校里沸沸扬扬。我们太自私了，从没有想过这样做对她的伤害，也没有考虑过她的感受。其实考这么差，她一定比我们更加难过和尴尬。不知道她当时需要多大的勇气来面对这么多不信任的目光。第二天，她没来上课，这让我们有些不安。但第三天，她却来了，在长久的沉默后，她开始诉说她付出的努力。她说她希望这件事能成为过去，她愿意原谅我们。而她相信自己的能力，也请我们相信。发生这样的事，她一定很伤心，也一定是哭过的，可是那天，虽然她的声音有些哽咽，但自始至终没有流泪。在巨大的压力面前，她没有选择放弃。也许正是这一份坚持和自信，让她逐渐走向了成功。

　　曾经觉得，老师是不应该哭的，因为在我们眼里，他们似乎能够解决所有的问题。但事实上，他们也是一样的平凡，面对生活的喜怒哀乐，他们也有属于自己的快乐和悲伤。而我们也在他们的欢笑和泪水、无奈和坚强里，读懂了人生的哲理。

（周文雅）

# 老师的爱是最美的

我感谢老师们，是他们给我拨正了生命的航船，重塑了我的灵魂，使我能在人生的旅途上健康成长。老师，你比我亲人还亲！

春天，最美的是芳草；夏天，最美的是彩虹；秋天，最美的是丹桂；冬天，最美的是太阳。而炮院附中最美的当数老师。老师多么崇高啊！"春蚕到死丝方尽，蜡炬成灰泪始干。"他把无穷的知识传授给我们，从不计较个人得失；他把真挚的爱奉献给我们，向来不图回报。

想想以前的我是那样的顽劣，成天逃学、上网、打架，父母讲我，我也不听，有的时候烦了、还和他们吵架。不学无术，成绩很差，就连父母帮我请的家教也被我气走了。由于父母管不了我，就把我送到这个全封闭军事化管理的学校——炮院附中。刚来的那几天，我脾气暴躁，不愿和老师交流，还顶撞、辱骂过五六位老师，为此还受到了学校的记过处分。那时的我就像一只大海上迷失方向的小船，不知该往哪个方向航行，在大家的眼里，我就是一个我行我素的坏孩子。

但是我的班主任朱老师并没有因此而放弃我，她经常找我交心，不论是学习上还是生活上，她都会无微不至地关心帮助我，就像我的大姐姐。从她的关怀中我看到了希望，萌发了改变自己的心芽。渐渐地，我在朱老师的关心下改变了许多，有了明显的进步，端正了学习态度，增强了纪律观念，能尊敬老师，有了较强的集体名誉感，学习成绩也有了较大的提高，从以前班级倒数跻身年级 50 强，班级前 10 名，跟以前相比判若两人。我之所以能有这么大的转变全归功于我的班主任朱老师，她在我最困难的时候向我伸出援助之手。我感谢老师们，是他们给我拨正了生命的航船，重塑了我的灵魂，

使我能在人生的旅途上健康成长。

10月9日，是一个让我终生难忘的日子。我不小心把腿给摔骨裂了，梅老师急忙把我往医务室送，医生说我需要到校外就诊，我一下子慌了，心里十分着急，父母又不在身边。这时，朱老师、漆老师向伸出温暖的双手。她们把我从三楼抱到一楼，又赶忙找车把我送往市人民医院。在车里，朱老师紧紧握着我的手，在检查时，朱老师帮我垫医药费，最后费用不够，又返回学校取钱，来回折腾两三次。那时有一股暖流涌入我心灵深处，从她那着急的眼神中我明白了什么是爱，一位多么好的老师！当时虽然我的腿很痛，但心里却甜滋滋的，也不害怕了，因为长这么大从来没有这么多老师这样照顾我。我鼻子一酸，眼泪在眼眶直打转，我真想大声说："老师，你比我亲人还亲！"那天从医院回来，何校长和阳主任问寒问暖，更让我感受到家的温暖。我伤腿卧床18天，老师5次送我上医院，医生都被感动了。老师除了关心我的脚伤外，还很关心我的学习。这几天我一直在寝室里休息，缺了许多课，张老师、钱老师、吴老师都耐心地给我补课，从他们嘴里喷出的每一个字都像甘甜的乳汁滋润着我的心田。他们利用自己的休息时间给我补课，无怨无悔，"春蚕到死丝方尽，蜡炬成灰泪始干。"多么贴切的比喻啊！老师像蜡烛一样，一点一滴的燃烧自己，奉献自己。在这十几天的里，不仅老师对我十分关心，同学们也对我照顾有加。由于腿脚不便，他们每天总是在第一时间跑着将香喷喷的饭菜送到我的床前。秋风萧瑟，当我看见同学额头汗水涔涔时，我的泪水模糊了我的双眼。前天我去复查，朱老师和漆老师商量要给我补加营养，以便我的腿复原的更快，还带我去喝了鸡汤，给我滋补身体。我的泪水又一次夺眶而出。

在炮院附中这个温暖的大家庭里，留给我印象最深的是老师，当我跌倒时，是老师给予我鼓励；当我取得成绩时，是老师教我谦虚谨慎；当我迷惘时，是老师给予我帮助。老师给予我太多太多，他们教会了我既成人又成才，这些使我永远都不无法忘记。

现在的我是一位热爱集体、热爱劳动、遵守校纪校规的好学生。从现

在起我要给自己树立一个远大的目标，我要与时间赛跑，更另勤学苦练，学会学习，学会生活，学会做人，立志成才，争取给父母与老师一张满意的答卷。

（张婷）

# 我在烛光里望着你

　　老师，我在烛光里望着你，耳边响起你甜甜的笑声，伴随着同学们的读书声在这座深山小学的上空回荡。

　　我在烛光里望着你，我的老师。我知道你已远去，我知道你不再回来，但烛光中你纤纤的背影和留给这个世界的微笑，是我一生永远抹不去的记忆。我曾在凌冽的寒风里，望着雪野上那串伸向远方的脚印，回想着你用生命写下的一段段动人的故事；我曾在崎岖的山路上，俯吻着你跋涉的汗水浸透的泥土，从每一滴汗水中去追寻你青春的年华；我曾凝视漫山的青松在风中傲然挺立，从苍劲的松骨中感受你坚毅的品格。去年冬天，我们曾为伸展的松枝上系上三十六块红色的方巾，那是三十六颗童心踩着母亲的肩头爬上这些松树为你悬挂。三十六块方巾就像三十六双渴望的眼睛，期盼着你从山间那条崎岖的小路走来；三十六块方巾在寒风中飘舞，就像映照在您身上的片片朝霞。

　　你走了，永远地走了，给山娃们留下的只有昨天的回忆和梦中思念的泪水。

　　老师，在烛光里，我手捧你在油灯下给我认真修改过的作业本，想着你曾经抚摸着我的头告诉我的那句话，"好好学习，要想改变咱山区的贫穷，怎么说也不能没有文化"！今天我又一次走上那座你曾走过无数次的小桥，小

桥下依然是潺潺的流水，我看到清清的流水里你冒雨背我过桥的倒影，可我模糊的双眼却已经看不到你清秀的脸庞；我又一次走过葱葱的绿野，采下一束山菊花，可惜我再也不能像往常那样摆上你的床头，只能把她摆在你的墓碑旁。

　　老师，你不仅是我们的师长，更是我们的朋友，我们贴心的伙伴，同学们有什么心里话，都愿意和你讲。我在烛光里望着你，望着你并不宽厚的肩膀。就是这副肩膀，承载着我们这些山区孩子上学的梦想。在这块贫瘠的土地上，我们这些山里的孩子，就像一叶行驶在茫茫大海中的小舟，没有哪一个人能经的起家庭生活意外的风浪，随时会被家境贫穷的风浪击碎自己上学的希望，而你就成为我们求学路上的安全港。还记得那次小杜鹃因为父亲住院，交不上学费，没来上课。你为了不让小杜鹃失学，跑了二十多里山路，把她找来，把为儿子买奶粉的钱拿出来，给小杜鹃把学费交上。

　　老师，我在烛光里望着你，耳边响起你甜甜的笑声，伴随着同学们的读书声在这座深山小学的上空回荡。你乌黑的短发上那块红色的方巾，在艳阳下像一只轻盈的蝴蝶在我们心中飞翔。可现在这一切已经成为昨天的回忆，只有学校门口那面飘扬的国旗告诉我们，这里曾经有一个省城来的女教师，用自己年轻的生命谱下一曲山区教育的乐章。

　　老师，我在烛光里望着您。这红色的烛光是您无私的品格，无言的蜡泪诉说着我们默默的哀伤。在又一个教师节到来的时候，我们这些山里娃默立在您的墓前，为您献上您最喜欢的山菊花，愿这美丽的山花陪伴着您，在天堂娇艳地开放。

（京枫）

# 穿红裙子的语文老师

> 她那一头乌黑的长发，还穿了件美丽的红裙子。学校安排她给我们上语文课，任班主任。

又是一个夏季。

火热的田野，火热的山林。她穿着一件红裙子，带着几名学生，说说笑笑走出校门，融入校园外树丛的绿色中了。这是所"老龄"的村级小学，已经65年了。青砖碧瓦的校园是从前地主的院落，四棵百年老树被附近百姓誉为"宝树"。任课老师大都50多岁了。学校生活在"老"的色彩中变的默默无语。

那年我刚上学，20岁的她走进了校园。她那一头乌黑的长发，还穿了件美丽的红裙子。学校安排她给我们上语文课，任班主任。她语文课上得与众不同：有时把学生带到村子中间的清水河里，找小鱼咬脚趾的感觉；有时把学生领到郁郁葱葱的牛头山上看哪儿像牛哪，哪个像牛角；有时把打扮成课文中的大灰狼，丑小鸭，在讲台上模仿课文内容大喊大叫，有哭有笑……老教师们疑惑不解：我们教这么长时间的书，没见过这样上课的！课堂上，学生跟着她进入了情境。一会儿是没捞到月亮的"小猴子"迷惘地站在那儿，一会儿又是"卖火柴的小女孩"可怜巴巴地向大家诉说着什么……她那漂亮的红裙子飘在课外活动的场地上，飘在学校的小戏台上，把学生引向课本以外的精彩的世界。不久，班队会，活动课在这所偏僻小学的各班如火如荼地开展起来了。二胡，口琴，笛子，小碗，小盆等"乐器"的"交响曲"在校园小戏台上演出了，惹的近处几个"玩船边"村民止不住心里痒痒而登台献艺。小学生们还把课本剧演到了家里，课本里的故事家长们也熟悉起来。学校生活变得丰富多彩起来，它驱散了丛林深处

的沉寂，赶走了村民们的无聊和疲惫。放学回家的学生吃了饭就吵着要上学，学校充满了令家长费解的诱惑。再也没有搜肠乔肚找借口的"逃学生"了，更没了被爸妈拿棍子赶着上学的孩子了。村民们在议论,：学校变了。原来辍学的 9 个学生又自觉的背着书包来上课了，主动来学校找老师谈孩子情况的村民多起来……

　　有一次，她到县城参加一个教学研讨会，一去就是五天。这可苦了我们这些山里伢。我们一天三次站到校门口的尖角山上，等啊，盼啊，想突然看到那红裙子又飘回来。等到第三天，五年级的一个女生不知从哪里得到消息，眼泪汪汪地告诉大家：红裙子老师又调回城里的学校去了！

　　坐到太阳落下尖角山，带着一种无名的惆怅，一种失落感，我们几个不甘心的小学生背着书包，拖着沉沉的脚步告别了夕阳最后的一抹余晖，依依不舍地向家里走去。眺望着远远的县城，心里想：城里太不像话了！

　　第六天，她却像梦一样从城里回来了。她对围过来的学生微笑着，好像在说：我哪里也不去……

　　我们激动地把她围起来，流着泪笑了。

（康智元）

# 一生都不能忘记的老师

　　　　这是一种心灵的力量，像不灭的火焰山点燃了生命的发动机，催我奋进。

　　从小学到大学遇到过好多老师，大部分都记不清了，只是经过仔细回忆，才可以慢慢地想起来。但有个别的几个，一生都难以忘怀，不是因为他们过

于严厉或者温柔心善，而是因为他们启发了我的思维。

最早的一位那可能是在四年级，在炎热的夏季，我们去拣地里的麦穗。老师和我们一起，同时还给我们讲故事。故事的内容现在已记不清楚了，但是他讲的是关于天文学方面的知识。当时天上并没有星星，我们抬头仰望天空时，她说：深水井里白天可以望见星星。我好像问了她其中的原因，她又给我讲了物理方面的知识。一个四年纪的学生，听到老师讲这样深奥的知识，感到非常惊讶。第一次感受到在生命之外，还有这么多的奇妙？我带着这种激情，整整有好几年的时间处在如饥似渴读书之中，有时中午大家休息了，我悄悄地溜到校门外坐在田野旁的树下，做数学题、有时写感想，勾画美好的未来，也许当时我的同学听了这样的故事也会产生类似的激情，但他们的激情一定比不上我的那样磅礴有气势。这是一种心灵的力量，像不灭的火焰山点燃了生命的发动机，催我奋进。由此我的成绩直线上升，连续考上初中、高中、大学。说真话，直到现在为止，我还没有到那口井沿上看看白天的井里有没有星星。可是在阳光灿烂的夏日里，老师讲故事连同她说的这颗星星一直在我的心里像两颗闪烁的星星，一直催我在人生道路上孜孜不倦地追求。

现在我已工作多年了，但是在我心中仍有她年轻时的形象，充满生命的活力和智慧，她那时讲的故事，我总以为胜过我听过的所有的课，是她在我智慧的荒原里点起了一把火，使我的智慧第一次产生了光亮。

（佚名）

# 有月亮的晚上

那些有月亮的晚上，真美！

窗外有悄悄说话声，嘁嘁喳喳。我故做地大声问："谁呀！"说话声顿止，突然又响起一阵哄笑，接着是一群人逃离时纷乱杂沓的脚步声。山村里，惊起几声响亮的犬吠。

我拿起书走出屋子。我知道，那是我的学生们，他们是来叫我去学校的。我们这里是山地，学生居住分散，到学校要翻山，穿林，过河，走不少的路。为了大家的安全，学校不让学生晚上到校自习。但是，学生几次向我提出，晚上要到学校做功课，并提出了许多理由：什么家里没通电，一盏油灯一家人争着用啦；什么家里人口多太吵，不安静等等。总之，好像不到学校就无法完成功课似的。见我还是不同意，学生就提出了折中的办法：没有月亮的晚上在家做功课，有月亮的晚上，就到学校去。我仍不同意。其实，我不同意是出于个人的"私心杂念"。因为，晚上是我惟一一点可供自己支配的业余时间，我得充分利用这点时间，静下心来读读写写。可是，到了有月亮的晚上，就有一群群学生来我家里，他们问我在家干啥。我说看书。他们就说，那咱们赶快去学校吧，你看书，我们做功课，那多好！我逗他们：说说看，好在哪里？于是，他们就笑，而且笑而下答。

学生这样"烦"我，我不讨厌，也不生气，因为爱学生是教师的天职。于是就腋下夹着两本书，同学生们一起踏着月色去学校。深秋之时，夜凉如水，真有点儿"凉露霏霏沾衣"的感觉。长空里，纤尘不染。圆圆的月亮很洁净，挂在树梢上，看上去湿漉漉的，仿佛清水刚刚洗过一样。香盘河波光粼粼，如涌动着一河月亮。我们沿着长满杨柳的河堤走着，时而走在树影里，

时而走在月光下，这恰似走在"晚凉天净月华开"的意境之中。学生们簇拥着我，蹦蹦跳跳，书包里的铁皮文具盒丁当作响。他们大声嚷，高声笑，全然没有了平时课堂上的拘谨。偶尔谁还"啊——嗬——"地喊一嗓子，肆意挥洒着心中的快乐。在这样的氛围里，学生们最能敞开心扉，一下子缩短了师生之间的距离。他们肯把埋在心底里的话讲给我听，肯把不宜外传的家事告诉我。师生间的关系，这样和谐，也如月光似的柔和了。

一路欢乐一路歌，到了学校走进教室后，学生们的言行马上收敛了。见我坐在桌前翻开书，他们便不再说笑，一个个轻手轻脚坐到位子上。这时，一阵翻动文具的响声之后，教室里便渐渐安静下来。他们开始做功课，女孩子的头发从耳边垂下，遮住了半边脸，男孩子的小眉头微皱，一本正经的样子。那天真、幼稚、纯朴的神情很是悦目。有时候，有的学生偶然抬头向前看，师生目光相遇，相都视一笑。有时，有的学生会歪着头，拿起橡皮，用夸张的动作擦本子，擦完了，又抬头朝老师望一眼，娇态可掬。

看一会儿书，我站起来在教室里巡视，并轻声指点。发现有的学生写得很快，字却不工整，不用批评他，只要走到他身边停一下，他写字的速度就骤然放慢，字也马上变得规规矩矩。我刚一离开，背后就响起了轻轻的撕纸声。不用问，他一定是重写了。双方谁也没说一句话，但又分明是进行了一阵"对话"。

月光下的晚上，窗子大开，夜风悄然潜入教室，能感触到额际的发丝被风拂动着。窗外的大叶儿杨不时发出沙啦啦的响声。学生说的不错，我看书，他们做功课，大家无言地相互守着，这样的确很好。

但我是不会让学生在学校待太长时间的。时间久了，他们的家长会惦记。只要功课一做完，马上赶他们回家。学生说："你不走，我们也不走。"我说你们先走吧，可是一边走，一边唱歌，我坐在教室里听你们唱，等听不到你们的歌声时，我再走。终于，大家快活地答应了。他们一出校门就唱起来，而且故意大声唱。我想，他们一定是笑着唱的吧！山村的夜晚很宁静，那歌声，那夹带着稚气的童声，显得极为清亮，且传得很远很远。清脆的歌声不时惊起此起彼伏的狗叫，静寂的夜一下子被搅乱了，于是，喧

闹起来，生动起来。

听着学生们的歌声，我能准确地判断出哪几个学生朝哪个方向分路了，进了哪道沟，上了哪条岭……歌声渐远渐弱，终于，完全消失，狗也不叫了。夜又归于宁静，像搅动的水又重新平复了。这时，只有明亮的月光，默默地照着山野、村庄。那阵喧闹，如幻觉一般，让人怀疑是不是真的发生过。

那些有月亮的晚上，真美！

（王连明）

# 开花的课桌

这以后，稍一留心，便天天可以从学生的课桌上，感受到春意的萌动和蔓延了。

看看日历，知道已是春天，可走在户外，觉得风还是冬天的风，冰凉刺骨。太阳依旧病恹恹的样子，起伏的山，一片片的林子，全是灰蒙蒙的颜色，铅笔画似的，哪里有一丝春天的踪迹？有一天，我却意外地从学生的课桌上，发现了第一抹春痕。

学生在写作业，我在静悄悄的教室里巡视，蓦然看见，一个课桌的缝隙里，有一撮小草芽，用细细的白线娇娇地扎着。草芽针一样细，顶端嫩绿，往下是鹅黄，根部则嫩白。我站在那里端详了许久，心中一时有些感动。我相信，这是天地间的第一抹春色。在寒风料峭的二月里，在灰黄苍茫的天地间，发现这一抹淡到极致的春色，需要怎样的耐心和细心呀！也许只有灵秀的孩子们才能感觉得到。当孩子们采集到它时，一定十分快活，乃至大声地欢呼过。我提起那一小撮纤细的草芽看了看，又插进桌面的裂缝里，坐在位

子上的男孩，这第一抹春色的主人，仰脸望着我，笑了。

这以后，稍一留心，便天天可以从学生的课桌上，感受到春意的萌动和蔓延了。桌缝里，有一两截刚刚泛青或萌出芽苞的小树枝，三五朵小野花——那么小，白的似米粒，黄的、红的，像蜡笔上削下的碎屑。想这些鲜艳的粉末，该是二月的风荡来的春天的彩尘，细心的孩子发现了，便用小手指将它们拈起来，染在了他们的课桌上。终于有一天，我看见学生的课桌上，插了一枝迎春，枝条上是繁密的金色小花，如一串耀目的阳光。教室里，被映上了一层淡淡的暖意。

打碗花、紫地丁、黄地丁、映山红、葛花……学生的课桌上花事纷繁起来，演示着春天的进程。有些野花，我根本叫不出名字，一到春天，山里野花真是太多了，山坡上、田埂上、河边、路旁，到处都是。孩子们翻山越岭来学校，路上只要一弯腰，便能采一把在手里。这些山里孩子，有的还穿着露趾的鞋，穿着哥哥姐姐肥大的旧衣裤，他们无忧无虑地吹着柳笛，摇着手里的野花，沿着弯弯的小路跑着、跳着，到了学校，便把那花插在课桌上。有的孩子，还用细线把花枝绑在铅笔上，看上去，他像是捏着花枝在写作业了。花枝轻抚小脸，让人想不清，是花枝染红了小脸，还是小脸染红了花枝。

有一天，我迎着学生的歌声走进教室，看见我放着教科书的课桌上，也插了几朵野花。我的课桌最破，桌面上满是裂缝，循着纵横的缝隙，长满了青草、绿叶、小花。那课桌，仿佛是从春天剪下的方方正正的一块芳草地。我打开教科书，书页里也夹了几朵指甲般大小的紫色小花。我笑了，学生们也喜形于色。我没有说什么，那一笑，已使师生的心沟通了，大家共守着默契。这一节课，上得格外好，学生始终情绪高昂。上课后，我拿起一枝开着淡紫色花朵的葛条，嗅了嗅，对学生说："真是春天了，连咱们的课桌也都开花了！"学生大笑，欢呼起来。这时候，一个调皮的男孩，指着一个女孩说："老师，她也开花了！"我一看，可不，她的小辫子上，簪了一枝粉红的野花。学生们又是一阵击掌大笑。

在这开花的课桌间踱步，听着学生们那晴朗的笑声，我觉得，这教室该是春天的源头了，春天是从孩子们的身上产生，先染了他们的课桌，然后漫

出窗子，染了山川。和孩子们在一起，就是和春天在一起。我想起了一位诗人的句子："孩子是春天的另一种姿势。"

（王连明）

# 难忘老师的目光

老师的目光是春风中第一声布谷鸟的歌唱，是夏日里红肥绿瘦的荷塘，是秋空中渐渐淡去的雁行，是冬雪中悄悄绽放的芳香。

任岁月潺潺的流淌，不能忘怀是始终是老师的目光。它洞穿千年的风霜伴随着竹露的清响，带来朝露中第一缕阳光。人世间最美丽的是老师的目光。老师的目光是春风中第一声布谷鸟的歌唱，是夏日里红肥绿瘦的荷塘，是秋空中渐渐淡去的雁行，是冬雪中悄悄绽放的芳香。

人世间最美丽的是老师的目光。以其无私和博大，在润物细无声的柔情中洗涤我狭隘而粗俗的性情。在你写满期盼的目光中我蹒跚而行。在布满荆棘的山路上，我看到了你的目光，山路弯弯，沉甸甸的脚印早已弯了你的脊梁，你把目光锁在山崖上那棵凌风的小草，告诉我无限风光就在远方。

在漫漫的长夜，我枕着无尽的孤独和迷惘在黑夜中摸索，是你的目光远送着我走进黎明。在这一刻世界总是变得如此的澄清，连心也成了一方默默的清潭，微笑着倾听着清晨的美丽。

在高高的蓝天上，我听到你的目光在说话，在我的翅边轻轻翕动。我用高飞的背影去接近你目光中的蔚蓝，生命在与风的升腾中获得了岁月的光环。在烟波浩淼的大海上，你的目光是鼓满我船帆的一阵风，载着我如离弦之箭驶向遥远的彼岸。在七彩的霓虹灯下，迷失了方向。是你的目光带着我穿越

四季的喧嚣走向永不褪色的眷恋。你久久凝望的目光里，那股无比的亲切和豪情在心海中放歌。

老师的目光是那开荒的铁犁，默默地耕耘着一方漆黑的沃土，把文明的种子播撒。老师的目光是那悠悠的小桥，桥的一端连着现实一端连着希望和梦想。老师的目光是那风筝上的线，你飞得再远再高，生命中的根总是系地上。老师的目光是那跳动的烛光，照亮人生中的困惑，照亮你前进的方向。老师的目光是最醇最醇的酒，是最美最美的诗，最真最真的梦。啊！难忘老师的目光！

（王金波）

# 九月康乃馨

在我的求学生涯中，老师，这个神圣的名字起了举足轻重的作用。

九月在不经意中悄然来临，空气中自然地少了一份酷热而多了一份凉爽，秋天这时已是这般的醒目。路经街道旁的鲜花店，一股清醇而质朴的香味飘逸在周遭的空气里——这是康乃馨的味道，在九月里它只属于一个人——我们的老师。

我一直惦记着九月里的这个节日。每次在节日来临前，我都会清晰地搜索出我所有老师清朗的笑脸，或者思索起丝丝的往事，他们谆谆的教导和殷切的期盼及关怀，然后我会精心地挑几张精美的卡片，在卡片的内页我用感恩的语言来表达我对他们的敬意，祝福他们节日开心快乐。这个习惯，从大学一年级开始我便保持了下来。我知道，一张卡片是微不足道的，可是每次收到卡片，我的老师便立即挂来电话表达他的感谢了。我十分感动，毕竟老

师的心愿也就是这般小，一张卡片便已足够了。

在我的求学生涯中，老师，这个神圣的名字起了举足轻重的作用。他们不仅教予我知识，还教予我如何去选择自己的人生，甚至做人和处事的方式和原则，所有这些便是我一生中用之不竭的财富。在所有老师当中，谢老师对我的影响是切身的。而当我想用言语来表达他与我的交情时，我却感到言语短浅而致于笔墨无力，因此心里顿生缺憾起来。

不久前我见过谢老师，在母校苍翠的过道里我紧紧地握住他干瘦而脉络清晰的手，甚至能感觉到他的血液正在穿行而过。几年不见，他的毛发早已苍白，脸上纵横的沟壑印证着岁月的流失，颧骨高高地突了出来，宽大的衣服让他显得更加矮小，而当年的坚毅却决然不少。我突然心酸起来，小心翼翼地问起，"将近四十年了吧？"谢老师伸出一个手指头，"还差一年就四十年了呢。"他脸上全然自豪的表情，我却是无法体会，甚至酸楚地怜悯起他来。扎根于母校三十九个春秋，谢老师熬白了毛发，干枯了躯体，不思回报地点燃生命的烛炬，而他那依旧灼热的激情还在燃烧。

大抵是我小学六年级的时候，谢老师担任我的语文教师。我的作文常写得一塌糊涂，甚至一个句子的主谓宾都无法区分清楚。在这方面谢老师没少下过工夫呢，他甚至鼓励我说将来可以成为一名作家。当年年小，听老师说能成为作家自然地很努力去提高自己的写作水平的了，加之谢老师有方的辅导，后来终于在一次市级作文比赛中获奖，于是写作便一直坚持了下来。现在才明白，我无论如何都不可能成为一名作家，而谢老师所说的只是老师惯用的鼓励手法罢了。可是实实在在的，文学却定格在我的生活中，我始终把文学当成生活的调料，从文学里得到的乐趣和所学习到的东西是让我一生得益的。

和谢老师的交情，算起也有十余年了。十多年来，他给过我无数的支持和鼓励，我的所作所为，所学所得也全都落在他的眼底下。他和我的父亲一直保持着密切的联系，而他们在一起时谈论最多的就是我。难怪他把我的底细摸得如此透切呢。年初，我到谢老师家做客，惊奇地发现他竟收集着发表有我文章的《湛江日报》和某些杂志。谢老师说，他是订阅《湛

江日报》用户，某日偶然发现百花版有一个作者的名字叫苏三皮，直觉告诉他那是我的文章，他便收集起来，有时碰上到县城开会，他便到书摊翻翻看看是否有我的文章，倘若发觉有，他便买了下来。巧合的是谢老师收集的正是我第一次在《湛江日报》发表的《蟋蟀》，而后发表于《湛江日报》的《湛江，春天来了》以及《五月，写一写我的母亲》他也都收集了。让我感动的不是谢老师收集的文章，而是文章上他细细的批语，恰如我的小学作文一样密密麻麻地写满他的修改意见，唯一不同是现在大多是一种赞扬的语句。

前些日子，谢老师因胆肾结石而住进了医院。去看望他时我带上了一束康乃馨，他俯近而闻，陶醉地说，"真香!"我说，"和你的品质一样芬芳!"他便讪笑我说，"不愧是文学青年呢!"

有人说，康乃馨只属于母亲，而我相信，在九月里，康乃馨是送给老师最好的礼物。因为老师恰如一朵绽开的康乃馨，馨香洗涤着混浊的空气，让人感觉清新，而也确实如此呢。

（苏三皮）

# 谢谢老师

这世上倘若没了老师，人类将永陷入混沌。

人生有许多事要学；人生有许多事要做。一生教你学做事的人便是老师。

人生有许多难做的事，而最难的事是做人。在这世上首先教你做人的人，便是老师。

人生有许多许多的东西令你珍重。而当你双鬓堆雪，归于宁静，你才会知道，这珍重之中的珍重，乃是真诚。在这世上，唯有老师，唯有老

师呵，教你真诚。

老师的职业，容不得虚假；老师的职业，排斥奸佞。诲人之心长在，哗众之意皆无。一切伪善、恶丑、买空卖空，损人肥己的言行，与老师的道德相悖，为老师的称号所不容。

也许，你的一生，超越过许多坎坷、踏上过无数道台阶，终于步入辉煌，攀上了顶峰。请你面对清风明月，扪心自省，你可记得，每一道沟坎，每一步阶梯，有几位老师搀扶你前行，用肩膀托你到高处去领受人世的风景。

在每一个成功者的道路上，谁也数不清有多少老师的身躯，做了铺路的石子，让你踏着他们去开辟前程。小心地抬起你的脚吧，不要碾碎了他们的心灵。

或许，你感喟一生的平庸，叹息命运的不公平：为什么荣耀的花环总套在别人的头上，只将寂寞、清冷、悲苦甚至不幸赏给自己的姓名。也请你静夜长思吧，有多少老师为你付出了同样的辛劳，甚至给你/远超过给别人的呵护，为你些微的成功而高兴得热泪涔涔，就算你失败、跌倒，周围都是嘲讽的目光，也总有一双眼睛，充满怜爱地凝望着你。那就是老师的眼睛。不管你灿烂还是黯淡，你都是老师心中的星辰。请你振作吧，别伤了老师的心！

把老师比做母亲，把老师比做人梯，比做燃烧自己照亮别人的红烛，比做努力吐出最后一口丝线的春蚕，这都不过份。这世上倘若没了老师，人类将永陷入混沌。老师是擎天的柱，润泽大地的春雨，让人类绵延不绝的大军，假如人世上有一种专门吃苦而造福别人的职业，那便是老师，没有任何人比他们更神圣。

不管是华发满头，还是青春年少，让我们手牵起手，躬下身，向所有的老师虔恭地祝福，含泪说一声："谢谢啦，谢谢你们，老师！"

（苏叔阳）

# 感念师恩

老师正望着我。那双眼带着淡淡的笑意，像三月的阳光，温暖人心。

九月的脚步已悄然临近，一个充满感恩的节日——教师节也将随之而来。对于每一个人来说，老师是一个亲切的称谓，更是一段抹不去的记忆。

读中学时，我只知道玩。只要下课铃声一响，还没等老师走出教室，我们这帮男同学你拥我挤迫不及待地从后门窜出去，来到操场不是捣几脚球，投几个篮，就是在单双杠上尽情地玩"猴子倒挂"、"摩天大转轮"等。

还记得初三时，学习进入白热化阶段，老师的练习卷如一份份传单发到我们手中，我们埋头苦做，极少有玩球的时间。那天，上课铃声刚响起，数学老师手捧一叠试卷已站在门外。他就是我们的班主任——许老师。别看他三十不到，烟龄已经很长了，手指甲早被熏得焦黄，尤其是那根食指，简直像被一块铜片包裹着。虽说他有这个不好的嗜好，但还是很受我们欢迎。那是因为许老师上课娓娓道来，总能把抽象的几何，复杂的代数知识讲得浅显、生动、易懂。

许老师进入教室后，放下试卷，然后平分 4 份分别给每组的"排头兵"，前面的同学拿到试卷后依次向后传。不一会儿，教室里已是蚕食声一片。时间渐渐流逝，我答卷也快接近尾声了，不禁抬头环顾四周，发现大部分同学都落在后头呢，几个男生这时也抬起头，目光相会，都已心领神会，便连忙低头答题。片刻，几个男生已相继起身交卷。我匆匆答完卷子，顾不上检查，交上试卷，与其他几位男生一起拿起放在墙角的足球正准备跨出教室时，"怎么做的？"老师暴喝一声，不知发生何事的我们连忙停住

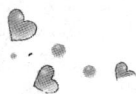

脚步，转身望去：向来随和的许老师这时候满脸通红，两眼瞪着正挤在门旁的我们。我们不知所措，一个个慌了神，不知是谁带头先迈了一步，其余的纷纷向自己的座位走去。刚准备入座的我，又听到自己的名字响起，在这个寂静的教室里显得特别震耳欲聋。"上来！"我怀着忐忑不安的心理来到许老师身边，"都已经什么时候了，还想着玩。最苦也只有一个多月了，等中考结束，暑假里让你玩个痛快。人要有所取舍，难道你想因为玩这么一时，而贻误一世吗？"我没敢看许老师一眼，我的脑子在一刹那间似乎空了。教室里的空气似乎也一下子全凝固了。随后我听到沉重的脚步缓慢地出了教室，只留下一声失望的叹息……不知什么时候，我的身边围了一群同学，"没事了，外面去走一走。""许老师是喜欢你的。""许老师可能今天心情不好，别在意。""走，到外面去。"我颓丧地随同学走出教室……

这一天不知怎么过去，夜自修的铃声响了，我看见许老师拿着下午的试卷出现在教室外，发现他正看着我，我慌忙低头躲避，心里七上八下的，不知许老师还会怎么埋怨我呢？感觉许老师走进教室了，离我好像越来越近了，他站在我的旁边，周围的同学好像都在看我，天啊，他要干什么？我的头埋得更低了。"今天下午，老师对你发了这么大的火。我向你道歉。"同学呆了，我也呆了，我简直不该相信这是真的——一位老师向学生道歉。况且，这本身是我的错，"许老师，我……"千言万语一下子都哽在了喉咙底下，大滴大滴的热泪掉在课桌板上。是的，我没脸抬头。

"好了，同学们，我们上课吧，还等什么啊，还有很多题目等着我们去解决呢。"许老师轻松自然地叉开了话题。我擦干眼泪，抬起头看许老师，许老师也正望着我。那双眼带着淡淡的笑意，像三月的阳光，温暖人心；又似六月的惊雷，动人心魄。我盯着那双眼，有点出神，因为我已经暗暗地下定决心，我一定不辜负许老师的期望。

一晃都十几年过去了，我一直都记得中考那年我因数学考了个满分，许老师那张灿烂的笑脸。如今，我也和许老师一样，走上教育岗位，教书育人。每当我遇到调皮捣蛋的学生时，我总会想起许老师，我是他的调皮生，他在

我的人生中拉了我一把，我也会学他样为我的调皮生指引正确的生活方向。难忘许老师！难忘师恩！

（毛东辉）

# 不曾预约的精彩

欣赏着孩子们一篇篇极具创意的作品，我庆幸自己留意到了学生一句无意的插嘴，给了他们发表不同见解的空间，并收获到了这不曾预约的精彩。

课堂上，随时都会出现意想不到的情况，使原本风平浪静的课堂出现波动。教师如果能顺应孩子的天性，乐于倾听，善于发现，捕捉住课堂教学的"奇音"，这些"节外生枝"往往可以使我们的课堂演出不曾预约的精彩。

总是难忘那次《寒号鸟》的教学。

"老师，我认为喜鹊虽然很勤劳，但较自私，虚情假意！"在讲读完整篇课文内容后，冷不防班长杨光竟冒出了这样一句话。

教材中被提倡的主人公竟被贴上了"自私、虚情假意"的标签，我有些愕然。但为了课堂民主，充分尊重学生的意见，我望着他，示意他说得更清楚些。

"喜鹊劝寒号鸟垒巢，为过冬作准备，但只是说说而已，并没有亲自动手帮他垒巢。而且，在寒冬腊月的晚上，他明明知道寒号鸟有被冻死的危险，为什么不请他到自己的窝里一起睡呢？更气人的是，第二天一大早，喜鹊就去呼唤寒号鸟，这哪里是关心，分明是去看热闹的。"

嗬，好家伙，给他机会，竟然说出了这么一大通，而且还有真那么点意思！当我正想对这个问题发表评论时，班上的"小聪明"陶金发言了。

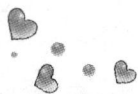

"喂，朋友，请记住这只是一个童话故事。故事的目的主要是告诉我们只有劳动才会有幸福的生活，懒惰只会得到可悲的下场。"

杨光听了，先是眨巴着眼睛，后又嘟囔了一句："话虽然可以这样说，可是也不能拿生命开玩笑。"

"是啊，教材这样编也太残酷了。"班上的"小问号"张朗夫当然也不会放过这个有意思的话题。他一本正经地说，而且竟然抨击了教材。

面对这一发不可收拾的局面，我索性放下了课本，打消了按原来的步骤继续讲下去的念头，而是饶有兴趣地问："依你们看，那这个故事到底应该怎样写才更好呢?"

一听这话，学生们更来劲了，有的高举手臂、一副跃跃欲试的样子，有的则是皱着眉头，眨巴着眼睛望着我……

我清了清嗓子，微笑着说："刚才同学们所想到的，所读到的还真有探究的价值，这样吧，下课后同学们可以自由组合，在课外重新编排喜鹊和寒号鸟的故事，好吗?"同学们都欣然同意。

下午课外活动时，语文课代表送来了同学们的作品。说是作品，一点也不夸张，不仅署上了自己的大名，而且在幼稚的文字中还穿插有喜鹊和寒号鸟的图画，可谓是图文并茂!

我坐下来逐一欣赏着孩子们编的故事:

在一个彤云密布、快要下雪的黄昏，喜鹊飞到寒号鸟的窝前，热情邀请寒号鸟晚上到他家暂住一夜，寒号鸟不好意思不肯去，但喜鹊说："兄弟，别不好意思了，昨天晚上还没今天晚上冷呢，可是我都听到了你打哆嗦的声音。瞧，今天天色暗，风又大，眼看就要下大雪了，假如你有个三长两短，叫我这个当邻居的怎么想呢?"于是寒号鸟跟着喜鹊去了，那天晚上寒号鸟在喜鹊那里睡得很暖和，但有些拥挤。第二天，寒号鸟就痛改前非，忙着去营造一个温暖舒适的窝。喜鹊也主动帮寒号鸟选树垒巢，后来，寒号鸟也有了一个属于自己的很舒适的家。

"在寒冬腊月里，寒号鸟在喜鹊热情的邀请下，住到了喜鹊家，而一只老鼠则躲进了寒号鸟的窝里。经过那个大雪纷飞的夜晚，寒号鸟发现睡在它窝里的老鼠活活冻死了，于是寒号鸟幡然醒悟，决定不再得过且过。后

来，他在喜鹊的帮助下，也变得非常勤劳，拥有了一个温暖而舒适的窝。

……

欣赏着孩子们一篇篇极具创意的作品，我庆幸自己留意到了学生一句无意的插嘴，给了他们发表不同见解的空间，并收获到了这不曾预约的精彩。

（佚名）

# 新来的胡老师

正是这一绝招，让我变得专心致志，不敢有半点大意。

以前，我对每天只做几道数学题都感到枯燥乏味，可新来的胡老师只用了短短的几天时间，就让我一天解几十道数学题也觉得津津有味。是什么原因让我迷恋上了数学呢？说起来，得感谢胡老师科学、艺术的教学方法。

胡老师来之前，我得知他是全国小学数学奥林匹克优秀教练员，心里不免产生疑问：他很严厉吗？他名副其实吗？可当我第一次见到他，就感到他确实出语不凡，课堂上独特的开场白，立刻把师生间的距离拉近了。他说："未来的主人们！我和你们交朋友来了，让我做你们的大朋友，一起来探讨数学上的有趣问题，好吗？""好！"我们异口同声地回答。这时，我情不自禁地想：有名气的教师原来是如此平易近人。

学习开始了，胡老师真是怪得很，他不是开门见山地给我们讲数学，而是给我们朗诵了他写的一首小诗："生命如此伟大，数学算什么？我最强！我最能干！我最能吃苦！我能学好数学！坚持学下去，成功一定属

于我。"我想，他真是用心良苦，以此激励我们好好学习。我听后坚定了学好数学的信心。

胡老师教书有许多突出的特点。比如他在课堂上推行"不举手提问"的方法。他说："推行不举手提问的好处是，不但能让怕举手的同学从中得到锻炼的机会，还能让一些在上课时偶尔开小差的同学怕突然被提问而洗耳恭听，进入'人人自危'的状态，促使全体同学积极思考问题。"——正是这一绝招，让我变得专心致志，不敢有半点大意。又如，胡老师还别出心裁地推行 100 分上台介绍经验的活动。一次单元测试，我得了 100 分，胡老师把我紧紧地抱在怀里，亲切地说："这次能考 100 分，有什么经验？回去好好想想，下午在台上给同学们说说，好吗？"这时，我觉得仿佛一股暖流涌遍全身，一种享受成功的喜悦感油然而生。

胡老师虽然只给我们上了 120 多天课，但是我感到获益匪浅，而且打心眼里觉得他是一位教学有方、平易近人的好老师。

（王建政）

# 女教师的特异功能

这种古怪教育的奇异结果，便是造就了一批可以高速理解、高速记忆、高速运算的神童。

假如没有粉笔，你知道怎么上课吗？请准许我给你讲个故事。

这故事发生在一个偏僻的小村庄，村头有一所小小的学校。

有一天，上课必需的粉笔突然用完了，女教师便想了一个办法。他找了杯清水，然后对孩子们说："来，老师蘸着水在黑板上写，上课！"孩子们懂事地点点头，答应了。于是，他一笔一划地教，孩子们一笔一

划地学。

当然了，这需要速度——因为只要教得慢了点，或者记得慢了点，那用水写的字就干了，看不见了。

这以后，每当没有粉笔的时候，女教师就以水代笔；而可怜的孩子们，也便渐渐适应了这种奇怪的上课方式。

一天，女教师哭了。他想起了鲁迅笔下的孔乙己。那蓬头垢面的孔乙己，为了教咸亨酒店的小伙计认字，曾用她的长指甲蘸着酒，在柜台上写过"茴香豆"的"茴"字；可是今天，她——一位亭亭玉立的女教师，蘸着水在黑板上写字，在冰凉冰凉的黑板上耕耘了！可她想想，又笑了。磨秃了自己的手指头，却丰富了孩子们的心灵，值得！

她从容，坦然，一如既往。有一天，他走进教室，正准备上课，突然发现杯子里的水已全部漏完。也难怪，那盛水的杯子太陈旧了，陈旧得让人想起这个古老民族的沉重的历史。没水，怎么教书？没水，怎么上课？也就在这山穷水尽的时刻，女教师突然感到，从她右手的手指尖上，正在不断地渗水——亮晶晶的水珠——水！水！有水就能上课！女教师猛地转身，在黑板上不停地写了起来。她写得飞快，孩子们也记得飞快。

就这样，每当他转身板书的时候，那指尖上的水也就恰到好处地冒了出来。天！她从此有了特异功能！日复一日，年复一年。

这种古怪教育的奇异结果，便是造就了一批可以高速理解、高速记忆、高速运算的神童。也正是由于这种神奇的高速度，这批神童被一批著名的大学破格录取了。

后来，有人专门研究过这批神童，发现他们都具有特异功能，即：凡是被泪水浸泡过的地方，他们都能准确地断定，这里曾经发生过什么，是喜剧，还是悲剧。

那么，从女教师手指上奔涌而出的那些液体，究竟是什么呢？有人化验过，那水，与泪水的化学成分一模一样……

（张玉庭）

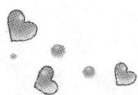

# 不能忘记的老师

人不能忘记真正影响过自己的人。

人不能忘记真正影响过自己的人。

我写过好几位教过我的老师，包括大学的，中学的，小学的。田鳌是影响我最大的老师，他是南开的，但是南开却不记得他。那些有功于校的老教师名单里没有他。

他是在我进高中一年级时，到南开教书的，教国文。人很矮，又年轻。第一次进教室，我们这群女孩子起立敬礼之后，有人就轻轻地说"田先生，您是……"他毫不踌躇地拿起粉笔，就在黑板上写了："田鳌，燕京大学文学士"几个字作为自我介绍，接着就讲课了。

他出的第一个作文题是《一九三一年的中国大水灾》。我刚刚学发议论，刚做好交上去，"九一八"就爆发了。他又出了第二个题，没有具体题目，要我们想想，"写最近的大事"。于是我写了一篇《日祸记闻》（我找了报纸，费了很大劲），田先生只点点头说："写听来的事，也就这样了。"他要求的当然比这高。

我们有南开中学自编的国文课本，同时允许教师另外编选。田先生就开始给我们讲上海左翼的作品：丁玲主编的《北斗》，周起应（周扬）编的《文学月报》，然后开始介绍鲁迅，介绍鲁迅所推荐的苏联作品《毁灭》，还有《土敏土》、《新俄学生日记》等等。他讲到这些书，不是完全当文学作品来讲的。讲到茅盾的《幻灭》、《动摇》、《追求》三部曲时，他说"现在的女孩子做人应当像章秋柳、孙舞阳那样开放些。当然，不必像那样浪漫了。"

我是个十分老实的学生，看了左翼的书，一下子还不能吃进去。有的同

学就开始写开放的文章了，记得比我高一班的姚念媛，按着丁玲《莎菲女士的日记》的路子，写了一篇《丽嘉日记》。我们班的杨纫琪写了篇《论三个摩登女性》，都受到田先生赞赏，后来发表在南开女中月刊上。我的国文课（包括作文）一向在班上算优秀的，可是到了这时，我明白自己是落后，不如人了。

田先生越讲越深，他给我们讲了什么是现实主义，什么是浪漫主义。我才十六岁，实在听不大懂，可是我仔细听，记下来，不懂也记下来。半懂不懂的读后感都记在笔记本上了，交给田先生。他看了，没有往我的本子上批什么，只是在发本子的时候告诉我："写 note 不要这样写法。"还告诉我，读了高尔基，再读托尔斯泰，读契诃夫吧。田先生对于我，是当作一个好孩子的吧。他在我的一篇作文上批过"妙极，何不写点小说"。可是他没有跟我说过一句学业之外的话。

在教书中间，他和男中的另外两位进步教师万曼、戴南冠共同创办了一个小文学刊物，叫《四月》，同学们差不多都买来看了。我看了几遍。终于明白田先生写的文章和我相差一大截。我是孩子，孩子写得再好也是孩子，我必须学会像田先生那样用成人的头脑来思考。

到高中二年级，田先生教二年甲组，我被分到乙，不能常听田先生的课了，但是甲组许多情况还是知道的。田先生常叫她们把教室里的课桌搬开，废除先生讲学生听的方式，把椅子搬成一组一组的，大家分组讨论，教室里显得格外生动有趣。后来她们班的毛同学当选了女中校刊的主编，把校刊办得活跃起来了。开始时是谈文学，谈得很像那么一回事，估计是田先生指导的。到后来她们越谈越厉害，先对学校的一些措施写文章批评，后对天津市内的（当然是国民党统治下的）政治形势嬉笑怒骂，直至写文章响应市内工厂的罢工，鼓动工人们"起来啊，起来"。闹得学校当局再也忍不住了（再这么下去，学校也没法存在了），把毛她们三个活跃分子开除了。同时，他们认为是田聪他们三个教师在背后煽动的，把三个教师解了聘。

我看不出来田先生在这里边起了什么作用，只是对他的离职惋惜不已。我刚刚对田先生教给的左翼文学尝到一点味儿，还只知看看，还没想到自己

动手干。但是已经不用田先生把着手告诉怎么找书了，已经会自己去找书看，会自己去订阅杂志了。我刚抬脚，还不会起步。

已被开除的先进分子毛跟我谈起田先生，她说："作为教书的教师，他是个好教师。可是，要作为朋友，他并不怎么样。"那时候我还不懂田先生怎么又成了她的"朋友"。后来过了很久，我才明白她那时已经是一个地下组织的成员了，田先生么，该是她的"朋友"，即同志，实际上女中的活动就是她们地下组织的活动，并不是一个教师煽动的，学校当局也没有弄清。我太幼稚，没有资格要求田先生做我的"朋友"，但是我由一个什么也不懂的女孩成为知道一点文学和社会生活的青年，的确得感谢田先生，他是我的好老师。

我一直怀着感激的心情想着田先生。后来只在一个讲教学的刊物上见过田先生的名字，在河南一个文学刊物上见过万曼先生的名字，再就没有消息了。我总在猜测，他们几位大概进入了文学界了。想起他们，我老是以为他们不会湮没无闻的。常想着将来能再见。

后来，一直过了二十多年，国家经过了天翻地覆的变化，我也已经成了中年人，被调进了作家协会。对于文学知道还不算多，该接受的教训倒学会了不少。从前对于文学那股热劲也消磨得差不多了。有一天，在作家协会的《文艺学习》编辑部里，忽然说有一个姓田的先生来了，在公共会客室正等着我。我进门一怔，简直认不清了，但是马上又认得了，竟是田先生。他很客气地说知道我在这里，他来是想请我到他们学校去作一次报告，就是讲一次文学课。

原来这几十年他还在教书，仔细一问，在石油勘探学校里教文学。没有想到，怎么会在石油学校去教文学？要知道我现在已经属于文艺界了，而文艺界那个气氛人们都知道。我怎么敢到外边去乱吹，讲文学？

"田先生，我……我……"我简直说不上来。只好吞吞吐吐回答："我怎么能到您那里去讲文学？您还是我老师。"

田先生却痛快地说："怎么不能啊！青出于蓝嘛。"

我没法，只能说："我没有学好，给老师丢丑……而且……而且您看，我肚子这么大了。"那时我正怀着孕。他没法勉强。这次会见，就这么简单地

结束。我一面谈着话，一面心里就猜，田先生大概这些年还保持着他年轻时对于文艺界的美好幻想。而且看见《文艺学习》刊物上我的名字。就以为我已经踏进了那个美好幻想里，所以来找我，叫我千言万语也说不清。但是我敬仰的田先生，领着我们敲左翼文学大门的先生，怎么能湮没呢？他的功劳怎么没人提起呢？

后来我曾经想请田先生参加作协举办的文学活动，但是迟迟没有找到合适的题目。后来呢，又过了一阵，文艺界内的气氛越来越紧张了。田先生忽然给我来了一封信，说他一向佩服诗人艾青，想必我会认识艾青，请我给介绍介绍。那些天，正好是艾青同志倒霉挨骂的时候，我刚刚参加过批判艾青的内部会议。还在艾青同志屋里听他诉过苦，这怎么答复啊？属于"外行"的田先生，哪里会明白这些内情，我这个做学生的，又怎好贸然把这些话告诉田先生。紧接着是批判《武训传》，批俞平伯、批胡风，直到批右派，我自己也被送下乡，刊物也关门了。田先生幸喜与诸事无关，就不必多谈了。

我竟然无法答报师恩，竟然无法告诉他："田先生，你落后了，做学生的要来告诉你文学是怎么回事了。"这是胡扯，他不是落后，我想他还是和从前一样，把左翼文学园地看作一块纯洁光明的花园，这对于他来说，其实是幸福的。他仍然是忠于自己事业的老教师，并没有人掐着他的脖子叫他怎样讲文学。当然，紧接着文艺界这些不幸，这样关心文学事业的田先生，不会一直听不见看不见。不幸的是我，不能再和他细谈。

我默默不能赞一辞，竟眼看着我本以为应当光华四射的老师终于湮没。我胡思乱想，整夜睡不着，有时想，真不如那时候田先生不教我，不让我知道什么左翼文学，早没有这位先生多好。有时候又想起十六岁的时候，这位影响我最深的先生，我怎能忘掉。

到现在我来提笔怀念田先生，是没有什么可顾虑的时候了，可是算一算他该已八十几岁，谁知道还在不在人世啊。

（韦君宜）

# 老师无法拒绝美

同时也使我认识到作为一名教师人格的美和平凡中的伟大。

熊老师是我的中学语文教师。由于他手脚特大，又爱戴副大黑框眼镜，常使人想起憨厚的狗熊，于是背地里同学们都称他"熊哥"。

那时，同学们都喜欢恶作剧。上课时，常悄悄往老师背上甩墨水，同学们称之为"梅花铭"。有一次熊哥穿了件雪白的衬衫来上课。我暗地心喜，心想表现自己天才技艺的机会来了。整节课，我都在找机会，终于在他讲得得意之际，我把钢笔轻轻一晃。一排清晰的墨色梅花便在他雪白的衬衫上傲然开放。不知是同桌暗示，还是他背上长有眼睛，快下课的时候，他终于发现了梅花。我心里一乐，想：这下可好了，看戏的机会又到了。

我假装若无其事地注视着他，想看他如何大发雷霆，如何苦口婆心教训我们。谁知他却脱下了衬衫，只穿件背心，指着"梅花"，笑着说："同学们，看来我和你们的感情，还没有你们班主任的深。你们甩在我身上的墨水还没有你们班主任身上的多。看来，我还要努力……""哄"，他的话还没说完，同学们就大笑起来。从那以后，再没有人从事"梅花铭"的工作了。

还有一次作文，为了交差，我便抄了一篇交上去。没想到下次作文课，我的作文居然成为当众宣读的范文。我既受宠若惊又忐忑不安，心想要出事了。果然没读几句，我的反对派便站起来指责道："老师，李树彬的作文是抄的。"我的脸一下子便红到了脖子根。熊哥看了看窘迫中的我，又看了看趾高气扬的"告密者"。他顿了顿道："孩子们，这篇文章太美了，老师无法拒绝美，所以让我们一起用心欣赏。在此之前，我们要感谢李树彬同学，谢谢

他给我们推荐了一篇这么美的文章。我也相信总有一天，李树彬同学也会写出同样美的文章来。我想他不会令我失望的。"说完，静悄悄的教室，又回荡起熊老师特有的那种抑扬顿挫的朗诵声。

我脸上的烧退了。"老师无法拒绝美。"这句话一直在我脑海中萦绕。坐在坐位上，我深受感动，觉得非要把书读好不可，否则对不起熊老师的宽容和赏识。同时也使我认识到作为一名教师人格的美和平凡中的伟大。

去年9月，我特地去拜访赋闲在家的熊老师。一见面，他便笑着说："当年的捣蛋鬼，果然没令我失望，如今都快成作家了。"

（李树彬）

# 老师我爱你

你们的爱，感动一生；你们的教导，一生受益。

初中时就听说，高中是一生之中最苦的三年。无知的我并不了解这些，更多时候只是嘲笑着说他们没有一点吃苦的精神，而我则是盼望进入高中，因为在我那时的想象之中这是段很美好的时光。

在漫长又苦苦的盼望之中，我来到了晋元，开始了一段崭新的高中生活。这是所寄宿制学校，一个星期才能出来一次，过惯了舒服的独生子女生活又贪玩的我一下子适应不过来，常和朋友一起漫无目的的望着窗外，很想出去，偶尔会一起念叨着：

我是一只小小小小鸟，

想飞我却飞不高，

学校好比一个鸟笼，

我们怎么也逃不掉。

当时认为自己真的是错了，当初的想法是那么的幼稚。可渐渐，随着时间的推移，这种感觉越来越模糊，我开始适应并且爱上了这与众不同的高中生活。似乎每天都有新鲜有趣的事发生，班级就像是个温暖的大家庭，充满了欢乐。这之中，不仅要感谢与我朝夕相处的同学们，更要感谢无私奉献的老师们。

班主任兼语文杨老师，常能从她那娇小的个头里学到很多受用的课外知识，开拓我们的视野。在她的严格要求下，我们班也得到了很多值得我们自豪的荣誉。

数学陆老师，永远能看到他那和蔼的笑，虽是特级教师，却没有一点架子，如父亲般亲切。

英语夏老师，无疑是人气最高的好老师了。在他快乐轻松的课堂上总能畅所欲言，没有束缚。而他更好像是我们的朋友，有时觉得他是我们的同学也不为过。从此，我们学会了竞争理念，懂得了许多远远超于课本的东西，都值得我们一辈子珍藏受益。

物理马老师，总能用短短几语，几个好方法，就把一个复杂的问题变得清晰简单明了。常常放弃自己休息的时间，带一些同学去图书馆耐心辅导，这种负责感动了许多像我一样准备放弃物理的人，重新刻苦钻研起来。

化学徐老师，是我想写的最多的老师。或许作为一个年级主任，她免不了会有严格、不近人情的一面。但真正与她接触了之后，你会深深的感受到她是一个认真负责又十分可爱的好老师。那天的"我心目中的好老师"评选，班里所有人几乎都不约而同的在第一栏写上了她的名字，我想着正是她的魅力体现吧。

每天，无论工作再累，面对我们，她永远露出最亲切的笑容，不时的再配上她那爽朗的笑声。无论事情再多，每份作业，她都会认真批改，不仅仅是勾勾叉叉而已，标准答案、怎么做、会什么这么做，她都会细心的再旁边写好。每一张学案，每一次课堂笔记，她都写的密密麻麻，比我们每个人都要认真。每天，她都认真比较，评出当天的"作业之星""订正

之星",或许听上去十分幼稚,但我们也都喜欢上了她这"孩子气"的认真和对工作的投入。她喜欢忙碌的生活,每天都绞尽脑汁的帮助我们学得更好,甚至在中午、放学后,都为我们补习。如果一天没人缠着她问问题,她就觉得奇怪了,变着法子的让我们去问,就这样,我们不懂就问的好习惯被她培养了出来……

类似的例子还有很多很多,其实每个老师都是如此。在那间不大也不小的教室里,你们陪我们度过了一年或许漫长、黑暗、充实、快乐的时光,一段这一生都会用心去铭记的时光。"饮其流者怀其源,学其成时念其师",老师永远是我们崇敬的对象,永远是我们需要感谢的恩人。你们的爱,感动一生;你们的教导,一生受益。

最后,老师,我爱你!

(王建政)

# 未报的师恩

一旦挣到了钱,第一件事就是要为他买几瓶家乡能买到的最好的酒。

我是一个来自贫困家庭的子弟,为了供我和弟弟妹妹上学,父母操劳了大半生,却仍然无法负担日益繁重的生活开支。我不忍看他们如此辛苦,就提出辍学出外打工挣钱。当我流着泪把这个决定告诉自己白发苍苍的班主任老师阎欣时,他说什么也不答应,就亲自到我家说服我父母,并承诺说他可以资助我,唯一的条件是我的成绩必须保持在班级前三名。

以后的每一天我都苦学到深夜,有时阎老师会为我送来一点吃的,看我

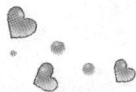

过意不去，他总要说："老师爱喝酒，这是我吃剩下的一点下酒菜，你不要觉得不好意思。"

然而此时，我却有了一种老师为我戒了酒的心理感应。那时我就发誓：一旦挣到了钱，第一件事就是要为他买几瓶家乡能买到的最好的酒。当阎老师得知我考上大学的消息后，还亲自到我家送去了一百块钱的"贺礼"，说是让我买一身好衣裳穿体面点去报到，不能让大城市的人小瞧了咱穷乡村的孩子。当我提出要为他买几瓶酒喝时，他却大笑着摆手，说以后等你有了钱再买也不迟。

在外漂泊了几个年头，实在抑制不住想家的心情。下车刚到村口，就碰上了急匆匆出门的父亲，他一见我就说："你可回来了。快，阎老师病了，你快跟我看看去！"来不及放下行李，我就跟着父亲来到镇上，父亲说："阎老师爱喝酒，你就给他买两瓶酒去——也不知他还能不能喝！"我的心里更加难受，赶紧到商店里买酒，一问，最好的是一种叫做赤水河的酒，我一下买了四瓶，提着就跌跌撞撞地冲进了医院，这才知道阎老师因积劳成疾，患了癌症，此刻已危在旦夕。

当我提着酒，来到阎老师病床前的时候，他刚刚从昏迷中清醒过来，见到我，他露出了和往昔一样慈祥的笑容，只是笑容里多了一丝被病魔折磨的痛楚。我眼里含着泪，把手里的酒提起来给他看。见到酒，他眼里闪过一丝喜悦的光芒，说："赤水河？好酒啊好酒，我一直都想着有一天能喝上这种酒解解馋，却一直没那个命，今天，你为我买了来，我算是没白盼了一场！人家都说，真喝还是赤水河，我却一直没能尝一尝……"

但生活终究要留有遗憾。我不禁悲从心来：如果时光能够回头，我情愿抛掉一切，从头再来，只要能够让您喝上我亲手为您斟的满满一杯"赤水河"！

（朱应召）

# 温暖一生的棉鞋

再厚再好的鞋也有破了的时候，再长的路也有被脚走完的时候。

我中学时有个同学，家里很穷，每当缴学费的时候就是他心里最难受的时候。他是班上缴学费最晚的一个，且不足百元的学费大部分都是借来的。寒冷的冬季，班上30多个同学都穿着棉鞋，只有他一个人穿着单鞋。由于家庭困难，他的一双单布鞋整整穿了三年，并且鞋尖破了洞，连大拇趾头都露出来了。整个冬天他的手脚冻得发肿，像茄子一样。这让他一直很自卑，心里总是渴望有一双属于自己的棉鞋。

初三那年冬天缴学费时他家还是借钱缴的。有天中午当他在教室门外晒太阳，脱掉破了洞的单鞋，挠肿得发痒的脚趾头时被班主任发现了。班主任悄悄把他叫到办公室，告诉他由于自己工作失误这次多收了他30元学费，并要把多收的钱退给他。老师拿起他破了洞的鞋在地上磕了磕说："再厚再好的鞋也有破了的时候，再长的路也有被脚走完的时候。你家困难并不是你的过错，这反而是你勤奋学习的资本和动力。只要你好好学习，你家迟早会好起来的。"

末了，老师让他用这30元钱买一双棉鞋，不要有什么想法和顾虑。班主任老师再三叮嘱他，为了维护老师的面子请他不要告诉任何同学，一定替老师保守这个秘密，他郑重应诺。

为人老实敦厚的他回家后告诉母亲说老师退了30元学费，他母亲高兴地跑到邻居家问是否给他们的孩子也退了学费，邻居都说没有这回事。邻居们认为班主任老师欺骗了他们，赶到学校添油加醋地质问校长并汇报这位班主任老师多收费，不公平，有的学生收得多，有的学生收得少。学校调查后发现他的班主任不但没有多收一分钱的学费，反而给一个同学补缴了部分学费。

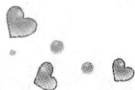

最后他用老师退的钱买了一双棉鞋，穿上棉鞋后他脚上的冻疮也好了。老师并没有因为他违反了彼此的约定而责怪他一个字。

后来他考上了大学，毕业后到深圳的一家外资公司工作。

有一年春节他回家探亲，我和他聊起各自求学的艰辛之路。他语重心长地说："幼稚的我那时根本想不到老师退学费的真正用意，现在才终于明白了老师的良苦用心，他不是在给我退学费，而是在用他慈父般的心，小心地捍卫我的自尊，勉励我不向贫穷低头啊！尽管那双鞋我只穿了几年，尽管现在我穿着价格不菲的名牌皮鞋，但总感觉没有那双棉鞋温暖。"

最后他说："老师其实不是在给我买棉鞋，而是在给我指引一条不断向上进取的路啊，在我事业陷入困境的时候，我就会想起那个寒冬的中午，想起那双棉鞋，那双鞋必将温暖我一生。其实一双鞋可以改变一个人的命运。现在每逢节假日我都会给老师送去问候和礼物。老师对学费的事只字不提，他总是重复那句话——再厚再好的鞋也有破了的时候，再长的路也有被脚走完的时候。"

听着他的讲述，我的眼眶不由得热了起来。

（马国福）

# 约翰的感谢信

对我们来说，就是要在实践中，经常回顾和检点自己的言行，肯定成绩、找出不足、辨明是非、提高认识。

约翰自小生活在国外，长大后在国外当过多年律师，可以说是小有名气。但他太想念自己的故乡和亲人了，终于在阔别 30 年后回到了祖国。在他内心激动的同时，他也发现自己的事业受到了很大的影响。

因为长时间没有回国，自己已经和国内的工作境况不是很适应，且母语表达总是不能很快恢复状态。他很快就变得一文不名。

于是，他到处发简历，说明自己急切地需要一份工作，且能说能写几国的语言。但是，绝大多数公司在回信中都婉言拒绝了，要么说公司目前还无心招聘回国人员，要么就是说不需要这样的人才……

在这些回复中，有一封信这样写道："你根本不了解我们的公司。你又蠢又笨，我根本不需要什么秘书。即使需要，也不会请你这样一个连自己的母语也写不好，信里这么多错字的人。"约翰看到这封信时，气得发疯。他想回复一封信狠狠地骂那个人一通。但他冷静下来对自己说："是啊，我怎么连自己的母语也不能好好使用了呢，他说得还是很有道理。他虽然说话难听，但确实说中了我的缺点。因此，我应该写封信感谢他才对。"

于是，他写了一封感谢信："收到你的来信，我实在是感激不尽，尤其是在你并不需要秘书的情况下。我对自己所犯的错误表示抱歉。我的信上有很多语法上的错误，而自己却无法自知，我备感惭愧，而且十分难过。现在，我计划加倍努力去学自己的母语，改正自己的错误，谢谢你帮助我不断地进步。"

不久，约翰就收到那个人的回信，并且得到了一份工作。

（佚名）

# 没有发芽的黄豆

　　在生活中保持绝对诚实，是我们踏上成功之路最重要的事情之一。

　　某知名中学想招收一批新生，费斯所在的学校也得到了一个名额的指标。

　　当然，所有的学生都跃跃欲试。这家中学考试的方式很独特。他们给每个报名的孩子发了一些黄豆，并宣布：只能自己做，不能依靠家长。两周后，谁的豆芽长得最长，谁将被录取。

孩子们领回黄豆种子后，开始了精心地培育。从早到晚浇水，控制温度，还纷纷让爸爸妈妈帮忙，谁都希望自己能够成为幸运者。

费斯也整天精心呵护黄豆。但是，三天过去了，五天过去了，一个星期过去了……黄豆居然根本没有发芽！

　　苦恼的费斯只好去请教母亲，母亲建议他把温度升高些，但依然无效，母子俩束手无策。

　　又一周过去了。无数个学生涌向面试的教室，他们各自捧着长得长长的一盆豆芽，用期盼的目光看着主考老师。

　　忽然，主考老师看见了两手空空的费斯。他无精打采地站在旁边，眼角还有泪花。

　　主考老师把他叫到跟前，问他："你为什么没有带来自己的豆芽？"
费斯抽咽着。他把自己如何精心照顾，还请教了母亲，但豆子最终也没有发芽的经过说了一遍。

　　没想到，监考老师的脸上却露出了最开心的笑容，在证实其他孩子果然都生出了豆芽之后，老师宣布："费斯被录取了！"

　　"为什么是这样？"所有的考生不解地问老师。

老师说："我们发下的黄豆全部是经过高温高压的，根本就不可能发芽。"

量好了自己豆芽长度的孩子们都低下了头！

（佚名）

# 放掉的鲈鱼

走诚实、有自制力的生活道路，才会有一个问心无愧的归宿，不至于为自己的鲁莽遗憾终生。

劳尔11岁那年，一天晚上，劳尔和妈妈去湖边钓鱼。当时是鲈鱼钓猎开禁的前一天。

安好诱饵后，他将鱼线一次次甩向湖心。忽然钓竿的另一头倍感沉重起来，他知道一定有大家伙上钩，急忙收起鱼线。终于，孩子小心翼翼地把一条竭力挣扎的鱼拉出水面。好大的鱼啊。

它是一条鲈鱼。

月光下，鲈鱼一吐一纳地翕动着。妈妈打亮小电筒看看表，已是晚上10点——但距离钓猎鲈鱼开禁的时间还差两个小时。

"你得把它放回去，儿子。"母亲说。

"妈妈！"孩子哭了。

"还会有别的鱼的。"母亲安慰他，"我们应当诚实，遵守法律。"

"再没有这么大的鱼了。"孩子伤感不已。

劳尔环视四周，周围没有一个鱼艇或钓鱼的人，没有人看到你做了什么。他哀求地看着母亲。母亲脸上的表情很坚决，劳尔知道她的决定无可更改，不情愿地把鲈鱼放进湖里。暗夜中那鲈鱼抖动笨大的身躯慢慢游向湖水深处，渐渐消失了。

后来劳尔成为纽约市著名的建筑师。他确实没再钓到那么大的鱼，但他却为此终身感谢母亲。因为他通过自己的诚实、勤奋、守法，猎取到生活中的大鱼--生活无愧于心，事业上成绩斐然。

（佚名）

# 最难忘的事

当你抱怨自己不能被伯乐所发现，关在屋子里生闷气总不会有任何好处，积极地寻求出路，适时表现自己才是应该做的。

在围棋界，棋圣聂卫平经历了不少风风雨雨，什么事最使他难忘呢？聂卫平在一篇文章中这样写道："我觉得最难忘的事，要数 1974 年 12 月 9 日与日本棋手宫本直毅九段在上海下的那盘棋了。"

原来，当年这位日本棋手到中国访问，连胜中方 6 位棋手，并准备以最后一胜庆祝生日。那时聂卫平刚 20 岁出头，血气方刚，看到日本棋手在中国棋坛畅行无阻，很受刺激，于是他自荐要求上场，态度非常坚决、迫切。

经过组织考虑和审批，聂卫平终于获准与宫本直毅九段进行其在华的最后一战。这盘棋磨战了 10 个小时，聂卫平最终获得了胜利。

聂卫平回忆道："当人们为我的胜利而感到由衷的高兴时，而我，已经连站都站不起来了。我激动不已，感慨万千，欣喜若狂！对于我来说，这是我终生难忘的一天！这一盘棋的胜利太重要了。这不仅是我第一次赢日本九段，而且奠定了我以后的围棋生涯。"

此后，聂卫平被正式调进了国家队。

一个人有深硬的功底和才华固然重要，但如果不找机会表现出来，别人又怎么会知道？在关键时刻，要勇于把自己推出来，这样才能够抓住成功。

需要注意的是，自我推荐并不是无条件的，千万不可信口开河。在自我推荐前，一定要对自己"掂量"一番，要实事求是地估计自己的能力。也就是说，要有自知之明。

（佚名）

# 危险的森林里

既然无法避免不如放下心来安享现在拥有的一切，无意中就会享受到生命的甜果。

一个人在森林中漫游时，突然遇见了一只饥饿的老虎，老虎大吼一声就扑了上来。他立刻用最快的速度逃开，但是老虎紧追不舍，他一直跑一直跑，最后被老虎逼到了断崖边。

站在悬崖边上，他想："与其被老虎捉到，活活被咬死，还不如跳入悬崖，说不定还有一线生机。"

他纵身跳入悬崖，非常幸运地卡在一棵树上。那是长在断崖边的梅树，树上结满了梅子。

正在庆幸之时，他听到断崖深处传来巨大的吼声，往崖底望去，原来有一只凶猛的狮子正抬头看着他，狮子的声音使他心颤，但转念一想："狮子与老虎是相同的猛兽，被什么吃掉，都是一样的。"

刚一放下心，又听见了一阵声音，仔细一看，两只老鼠正用力地咬着梅树的树干。他先是一阵惊慌，立刻又放心了，他想："被老鼠咬断树干跌死，总比被狮子咬死好。"

情绪平复下来后，他看到梅子长得正好，就采了一些吃起来。他觉得一

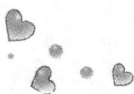

辈子从没吃过那么好吃的梅子，他找到一个三角形的枝丫休息，心想："既然迟早都要死，不如在死前好好睡上一觉吧！"于是靠在树上沉沉地睡去了。睡醒之后，他发现黑白老鼠不见了，老虎和狮子也不见了。他顺着树枝，小心翼翼地攀上悬崖，终于脱离了险境。原来就在他睡着的时候，饥饿的老虎按捺不住，终于大吼一声，跳下了悬崖。

黑白老鼠听到老虎的吼声，惊慌地逃走了。跳下悬崖的老虎与崖下的狮子展开激烈的打斗，双双负伤逃走了。

（佚名）

# 身旁的樱桃

*或许这样的生活还可以让人活下去吧……*

在伊朗导演阿巴斯的电影里曾经有这样一段情节：

有一个很失意的人，爬上了一棵樱桃树，准备从树上跳下来，结束自己的生命。就在他决定往下跳的时候，学校放学了。

成群的小朋友跑了过来，看到他站在树上。一个小朋友问："你在树上做什么？"

"总不能告诉小孩要自杀吧！"于是，他说："我在看风景。"

"那你有没有看到身旁有许多樱桃？"另一个小朋友问道。

他低头一看，发现原来自己一心一意想要自杀，根本没有注意到树上真的结满了大大小小的红色樱桃。

"你可不可以帮我们采樱桃啊？"小朋友们说，"你只要用力摇晃树干，樱桃就会掉下来。拜托啦！我们爬不了那么高。"

失意的人有点儿意兴阑珊，但是又拗不过小朋友们，只好答应帮忙。他开始在树上又跳又摇，很快，樱桃纷纷从树上掉下来。地面上也聚集了越来

越多的小朋友，大家都兴奋而又快乐地捡拾着樱桃。

一阵嬉闹之后，樱桃差不多掉光了，小朋友们也渐渐散去了。
那个失意的人坐在树上，看着小朋友们欢乐的背影，不知道为什么，自杀的心情和念头都没有了。他在周围采了一些还没掉下去的樱桃，无可奈何地跳下了樱桃树，拿着樱桃慢慢走回了家。

在他回到家时，看到的仍然是那破旧的房子，与昨天一样的老婆和孩子。但是，孩子们看到爸爸带着樱桃回来了很高兴。

当一家人聚在一起吃着晚餐，他看着孩子们快乐地吃着樱桃时，忽然有了一种新的体会和感动，他心里想着：或许这样的生活还可以让人活下去吧……

(佚名)

# 不为一个哨子出大价钱

做事尤其是做人，要学会节俭，要尽力以最小的成本获得最大的利益，这不仅是经商之道，更是智者的生存之道。

有一个7岁的小孩，名叫伊特。一天，他看见一个男孩正在吹哨子，他被哨音给迷住了。于是，伊特掏出身上所有的钱也买了一只。回到家里，他洋洋得意地吹着哨子满屋乱窜，一家人给他吵得鸡犬不宁！

当伊特告诉家人哨价时，哥哥姐姐全都嘲笑他是个十足的傻瓜，糊里糊涂被骗了四倍的价钱，用多付的钱可以买许多好东西了！伊特感到十分委屈，伤心地哭了。羞耻，甚至于超过了哨子带给他的乐趣！

这件事深深地印在了伊特的心里，对他的后来起了不小的作用。当有人怂恿他去买那些他根本不需要的东西时，伊特便提醒自己"可不要为一个哨

子，就出大价钱呀！"因为他已懂得了节省开支。

在伊特成年进入社会后，通过人们的言行，他看见了形形色色为了他们的"哨子"而付出惨重代价的人！那些悭吝的守财奴，为了发家致富，一毛不拔，放弃了同胞的尊重，朋友的友谊，以及人类行善的德行！那些贪图享乐的庸人，碌碌无为，只顾寻欢作乐，却搞成了弱不禁风的病夫……

（佚名）

# 心态比环境更重要

在很多的时候，我们处在什么样的环境中真的不是很重要，最重要的是，要保持心态。

每天上午11时许，都有一辆耀眼的汽车穿过纽约市的中心公园，车里除了司机，还有一位主人——无人不晓的百万富翁。

百万富翁注意到：每天上午都有位衣着破烂的人坐在公园的凳子上死死地盯着他住的旅馆。

一天，百万富翁对此发生了极大的兴趣，他要求司机停下车并径直走到那人的面前说："请原谅，我真不明白你为什么每天上午都盯着我住的旅馆看。"

"先生，"这人答道，"我没钱、没家、没住宅，我只得睡在这长凳上。不过，每天晚上我都梦到住进了那所旅馆。"

百万富翁灵机一动，洋洋自得地说："今晚你一定如梦以偿。我将为你在旅馆租一间最好的房间并付一个月房费。"几天后，百万富翁路过这人的房间，想打听一下他是否对此感到满意。然而，他出乎意料地发现这人已搬出了旅馆，重新回到了公园的凳子上。

**生活的真谛**

　　当百万富翁问这人为什么要这样做时，他答道："一旦我睡在凳子上，我就梦见我睡在那所豪华的旅馆，真是妙不可言；一旦我睡在旅馆里，我就梦见我又回到了冷邦邦的凳子上，这梦真是可怕极了，以致完全影响了我的睡眠！"

（佚名）